电力企业学习型班组长培训系列教材

班组安全管理与培训管理

banzuanquanguanliyupeixunguanli

◆ 山东电力集团公司组织编写

毛正孝　　主编

王玉敏　　主审

U0643382

中国电力出版社
CHINA ELECTRIC POWER PRESS

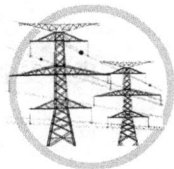

班组安全管理与培训管理

班组安全管理篇

第一章

班组安全管理概论

—— 学 习 目 标 ——

通过本章学习，你应该能够：

- 了解电力班组在企业安全管理和预控事故中的重要意义；
- 熟悉常用的事故模式、事故三角形等理论；
- 掌握电力安全管理的基本概念及基本理念。

第一节 电力安全生产概述

案例 1.1 "环大西洋"号海轮是怎样消失的？

你知道巴西"环大西洋"号海轮怎样沉没的吗？在巴西某远洋运输公司的门前立着一块高 5 米、宽 2 米的石头，上面刻满葡萄牙文，那上面记载着一段令人伤心的往事。

当巴西某远洋运输公司派出的救援船到达出事地点时，"环大西洋"号海轮消失了，21 名船员不见了，救援人看着平静的海面发呆，谁也想不明白在这个海况极好的地方，到底发生了什么。这时有人发现电台下面绑着一个密封的瓶子，打开瓶子，里面有一张纸条，21 种笔迹，上面写着：

一水手理查德：3 月 21 日，我在奥克兰港私自买了一台灯，想给妻子写信时照明用。

二副瑟曼：我看见理查德拿着台灯回船，说了句这个台灯底座轻，船晃时别让它掉下来，但没有干涉。

三副帕帝：3 月 21 日下午船离港，我发现救生筏施放器有问题，就将救生筏绑在架子上。

二水手戴维斯：离港检查时，发现水手区的闭门器损坏，用铁丝将门绑牢。

二管轮安特耳：我检查消防设施时发现消防栓锈蚀，心想还有几天就到码头了，到时候再换。

船长麦凯姆：起航时，工作太忙，没有看甲板部和轮机部安全检查报告。

机匠丹厄尔：3 月 23 日上午理查德和苏勒的房间消防探头连续报警。我和瓦尔特进去后，未发现火苗，判定探头误报警，拆掉交给惠特曼，要求换新的。

大管轮惠特曼：我正忙着，等一会儿拿给你们。

服务生斯科尼：3 月 23 日 13 点到理查德房间找他，他不在，坐了一会儿，随手开了他的台灯。

大副克姆普：3 月 23 日 13 点半，带苏勒和罗伯特进行安全巡视，没有进理查德和苏勒的房间，说了句"你们的房间自己进去看看吧"。

一水手苏勒：我笑了笑，也没有进房间，跟在克姆普后面。

一水手罗伯特：我也没有进房间，跟在苏勒后面。

机电长科恩：3 月 23 日 14 点我发现跳闸了，因为以前也出现过，就没多想，将闸合上，也没查原因。

三管轮马辛：感到空气不好，先打电话到厨房，证明没有问题，又让机舱打开通风阀。

大厨使若：我感觉都还好，还问你是想帮我们做饭吧！

二厨乌苏拉：我也感到空气不好，但觉得不会有问题。就继续做饭。

管事带思蒙：14 点半我召集所有不在岗位的人到厨房帮忙做饭，晚上会餐。

医生莫里斯：我没有巡诊。

电工荷尔因：晚上我值班时跑进餐厅。

船长麦凯姆：19 点半发现火灾时，房间已经烧穿了，一切糟糕透了，我们没有办法控制火情，而且火越来越大，我们每个人都犯了一点错误，但酿成了船毁人亡的大错。

案例分析

总的来说，造成沉船悲剧的原因，就像船长最后说的"我们每个人都犯了一点错误，但酿成了船毁人亡的大错"。具体说，造成沉没的原因是：

1. 安全防护救生系统失灵

事故发生前，救生筏施放器有问题，水手区的闭门器损坏，消防栓锈蚀，而这些问题被发现后，却被错误地处理掉了，也没有引起重视，更谈不上采取正确的措施，解决问题的隐患。另外房间消防探头虽然连续报警，但是，因为当时没有人发现火苗，就判定探头误报警，拆掉后，也没有及时换新的，导致出现火情后不能及时发现。

2. 疏于管理，漏洞百出

船长没有查看甲板部和轮机部安全检查报告，造成领导管理方面的失误；大副虽然在进行安全巡视检查，却没有认真履行其职责，下属也没有按要求执行，在这很短的时间里，可以看到拖延、应付的事情接连发生；医生没有巡诊，应该在岗值班的电工却串到餐厅会餐，这些都暴露出轮船上管理混乱不堪。

3. 安全意识薄弱

将台灯私自带上船，随意开灯后并毫无顾忌地离去，实际上已经给巨轮的安全带来了很大的安全隐患，从服务生、水手到二副谁都没有从思想引起高度重视；机电长发现跳闸了，只是因为以前也出现过，就把问题忽略过去；厨房的师傅感到空气不好，但却心存侥幸，以为不会有问题。一艘行驶在茫茫无边的海面上的巨轮，竟然安全防护救生系统严重失灵，安全管理漏洞百出，从领导到基层疏于防范，甚至拿生命当儿戏，导致最后在海上消失得无影无踪也是必然的。

这个案例是企业众多事故中的典型，它揭示了"小洞不补、大洞吃苦；火灾不防，早晚遭殃"以及"工业企业中的大多数事故起源于班组"的基本事实。告诫我们反事故必须未雨绸缪，未亡羊、先补牢；必须从"小"事、从源头抓起，做到从根本上预防和消除企业各类事故的发生。

一、安全的基本概念

1. 事故

事故是指在生产或工作过程中，突然发生且与人们意愿相反，迫使过程暂时或永久停止，可能造成人员死亡、伤害、职业病、财物损失、环境破坏或其他损坏的意外事件。

由于发生这种意外事件时，可能导致人员伤亡、疾病、财物损失、环境破坏的单独发生，同时发生或只是存在其他损失，例如使正常生产受到干扰或暂时停止的意外事件，并未造成人员、财物、环境的直接损害，仅仅是使系统的生产遭受一定的、甚至是很小的损失，所以事故实际是有大小、轻重之分的。因此，企业为贯彻安全生产方针，加强安全监督管理，为便于事故的调查分析和统计，总结经验教训，研究事故规律，采取预防措施，常常将事故分为考核事故和非考核事故。

国家电网公司2005年3月16日发布了《国家电网公司电力生产事故调查规程》。规程规定电力安全生产考核事故分为人身、电网、设备三类事故，并将每类事故又分为特大、重大、一般、一级障碍、二级障碍等 3~5 个事故等级。其中人身事故的等级具体划分如下：

特大人身事故：一次事故死亡 10 人及以上者。

重大人身事故：一次事故死亡 3 人及以上，或一次事故死亡和重伤 10 人及以上，未构成特大人身事故者。

一般人身事故：未构成特、重大人身事故的轻伤、重伤及死亡事故。其中轻伤事故指受伤职工歇工在一个工作日以上，但够不上重伤者。

关于电网事故、设备事故的等级划分以及其他有关规定可详细查阅《国家电网公司电力生产事故调查规程》。

至于那些在生产中发生的未构成规程规定考核的事故，以及既没有造成人员伤害，也没有造成物质损失的未遂事故统称为非考核事故。由统计资料表明，未遂事故不仅发生的概率较其他事故大十到几十倍，所占比例约是发生事故的 90% 以上；而且未遂事故是否导致事故在时间和空间上往往只有瞬间和毫厘之差，具有很大的随机性，可以说大量的未遂事故就是出现考核事故的征兆。所以，在安全工作中，对未遂等非考核事故也必须认真统计分析，以便找到事故发生发展的规律，从而做到防患于未然。

综上分析可知，事故的特性如下：

（1）事故是随机且有规律的事件。所谓随机是指其发生的偶然性大，较难确切预料它发生的时间、地点、范围、后果等情况。但是，由研究可知随机事件是有规律的，它们都遵循"大数统计规律"。这表明事故虽然很难确切地预料，可是只要掌握规律又是可以控制和预防的。也就是只要对已发生事故进行统计、分析、评价和管理，就可以找到事故的规律，发现事故原因、条件及原理，找到事故多发时间段、多发区域、危险作业、危险状态、危险行为等不安全因素，从而达到预测、预防、预控事故的目的。

（2）事故是一个动态过程。从现象上看，事故的发生是突然、意外的，但是，就其本质而言，任何事故的发生都会经历萌发（又称异常）、发展、临界、突变四阶段的动态过程。因此，把握时机、发现异常、控制发展、处理临界、应对突变就是预防事故，以及在事故中减少损失的根本途径。

（3）事故发生的必然因素是隐患。所谓隐患是指在生产或工作系统中显在和潜在的人的不安全行为、物与环境的不安全状态以及企事业管理中的缺陷。在生产或工作过程中运用大数统计规律可以得出这样的结论，即只要哪些可导致事故发生的隐患存在，就必然会发生事故。因此，为了预防事故的发生，企业常制定和完善生产或工作过程中物的状态、规范人的行为和规范优化环境条件的法律、标准、规章、规定、规程等，作为消除和控制事故隐患的依据，用以控制和防止事故的发生。

2. 安全

在《韦氏大词典》中，安全定义为"没有伤害、损伤或危险，不遭受危害或损害的威胁，或免除了危害、伤害或损失的威胁"的状态。因此，在生产中，安全就是一种既没有事故，又没有危险的状态。其中，危险是指系统中超过人们承受程度的风险，而风险则是导致事故（即工伤、职业病、设备或财产损失）的概率（或可能性）和后果的乘积。根据系统安全工程的观点，危险与安全是相对的概念，它们是人们对生产、生活中是否可能遭受健康损害、人身伤亡、财物损失的综合认识。

由上述定义可知，安全有以下特性：

（1）安全的对立面是危险与事故，而不只是危险，也不只是事故。因为安全的对立面是不安全，而不安全主要有三种情况：即无危险、有事故；有危险、无事故；以及既有危险又有事故等。所以危险与事故才是安全的对立面。例如检修中碰伤手，尽管是小事，可以认为无危险，但是，它毕竟使人受到了伤害，检修也必然会暂时停止一会儿。因此这种状态不能算安全，班后会上班长定将点评这种不安全现象。又如，开车闯红灯过去了，虽然没出事，但是交警却给予了教育和处罚，原因就是闯红灯风险很大，超过人们的承受程度，是一种不安全的交通状态。掌握安全的这个特性，可以全面正确地理解"无危则安"或"不出事故就是安全"的涵义，提高员工的安全意识，自觉增强安全责任心。若以 S 代表安全，D 代表危险与事故，则它们互为补数，即 $S = 1 - D$，公式表明当危险与事故多的时候，安全就小；反之则然。

（2）安全是可以量化的。安全是不出事故，风险被控制在可接受水平的状态，而风险又是事故发生概率与后果的乘积，有具体的数值，故安全可用风险的具体数值来度量。这样，人们就可以把一个发生概率较低但后果严重程度较高的事故，同另一个发生概率较高而后果严重程度较小的事故加以比较，为安全决策提供依据。

（3）安全是相对的，没有绝对安全，只有更加安全。系统工程认为世界上没有绝对安全的事物，任何事物中都包含有不安全因素，具有一定的危险性。安全是一个相对的概念，它不是个人主观臆断的结果，应该是一个可以通过分析和计算，并能得到公众认可，系统操作者能够接受的风险值。由于这个可以接受的风险值受当时当地各种客观条件的限制，这些条件包括时间、成本、当时当地的科技和管理水平，人们对安全的需求程度等。所以对不同时代、不同

6

系统、不同作业、不同人员言，它的数值是不同的，这表明安全随客观条件的变化而变化，是相对的。例如：在特殊情况（如战争、天灾等）下，可以提高可接受的风险值，将风险值较高但不影响系统功能的状态也认为安全。而一般情况下，又常常在现实允许时尽量设法降低可接受的风险值，做到更安全。又如，企业为了抓住安全工作的重点，全面考虑方方面面的情况后，常规定未发生且也不存在导致发生考核事故的状态为安全，并以此为安全生产考核的底线，作为对各部门、各班组以及每位职工的基本要求。与此同时，企业各部门、各班组以及全体职工就必须根据各自的实际情况进一步降低可接受的风险值，应该将未发生且也不存在导致非考核事故的状态作为本部门或本班组的生产或工作安全要求，使其做得更加安全，以确保企业安全生产目标的实现。

（4）系统安全是动态的。因为系统中物（设施、设备、工器具等）的性能由于老化、磨损、更新等因素而变化，环境在系统运行过程中也会因天气、地理、人为等原因而发生变化，尤其是操作者生理、心理的经常变化对系统影响更大，有时可因人失误而导致事故发生或扩大，有时也可因人及时控制而避免事故的发生或发展。所以，系统安全是动态的、经常变化的。也就是说系统安全绝不能一劳永逸，唯有始终坚持不懈地把风险值控制在可接受水平的长治，才能使企业生产做到久安。

3. 电力安全生产

在保证人、物、环境处于无危险、无事故、卫生、整洁文明的劳动条件下，电力职工用自己的劳动，借助于劳动手段，进行电力发、输、变、配、用的生产过程，电源和电网的安装、检修、调试等过程统称为电力安全生产。

《中国百科全书》将安全生产定义为：安全生产是保障劳动者在生产过程中安全的一项方针，也是企业管理必须遵循的一项原则。要求最大限度地减少劳动者的工伤和职业病，保障劳动者在生产过程中生命安全和身体健康。

4. 电力安全生产工作

国家、企业、车间、班组在生产过程中围绕保护人们人身安全和健康、确保设备、电网和环境安全而开展的一系列活动称为电力安全生产工作。它主要由安全管理和安全技术两项活动组成，旨在预防、消除、或控制危害人们安全、健康以及影响正常生产的不安全因素，确保安全生产。

二、电力安全生产的重要意义

安全生产是人们生产活动的需要，是党和国家的一贯方针。我们曾经记得，一声爆炸，整个厂矿淹没在烟火之中的惨痛场景；一道闪光，整个社区，甚至

110kV 输电线路杆塔 14.1 万多基；倒塌低压电杆 51.7 万多基，损毁线路 15.3 万 km。停运线路 7917 条、变电站 707 座。公司经营区域共有 37 个地市的 545 个县（区）、2706 万用户受到影响。初步估算，国家电网直接财产损失达 104.5 亿元，灾后电网恢复重建和改造需要投入资金 390 亿元，公司不仅遭受很大损失，而且电网安全和电力供应面临巨大风险和严峻考验。尤其是由于冰冻使塔杆断线和倒塌，造成湖南段多座电气化铁路牵引变电站停电，京广铁路南端运力剧减，仅在广州火车站就滞留旅客达数百万人，使春运秩序和社会稳定遭受巨大威胁，人们向电力部门投来焦灼与关注的目光。

但是，人民利益的至高无上，肩负的责任重如泰山！面对突然袭来的冰雪灾害，国家电网公司坚决贯彻中央关于"保交通、保供电、保民生"的部署，统揽全局，准确判断，迅速响应，周密安排，举全公司之力，运企业文化之气，万众一心，众志成城，面对异常恶劣的自然条件，全面打响了抗冰抢险保供电的攻坚战，春节前圆满完成党中央、国务院确定的通电目标，受灾严重地区的村供电率达到 86%，保障了电气化铁路、医院、通信、金融等重要客户的供电，保证了春节期间车站、机场安全疏导旅客和人民群众的基本生活用电。在电网严重破坏、设施大量损毁、电煤供应紧张的情况下，尽最大努力保证了主网安全。截至 2 月 22 日 12 时，国家电网公司系统已调集 25.7 万人投入一线抢修，因灾停运电力线路恢复 97.1%，因灾停运的变电站恢复 92.9%，停电的居民户恢复 96.9%，取得了抗冰抢险保供电工作的阶段性胜利。

正如国资委有关负责人所说"这次抢险救灾再次证明，在国家和社会遭遇重大自然灾害和危机时，中央企业靠得住，信得过，拉得动，打得胜，能够发挥中流砥柱作用，能够挑起保障国家经济社会稳定的大梁"。电力企业也在这场抗冰雪灾情、奋力送光明的战斗中，彰显企业整体管理和技术水平，赢得了国家和人民的广泛赞誉和支持。

3. 唯有安全生产才能同步完成电力生产和电力消费的任务

电力生产过程有其特殊的客观规律。随着科技发展、技术进步电力工业已进入大机组、大电网、高电压、高度自动化为主要特点的新阶段，全国电力西电东送、南北互供、全国互联的大电网正在逐步形成，由发、输、变、配生产环节组成的电力网，构成了一个十分庞大、复杂的电力生产、流通、分配、消费系统。在这个系统中，发、供、用电同步进行，电力的生产、输送、使用过程始终处于互相牵连、互相制约的平衡状态。任何一个环节发生事故，如果不能及时控制、消除，都可能带来联锁反应，导致设备损坏或大面积停电，甚至可能造成电网崩溃的灾难性事故。

4. 唯有安全生产才能完成各种复杂的电力劳动作业

电力生产的劳动作业环境具有以下明显的特点：高低压电器设备多；特种设备多；带电、高空、高压、焊接、起重、爆破、压接等特种作业多；部分停电作业、各专业交叉施工、野外作业、零点作业、事故抢修等情况下造成的复杂作业环境。这些生产特点表明，电力生产的劳动条件和环境相当复杂，生产作业潜伏着许多危险因素，稍有疏忽，危险因素就随时会转化成人身、电网或设备事故。这就要求人们必须从保障电力职工的人身安全和身体健康、保障国家财产不受损失的高度着想，强化安全生产的意识和责任，确保实现电力安全的目的。

第二节　电力安全管理概述

案例 1.5　安全弦牢，化险为夷

某电厂运行四班避免了一起恶习性事故的发生。这天，发电厂电气分场2212 线路 TA 改变比，保护改定值工作结束后，省局调度命令：进行 2212 线路送电操作。按常规，运行班即可按命令操作。但运行四班运行人员和值长张某头脑中多了根安全弦，合闸前，他们再次与调度联系并提醒对方："对侧接地开关是否断开？"意外的是，对方接地开关尚未断开，张值长立即通知四班班长和其他操作人员停止操作。一场恶习性事故避免了。

一、电力安全生产管理（简称电力安全管理）

人们针对电力生产过程中的安全问题，运用有效的资源和行政、经济、法律等手段，行使决策、计划、组织、指挥、控制和协调等职能，对人、电网、设备、环境等被管理对象施加影响和控制，排除不安全因素，以达到电力安全生产目的的活动称为电力安全管理。它是电力企业管理的一个重要部分，遵循管理的一般规律和基本原理。

电力安全管理的基本任务是预测、分析和消除生产活动中的各种危险因素和有害因素，预防和控制事故与职业病的发生，保障电力职工的人身安全及身心健康，避免电网和设备遭受损失，创造优良的工作环境，从而推动电力生产活动的顺利进行，为提高企业的经济效益和社会效益服务。

电力安全管理的主要内容包括：

（1）电力安全组织管理：就是创建完善一个以电力安全生产责任制为核心，建立健全安全生产保证、监督两个体系，形成企业、车间、班组三级控制和把

关的安全网，保证企业全面准确实现我国安全生产"企业负责、行业管理、国家监察、群众监督、劳动者遵章守纪"的管理体制。

（2）电力安全技术管理主要是实施五项技术监督和贯彻与安全有关的规程标准等技术措施，包括安全技术检查、隐患辨识、危险控制与消除等技术管理工作。

（3）电力安全环境管理主要是对生产现场劳动条件的改善和对职业危害的控制。

二、电力安全管理的重要意义

电力企业要真正落实"安全第一、预防为主、综合治理"的方针，搞好电力安全生产，一是靠技术，二是靠管理，两者相辅相成，互相促进。也就是说，电力安全生产中既要加大安全投入、大力推动技术进步的力度，又要坚持不懈地在加强管理上下工夫，不断提高安全管理水平，还要随着安全科学技术和管理科学的发展而发展。因此，电力安全管理在安全生产中具有以下重要意义：

（1）从现实情况看，强化安全管理对提高安全生产水平有很大的紧迫性和更加现实的意义。如看 1986～1994 年华东电力系统电力生产人员人身伤亡统计数据可知，因电力生产人员不安全行为而造成的事故在电力触电伤亡事故中占 87.2%；在高处坠落伤亡事故中占 90.5%；在起重伤亡事故中占 80%。其中违章、不监护、不正确使用劳动保护用品的行为又在不安全行为中占 59.4%。这些比例数据充分说明，严格安全管理、加强安全教育、有效控制和消除不安全行为，就可以减少 80% 以上的触电、坠落和起重伤亡事故。由此可见，安全管理在安全生产中具有极其重要的作用。

（2）从发展的需要看，安全管理的强化又是现代新技术能够转化为安全、可靠、充足、高质、廉价电能所必需采取的重大措施。如果只管安全投入，技术改造，没有安全管理作保障，那么再好的技术也发挥不出它应有的作用，甚至可能成为新的危险。

案例 1.6　高空坠落活命的秘诀

某年某供电公司线路队四班，在 110kV 线路上更换双串绝缘子工作中，杆上作业人员王某、郭某、智某三人，在离开横担登上绝缘子串工作前，由于正确地将安全带保险绳系在横担的构架上，安全带围杆绳系在绝缘子串上后才开始工作。当第一串换好，第二串绝缘子即将更换完毕时，耐张线夹与二联板的 U 型环突然拉断，双串绝缘子串脱落后悬挂在横担下，导线滑出，王某等三人系在绝缘子串上的安全带围杆绳也随即滑出，造成三人同时从15m高的绝缘子串上坠落。由于他们采用的是双保险的安全带，并且按照使用说明的要求，将安全保险绳正确拴牢在横担上，使三人被悬吊在14m左右高的横担下，保全了性命。

案例分析

本例成功避免一次人身伤亡事故的原因有以下两点：一是采用了技术先进、功能完善、具有双保险作用的新型安全带；二是工作负责人安全意识强，严格遵照安全规程作业。反之，若仍然使用老式安全带或使用新型安全带，但不按规程要求系绳，那么，就会因保险功能不全或违章作业而难免伤亡3人事故的发生。由此说明要搞好安全生产，就必须既抓安全技术，又抓安全管理，两者缺一不可的道理。

（3）现代安全管理是电力安全生产的根本保障。由于电力生产过程中发、送、变、配、用瞬间同时完成的特殊性，以及电力系统具有设备繁多、工艺特殊、作业环境复杂，并随科技进步发展迅速等特点，所以电力安全生产工作任务重、要求高，是一项复杂的系统工程。它涉及电力企业的方方面面，必须动员和组织企业的人力、物力、财力和一切资源，全方位、全过程地开展安全管理活动，才能做好这项工作。另一方面，现代安全管理运用系统工程、全面质量管理、控制学以及以人为本等现代管理理论，可以把从事企业安全生产的有关人员、物、环境进行有机的组合和科学地管理，使这种组合和管理在企业生产的全过程中合理的运作，形成合力，在保证安全的各个环节上发挥最大的作用，从而满足做好电力安全生产工作的要求，实现确保电力商品的生产过程和交换过程安全进行的目标。由此说明现代安全管理是电力安全生产的基本需要和根本保障。因此，也是电力企业效益最大化的基础。

三、电力班组安全管理的重要性

电力班组是电力企业生产活动的最基层组织。电力企业管理的各项目标均要分解到班组实施，各项工作任务都要通过班组来落实。所以，电力班组是加强电力企业管理，搞好安全生产的基础；也是提高职工素质和技能，落实安全、质量等各项方针、开展现代化管理的基层组织。只有建设出一流管理的班组才能有一流的电力企业。在电力安全生产工作中，班组是执行各项规章制度和安全规程的主体，也是产生违章作业和人身伤亡事故的主体。据统计，90%以上的事故发生在班组，80%以上的事故是人为因素（管理不严、落后，违章指挥、违章作业等）造成。因此，又可以说电力班组是有效控制事故的前沿阵地，在很大程度上讲，班组的安全决定了电力企业的安全。只要抓好班组安全管理，就抓住了企业安全管理的关键。只有搞好班组的安全管理，班组的生产才能安全，电力企业的安全生产才有保障，电力企业才有可能取得最大的社会、经济效益和更大的发展空间。

四、电力安全管理的基本理念
1. "安全第一、预防为主"的管理理念

案例1.7　安全与人生价值

一位安全专家为了证明安全在生产和生活中举足轻重的地位，写出了如下的人生价值公式，即

$$R = ABCDE$$

式中，以 R 代表人生价值，以 A、B、C、D、E 分别代表安全、生理需要、社会交往需要、受人尊重需要和自我实现需要。

若取 $A=1$ 分、$B=2$ 分、$C=3$ 分、$D=4$ 分、$E=5$ 分，则人生价值得分为

$$R = 1 \times 2 \times 3 \times 4 \times 5 = 120 \text{ 分}$$

若取 $A=0.5$ 分，式中其他因数的分值不变，则人生价值得分为

$$R = 1 \times 2 \times 3 \times 4 \times 5 = 60 \text{ 分}$$

若取 $A=0$ 分，式中其他因数的分值不变，则人生价值得分为

$$R = 1 \times 2 \times 3 \times 4 \times 5 = 0 \text{ 分}$$

由此证明安全可能不会增加每个人人生价值砝码的重量，但是可以缩小人生价值砝码的重量。当它等于0的时候，意味着生命走到了尽头，人生一切有价值的东西也都将不复存在了。安全就是这样，人们必须把它当成基本的、首位的、须臾不能离开的东西。

"安全第一"是相对于生产的数量、质量、进度、成本（含安全投入费用）而言的，当生产和安全发生矛盾时，首要的是解决安全问题，使生产在确保安全的情况下进行。绝不能在劳动者人身、电网、设备安全没有保障的情况下，为了完成生产经营任务而强迫或诱使劳动者从事危险的生产经营活动，或者使电网、设备处于异常，甚至是故障运行的状态。切不可为了赶任务或追求高额利润而置劳动者人身、电网、设备安全与不顾，或心存侥幸、违章指挥，违章

作业。特别是在新职工上岗或老职工使用新设备、新工艺时，更不能采用边干边学安全的极端错误做法，放弃安全第一，不讲安全注意事项，不教自我安全检查的要点。正确的做法是在电力生产中，时时事事强调"安全第一"，强化安全知识的学习，掌握安全生产和工作的技能，提高安全生产、工作和自我保护意识，坚决做到"三不伤害"。不仅自己不要冒险作业或工作，不伤害自己和他人；还要充分利用自己的专业能力，甚至行使法律赋予的权利，保护自己的安全，保障自己的合法权益，不被他人伤害，以此维护电网、设备的安全。

案例 1.8　运筹帷幄、带电作业化险为夷

　　某供电公司带电作业班在接受一段空载线路连接的任务后，班长首先领来屏蔽服，一件一件地做了检验。然后，在班内进行作业危险点分析和预控的讨论，其中有一位职工提出："在引线临时短接铝线时，如果发生松脱怎么办？我看过一份事故通报，讲述的便是线路松脱时，作业人员串入电路，穿的屏蔽服铜丝断股严重，导致触电。"班长觉得他提出的问题值得注意，便查阅资料和四处询问，最后从另一个公司的带电班借来专用短接工具。这个短接工具使用截面符合要求，两端装有带电夹和绝缘手柄。据介绍，使用这种专用短接工具，只要操作方法得当，松脱就能避免。有了专用短接工具，大家预防危险点的信心倍增。在作业中，带电班工人穿好屏蔽服，使用专用短接工具，将需要接通的空载线路与运行带电线路进行初步连接，然后，再将空载线路与运行线路正式连接，出色地完成了带电连接线路的任务。

　　"预防为主"就是要把事先预防当作安全工作的中心环节，重点抓好，扎扎实实事先做好预防工作，防患于未然，把事故及其隐患消灭在萌芽状态，使"安全第一"的观点真正落到实处。也就是说电力安全管理应该从"事后把关"、"亡羊补牢"，侧重于对已发生事故的分析，从而吸取教训防止再犯的工作方式，转变到立足于"事先预防"，对已定系统进行预先分析，找出潜在的各种危险因素，可能发生的事故类型及其严重程度，然后采取有效的管理和技术手段减少不安全因素和防止事故发生的工作方式。因为事故一旦发生，其后果是很难挽回的，许多情况下是根本无法挽回。因此做好预防工作就是落实"安全第一"观点最主要的工作。所以说"预防为主"是落实"安全第一"的基础，离开了"预防为主"，"安全第一"也是一句空话。

某供电公司配电班在接受一次停电检修任务后，班长查看作业人员工作服穿戴齐全，便下令登杆作业。安监人员在一旁观察，觉得还有一些必须检查的部位没有检查到，就说："别忙登杆，再检查一下佩戴的安全帽和安全带。"班长漫不经心地说："不会有事，我都检查过了。"

安检人员让作业人员都站好，一个一个地察看。当查到一位老师傅时，只见他挎肩安全带的围绳弹簧扣，不是扣在环里，而是误扣在衣服的扣眼里。这明显违反《电力安全工作规程》的要求。一旦发生坠落，弹簧扣就会松脱，使安全带失去悬挂作用。于是，安监人员问他："你怎么把弹簧扣扣在衣服扣眼里了？"他回答说："我迷迷糊糊的，真的不知道怎么扣错了，我重新扣吧！"他两眼角充满血丝，动作迟缓地解下弹簧扣重新扣好。

安监人员把他叫到一边，问他："你昨晚是不是熬夜了？"他点头说："昨天下班后，接到在农村的父母来信，说家里遭灾了，父亲因患心脏病住院，急需邮些钱。但我妻子因儿子在上大学也需要钱，不同意邮。我俩你一句我一句地争吵起来，妻子气得回了娘家，我也气得一夜没睡好觉。所以，上班感到精力不足，于是在不知不觉之中将安全带扣错了扣眼。"安监人员了解到这种情况后，根据《电力安全工作规程》的要求，建议让他在地面工作，从而防止了一次极有可能发生的高空坠落事故。

综上所述可知，"安全第一"必须做到"预防为主"，而"预防为主"的目的就是实现"安全第一"，两者关系密切、不可分割。因此，生产中必须同时树立"安全第一"和"预防为主"的理念。树立这种理念，绝不能把它当成做做样子的"口头禅"，唯一正确的做法就是扎扎实实地以安全法律法规和各种有关规程规章制度为根据，在生产的准备、实施和结束的全过程中，坚持首要解决安全问题，事先分析、预防和控制事故的原则，才能真正实现电力企业的安全生产经营。

"安全第一、预防为主"的理念早在1987年全国劳动安全监察会议上，被正式规定为我国安全生产工作的方针。它是我国对安全生产工作的指导原则和总的要求，为安全生产指明了方向。现在这一方针已作为立法指导思想写入《安全生产法》，要求全国各企业都必须严格执行和遵守。

2. 全员、全面、全过程的综合治理管理理念

要实行有效的安全管理，必须依据系统工程的理论和方法，着重从部分和

整体，整体与环境的相互联系和相互制约来综合治理人的不安全行为（包括技术、技能和管理行为），物与环境的不安全状态，在"三全"上狠下工夫。"三全"的含义主要包含如下三个方面：

（1）管理所依靠的人员是全体员工，即发动和依靠全员来进行管理。要"群防群治"，落实好各级人员安全生产责任制，依靠广大员工做好安全工作，真正把"安全生产、人人有责"的原则落实到相对应的深度和细度。

（2）管理的对象是全面的，既包括对设备、设施、区域、系统的管理，又包括对全体员工的安全教育、技术业务培训、执行规章制度监督的全方位管理，以及安全工作的目标管理。

（3）管理的范围是生产的全部过程，即要从规划、设计、制造、施工安装（基建含设备的更新改造、业扩）、运行、检修、试验等各阶段，以及每个阶段的开始、进行和结束的整个过程进行安全目标的全过程管理。

3. 法规制度化的管理理念

案例1.10 供电公司有责任吗？

某城市突降大雪，有一条马路上出现带电断线。一位具有完全民事行为的行人路过，虽然他已经看见断线且也得到旁人对其的提示，却仍然自信地认为小心一点走过去不会触电，硬是推着自行车继续行走。结果是因路滑和心理紧张，致使跌倒，触电身亡。后来，亡者家属状告供电公司要求赔偿。你认为供电公司有责任吗？应该如何应对？

案例分析

本案有以下几点事实：

（1）一公民的生命权被剥夺；

（2）死亡的直接原因是触电；

（3）经查，电力设施的设计、施工以及正常的运行均符合国家有关法律、法规及规程的要求；

（4）供电公司在事故发生时正在尽全力抢修，因事故点较多，所以尚未在案发地施工，对案发本身也无任何过错；

（5）造成多处事故的原因是不可抗力；

（6）受害人在并未禁止通行的公共道路上行进并无过错，其过于自信的过失虽然与致害有关，但这一过失不足以必然导致生命权的被剥夺。

17

故法院审理上述事实判决结果是虽然线路产权属供电公司，但断线是不可抗力造成。因此，供电公司应当承担无过错责任。

俗语说"没有规矩，不成方圆"。现代企业没有完备的安全生产法律、规程和制度，安全工作无法可依，安全生产无所遵循，结果必然是危机四伏，事故频发，安全生产也就成了一句空话。因此，《宪法》、《刑法》等国家基础法中对安全生产都作出了明确的规定，例如《刑法》中第134条规定"重大责任事故罪"：工厂、矿山等单位的职工由于不服从管理、违反规章制度，或者强令工人冒险作业，导致发生重大伤亡事故或者造成其他严重后果的，处以3年以下有期徒刑，情节特别恶劣或后果特别严重的，处以3年以上7年以下有期徒刑。第135条规定"重大安全事故罪"：工厂、矿山等单位的劳动安全设施不符合国家规定，经有关部门或者单位职工提出后，对事故隐患仍不采取措施，导致发生重大伤亡事故或者造成其他严重后果的，对直接责任人员处以3年以下有期徒刑，情节特别恶劣或后果特别严重的，处以3年以上7年以下有期徒刑。第136条规定"危险物品肇事罪"：违反爆炸性、易燃性、放射性、毒害性、腐蚀性物品的管理规定，在生产、储存、运输、使用中发生重大事故，造成严重后果的，处以3年以下有期徒刑，情节特别恶劣或后果特别严重的，处以3年以上7年以下有期徒刑等。同时，国家为了保护劳动者的合法权益，调整劳动关系，建立和维护适应社会主义市场经济的劳动制度，促进我国经济发展和社会进步，又依据《宪法》制定了《劳动法》，并依此为据制定出《安全生产法》、《电力法》等，作为人们在生产过程中必须遵循的行为准则，且由国家机关强制执行。

一方面，由于在计划经济体制下，我国企业长期习惯于按照行政命令和政策指导进行管理，法律的规范作用相对较弱；另一方面，电力安全生产与社会公共安全、社会秩序、特别是和人身权利紧密关联，在现代社会理念中，电力安全生产必须以法律法规予以强制规范，所以当今要抓好电力企业的安全管理，就必须突出强调提高法律观念，依法安全管理。也就是必须从学法、知法、懂法开始，做到执法、守法、用法，以便在安全生产经营中，自觉接受法律的约束，注意寻求法律的保护，依法维护自己的合法权益，同时还要善于应用法律给予的空间和条件，搞好安全生产经营活动，实现安全、高效生产的目的。

在依法安全管理中，首先要明确认识《安全生产法》关于安全生产责任主要在于生产经营单位的规定，充分掌握以下具体内容：

（1）企业主要负责人的安全生产责任。生产经营单位主要负责人对本单位安全生产全面负责；建立健全安全生产责任制；组织制定安全生产规章制度和操作规程；保证安全生产投入；督促检查安全生产工作，及时消除生产安全事故隐患；

组织制定并实施生产安全事故应急救援预案；及时如实报告生产安全事故。

（2）安全生产管理机构。《安全生产法》首次作出了明确的规定："矿山、建筑施工单位和危险物品的生产、经营、储存单位，应当设置安全生产管理机构或者配备专职安全生产管理人员"。其他从业人员超过300人的单位，应当设置安全生产管理机构或者配备专职安全生产管理人员；在300人以下的，应当配备专职或者兼职的安全生产管理人员，或者委托国家规定的有相关专业技术资格的工程技术人员提供安全生产管理服务。

（3）生产经营单位的安全投入。《安全生产法》明确规定生产经营单位应当具备的安全生产条件所必需的资金投入，由生产经营单位的决策机构、主要负责人或者个人经营的投资人予以保证，并对由于安全生产所必需的资金投入不足导致的后果承担责任。生产经营单位应当安排用于配备劳动防护用品、进行安全培训的经费等。

（4）职工安全培训以及有关人员资质认证。法律明确规定生产经营单位从业人员必须经过安全生产教育和培训，熟悉有关的安全生产规章制度和安全操作规程，掌握本岗位的安全操作技能。未经安全生产教育和培训合格的从业人员不得上岗作业。生产经营单位主要负责人和安全生产管理人员必须具备相应的安全生产知识和管理能力，危险物品的生产经营单位和矿山、建筑施工单位的主要负责人和安全生产管理人员必须经考核合格后方可任职。生产经营单位的特种作业人员必须经过专门培训，取得特种作业操作资格证书，方可上岗作业。

（5）生产经营单位采用新工艺、新技术、新材料或者使用新设备，必须了解、掌握其安全技术特性，采取有效的安全防护措施，并对从业人员进行专门的安全生产教育和培训。

（6）生产经营单位的现场检查。生产经营单位的安全生产管理人员应当根据本单位的生产经营特点，对安全生产状况进行经常性检查；对检查中发现的安全问题，应当立即处理；不能立即处理的，应当报告本单位有关负责人。

（7）针对目前工伤社会保险覆盖面还不够广，私营业主逃避责任的问题，法律明确规定："生产经营单位必须依法参加工伤社会保险，为从业人员缴纳保险费。"

（8）《安全生产法》还明确规定了从业人员的权利和义务：

1）从业人员的安全生产保障权利。① 知情权，即有权了解其作业场所和工作岗位存在的危险因素、防范措施和事故应急措施；② 建议权，即有权对本单位的安全生产工作提出建议；③ 批评、检举、控告权，即有权对本单位安全生产管理工作中存在的问题提出批评、检举、控告；④ 拒绝权，即有权拒绝违章作业指挥和强令冒险作业；⑤ 紧急避险权，即发现直接危及人身安全的紧急情况时，有权停止作业或者在采取可能的应急措施后撤离作业场所；⑥ 依法向本单位提出要求赔偿的权利；⑦ 获得符合国家标准或者行业标准劳动防护用品的权利；⑧ 获得安全生产教育和培训的权利等。

2）从业人员的义务。从业人员在作业过程中，应当遵守本单位的安全生产规章制度和操作规程，服从管理，正确佩戴和使用劳动防护用品；应当接受安全生产教育和培训，掌握本职工作所需的安全生产知识，提高安全生产技能，增强事故预防和应急处理能力；发现事故隐患或者其他不安全因素时，应当立即向现场安全生产管理人员或者本单位负责人报告。为了保证从业人员的合法权益，《安全生产法》特别强调工会依法组织职工参加本单位安全生产工作的民主管理和民主监督，维护职工在安全生产方面的合法权益，并在第五十二条中做了明确规定。

对于电力行业来讲，由于电力安全生产不是一个简单的企业生产管理问题，鉴于它与社会公共安全、社会秩序，特别是和人身权利的紧密关联，更是需要以上述国家基础法和一般法、国家安全专业综合法规、国家技术标准的各种法律、法规为依据，制定电力行业的《安全生产工作规定》、《安全生产监督规定》、《电力生产事故调查规程》、《防止电力生产重大事故的25项重点要求》、《电力安全工作规程》等法律、法规、制度予以强制规范、导向、调控、保障和服务。规定各电力企业必须依据上述法律、法规和制度来修改、完善和制定本企业更为具体的电力规章、实施细则和实施办法。从而，建立健全一套自上而下、层次清楚、分类合理、依据充分、内容完整的电力安全生产法律法规体系，供各电力企业依法安全管理。为此，现代电力企业要抓好安全管理就必须摒弃只讲少数制度、不讲法律法规、只讲习惯、不讲规范、只讲合情、不讲合法的传统观念，牢固树立法律、法规、制度化的理念，带领职工学习各种法律、法规和制度，熟悉电力安全生产法律、法规体系主要内容，掌握与本职安全工作密切相关的文本或条款的内容，做到人人知法、有法可依。与此同时，更为重要的一环就是确保上述法律、法规、制度的执行和遵守，要在安全管理活动中自觉地依法约束自己的行为，维护自己的权益，把安全管理工作纳入规范化、法制化的轨道。

4. "以人为本"的管理理念

现代管理理论认为在管理中必须把人的因素放在首位，体现"以人为本"的指导思想，简称为人本原理。原理认为一切管理活动都是"以人为本"展开的，人既是管理的主体，又是管理的客体，每个人都处在一定的管理层面上，离开人就无所谓管理；另一方面在管理活动中，作为管理对象的要素和管理系统各环节，都是需要人掌管、运作、推动和实施；并指出运用这个原理管理所必须遵循的三个原则：即有能够激发人的工作能力的物质、精神和信息方面的动力原则；根据个人能力大小形成的能级安排工作的能级原则；以及用科学的手段激发人的内在潜力，使其充分发挥积极性、主动性和创造性的激励原则。因此，电力行业首先将"保人身、保电网、保设备"写入《安全生产工作规定》的目的之中，作为坚持"安全第一、预防为主"方针的具体体现。这种把保人身规定为"安全第一"中的第一，更是"以人为本"理念落到实处的充分体现。与此同时，电力行业还要求在安全管理中开展人员安全性评价，即对员工的劳动态度、责任心、安全意识、心理过程（认识、情感和意志过程）和个性心理（需要、动机和兴趣等个性倾向和能力、气质和性格等个性心理特征）以及生理等方面进行分析、研究和评价，还要分析运行系统中运行人员集体（团队）在受到人体生物律、工作、社会方面应激因素哪些影响，以掌握人们思想行为的规律，区别不同对象，采取不同的方法进行管理。要求能激励每个人的安全动机，做到知人善任，人尽其才，才尽其用，尤其要掌握团队中各人员的生物节律是否比较相似（相似，则事故的几率就大些），团队内是否有较多人员性格比较相似（相似，则不利于团队内部的协作），以及团队内是否有人员心理失衡的情况等，从而有针对性地做好安全管理工作。因为，事故的发生，虽然是由多种因素促成的，但无不存在着人的因素。这种人的因素体现在设计、制造、安装、运行、维护、检修、试验等电力生产的全过程中，可能是心理素质差、责任心不强、安全意识淡薄的原因，也可能是技术素质差、工作能力低的原因；还有可能是心理失衡导致团队内部不团结、我行我素、意志涣散等不良倾向，这不仅容易发生人失误事件，甚至会导致人为破坏事件。因此，减少或防止事故，就必须牢固树立"以人为本"的管理理念，认真开展人员的安全性评价，消除团队心理失衡倾向，强调人的自觉性、主动性、能力有限性和团队和谐性，以做好每个人以及整个团队的安全管理，来确保电力企业安全生产管理目标的实现。

5. 结合实际的科学技术的管理理念

在当今科学技术日新月异，信息急剧膨胀的时代，我国电力企业更加重视推进科学技术创新，把发展的着眼点放在科学管理和技术进步的有机结合上，把加速发展电力工业的科技进步、逐步实现生产过程自动化和管理现代化、推动电力工业增长方式的转变作为今后发展电力工业的重要思路，并提出科技工作要面向安全生产、面向经营管理、面向提高现代化水平、面向开拓电力市场的战略思想。因此，要做好电力安全生产工作，就必须牢固树立结合实际的科技理念，大力推进结合实际的科学管理和技术进步，以及注重两者的有机结合。首先，要更新那种"领导平时多念安全经，安全员多跑现场敲警铃，工人操作多加小心，就不会出大乱子"的陈旧安全观，着力改变安全管理缺乏科学方法，脱离本单位实际，甚至处于盲目的被动状态，树立科学观念，按客观规律办事。当前，应加紧改变以下三种主要状态：一是凭经验管理，由老人员传、帮、带，维持陈旧的"老传统"、"老工艺"，缺乏科学性、规范化的状态；二是凭直观管理，跟着感觉走，对本单位不安全事件不定性、定量分析和研究，找不出事故规律，不用现代化的科学测试手段替代传统直观检查的状态；三是把外单位的经验死搬硬套，没有与本地区的条件、本单位的设备状况和人员素质结合起来，结果是安全管理投入费用不小，效果不好的状态。改变这种状态的途径就是大力组织学习和积极推广应用现代安全生产管理的理论、方法和模式，即结合本企业、本岗位实际运用系统安全工程原理和方法、事故致因理论、事故预防理论和现代安全生产管理思想等，不断加快安全管理现代化的步伐。

另一方面就是加大技术进步的力度，进一步提高自动化、机械化水平，减少和消除危险源，创造安全的工作环境；采用先进的自动控制设备，减少人员在危险场所工作的时间、人数和频度；积极采用技术防范措施，对人员的失误进行控制；通过加强采购管理和及时维护，提高设备的可靠性等，逐渐实现安全生产的本质安全的目标。所谓本质安全是指设备、设施或技术工艺含有内在的能够从根本上防止发生事故的功能。即要求设备、设施或技术工艺在它们的规划设计阶段就应该具有以下两方面的功能：① 失误——安全功能，指操作者即使操作失误，也不会发生事故或伤害，或者说设备、设施和技术工艺本身具有自动防治人的不安全行为的功能。② 故障——安全功能，指设备、设施或生产工艺发生故障或损坏时，还能暂时维持正常工作或自动转变为安全状态的功能。

本质安全是生产中"预防为主"的根本体现，也是安全生产的最高境界。实际上，由于现有技术和经济水平，市场竞争的外部条件，以及人们对事故的认识等原因，目前还很难做到本质安全，只能作为追求的目标。

6. 安全管理动态发展的管理理念

安全管理工作是永无止境的，决不是一劳永逸的工作。如果某一企业安全生产超过上千天、甚至上万天时就放松了预防措施，认为安全管理工作已经发展到家了，再无深入的必要，那么在不久的将来事故定会频发。事实上，随着社会的发展、改革开放的深化、经营机制的转化、新的劳动组织形式，用工制度的涌现，安全管理的目标、内容、模式和方法都必须及时发生变化，以便与此相适应。同时，随着科学技术的发展，使过去许多不为人知的危害因素如电磁辐射等被揭示出来，许多新技术、新工艺、新材料的应用，如特高压电网的建成等，又在保护人类安全健康方面提出了众多新的课题。因此，安全管理工作必须随着社会和科技的发展而不断地发展。我们应该用这种持续发展的观点去研究和应用它，不断促进安全管理的现代化，持续地提高安全管理工作的水平。

第三节　班组安全管理常用的基本理论

班组安全管理的关键是必须掌握事故发生的规律，根据规律主动采取预防措施，才可能防止或减少事故的发生，降低事故的损失。这种研究事故发生规律的理论就是事故致因理论。班组安全管理就是经常用这个理论指导工作的，现简介如下。

一、导致事故的主要因素分析

事故是由于不安全状态或不安全行为所引起的，它是设备、设施、工器具、环境、人的行为等诸因素的多元函数。具体地说，影响事故是否发生的主要因素有五项：人（Man）、物（Material）、环境（Medium）、管理（Management）和事故处置。各因素间的关系可用事故致因逻辑图表示，如图1-1所示。

1. 人的原因

这里的人是指在现场的作业人员、管理人员及其他在场的人员。人在现场是生产活动的主体，当他们安全、文明地生产时，是财富的创造者；当他们违章作业、冒险操作，做出不安全行为时，又是形成和触发事故的重要致因。据统计，在班组发生的事故中有80%以上的事故是人为因素所致。

什么人容易做出不安全行为呢？由于人的遗传、生理上的差异使人与人之间存在着智商差异；人生活在丰富多彩的社会当中，每个人受家庭教育、社会教育、学历教育的程度，家

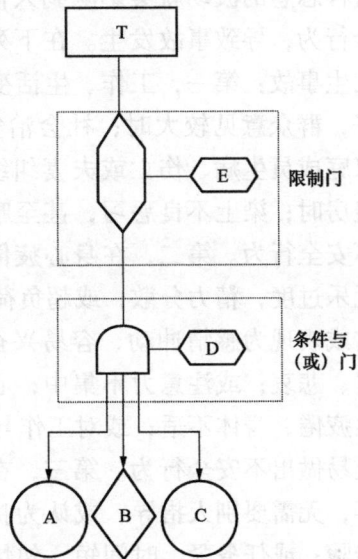

图1-1　事故致因逻辑图
T—事故；A—人；B—物；
C—环境；D—管理；E—事故处理

庭、社会处境、经历等多种原因不同，形成了千差万别的性格；工作中所掌握和积累的经验、知识、技能、观念、安全意识的不尽相同等，决定了人与人的本身综合素质差别。这些差别又在一定程度上影响着人的行为。例如，性格急躁、感情易冲动、注意力不集中、处事轻率的人，容易作出不安全行为，发生事故的倾向大；而性格稳重、办事有条理、反应灵敏的人在作业中很少有不安全行为，不易发生事故，且还可能阻止他人事故的发生。一个实际经验丰富、有一定安全素质的人，就很少会因操作失误导致事故，而许多事故常常是由于技能不熟练，也没有受过安全教育，粗心胆大的人发生误操作而引起的。对于一个业务精、技术过硬、安全素质高的人，在作业中自己不但不会发生误操作，而且还能发现和制止他人的习惯性违章行为。而那些业务虽然精、技术也过硬，但安全素质不高的人，习惯性违章又多，特别容易导致或诱发他人发生事故。

　　什么条件下人容易做出不安全行为呢？由于人和物两个因素相比，人的可靠性比物（如机器设备）差得多。机器设备只要供给它一定能量，它就会按照一定的指令周而复始地进行运动。但是，人是有思想的，思想决定人的行动，思想又受到客观条件影响（如身体素质、自然、社会环境、生产环境等），客观条件变化，人的思想也会随着变化，这就造成了人的思想在一定条件下的波动。这种思想的波动就会影响到人们行为的安全度，就会自觉或不自觉地做出不安全行为，导致事故发生。在下列条件下，人们的思想最易波动，职工作业最易发生事故：第一，工作、生活变化较大时，如组织机构变动时；生活福利未做好，群众意见较大时；社会治安情况差时；生活发生困难，谈恋爱不顺心时；家庭成员生病、伤亡或夫妻纠纷，子女上学、求职有困难时；家庭分房装修或盖房时；染上不良恶习，甚至嗜赌等，职工思想波动较大的情况下，容易做出不安全行为。第二，在身心疲倦时，如发生与人争吵后情绪尚未恢复常态；或玩乐过度，精力分散；或超负荷工作，力不从心等情况，人们的思想波动很大，它或表现为感情冲动、容易兴奋、喜欢冒险；或为心境不佳，恼怒、焦躁、恐惧、悲哀；或注意力不集中，心不在焉；无耐心，不能理智地去控制行动；易感疲倦、身体不适；或对工作与事物厌倦，心情随外界条件变化无常等，此时，极易做出不安全行为。第三，在过于自信时，如认为自己有技术，无需按章办事，无需要别人指导；或认为执行规章太麻烦，图省事，擅自减少工艺或操作步骤；或任务紧，时间短，匆忙地行动；或工作事先准备不够，联络协调不充分等情况下，也非常容易做出不安全行为。

　　因此，企业里各级领导和班组长、工作负责人在抓安全、防事故工作中，首先要学会做好人的工作，要善于发现职工，尤其是容易出现不安全行为职工的心理、生理等各种特点，关心他们，艺术地组织他们去工作，让他们在各种条件下都能心态平和、思想集中、精力旺盛地投入到安全生产之中。

2. 物（设备等）的原因

物（设备等）的原因是指发生事故时所涉及的物质，可分为合格设备和次合格（含有事故隐患）设备。

（1）合格的设备（即从设计、制造、施工安装、检修等阶段均按规定工艺等标准执行的设备），事故发生的规律符合浴盆状的事故特征曲线，如图 1－2 所示。曲线分为早期事故多发期、中期事故偶发期和后期事故多发期。

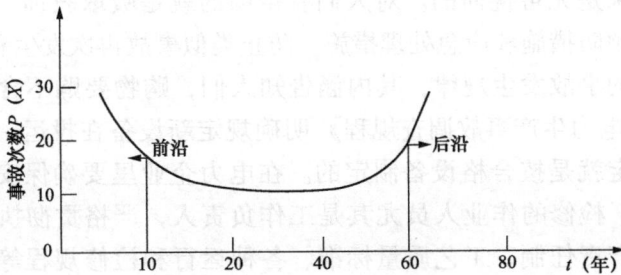

图 1－2　设备事故特征曲线

1）早期事故多发期。在设备投入使用的早期，由于设计、制造、储存、运输、安装造成的缺陷，以及调试跑合、启动不当等人为因素所造成的问题较多，容易引发事故，故称早期事故多发期。在这一阶段，应针对设备缺陷和人为问题的原因，及时处理，尽量避免或减少事故的发生，提早使设备正常运转，即使曲线成为迅速递减型。

2）中期事故偶发期。由于设备通过早期的磨合使用维护，许多先天因素造成的缺陷和问题已被恰当处理，进入稳定有效的运行阶段。该阶段的事故常常是过载、误操作意外的天灾以及尚不清楚的偶然因素造成，且具有次数不多偶然发生的特点，故称为中期事故偶发期，在特征曲线上近似表现为水平直线型。

3）后期事故多发期。设备经过稳定运行进入使用寿命的后期时，由于老化、疲劳、磨损、蠕变、腐蚀等耗损所造成的缺陷增多，引发事故的次数呈快速上升趋势，故称为后期事故多发期。

（2）次合格设备（即出厂检测时一切参数基本正常，但是在设计、制造或施工、安装、检修等阶段，还存有未按规程、标准实施的环节，致使设备含有潜在的危险因素的设备）。这类设备进入稳定有效的运行期后，极易发生事故。其发生事故的孕育、成长和发生三个阶段比较明显。

1）孕育阶段。这个阶段特点是：设备运行处于平静状态，没有任何异常现象。

2）成长阶段。这个阶段的特点：运行中的设备已出现异常现象，设备运行参数等均出现了离谱现象，人的视觉已能感觉到了。如果此时人或物的不安全行为触及设备，就会促使事故隐患的增长，危险性增大，事故随时都有可能发生。因此，在这个阶段要加强监督检查，采取有效措施制止或延缓事故的成长。

3）突发阶段。事故发展到成长阶段，再加上一些随机因素，事故必然会突然发生。这就是事故到了最后阶段——发生阶段。这一阶段给人或物带来伤害或损失，其结果是无可挽回的。对人们有帮助的就是吸取教训，总结经验，制订切实可行的预防措施和应急处理措施，防止类似事故再次发生和发展。

上述是物的事故发生规律，其内涵告知人们，购物要购不含事故隐患的正品（合格）。《电力生产事故调查规程》明确规定新设备在投运一年内发生的事故不考核的规定就是按合格设备制定的。在电力企业里要确保安全生产，而从事运行、安装、检修的作业人员尤其是工作负责人，严格贯彻执行各项规章制度，如安全生产责任制、工艺质量标准、各种运行和检修规程等，使物质能按照它固有属性（即浴盆曲线）运行，从而保证电网、设备、材料、工器具等物质基础处于安全状态。否则，这些物质基础内就会潜伏着不安全因素，出现大小各异的不安全状态，成为诱发事故的物质基础（即次合格设备事故发生规律）。

案例1.11　紧固器失灵，线路工坠亡

1990年某月某日，某供电公司110kV铜瑭湾—南华线路停电，更换防污型悬式绝缘子，使用新华牌P2型紧固器作为起吊和放落导线的起重工具。上午10时，魏某（男、25岁）等两人在39号杆上换好右、左两边线绝缘子串，准备装复悬式线夹时，因新绝缘子串比原绝缘子串长一些，必须将导线放下一点距离才能套装，于是一人扳动紧固器手柄将其钢丝绳放松。就在此时，紧固器的制动扳手却发生卡死不能返回。三百多公斤重的导线带动钢丝绳迅速下滑，最后钢丝绳从绳轮上抽出，站在导线上的魏某因安全带未按规程要求系在牢固的构件上，而是系在紧固器上，导致魏某随导线及绝缘子串从高空坠落，内脏严重受伤，经全力抢救无效，不幸死亡。

案例分析

（1）紧固器失灵是发生这次事故的直接原因之一。

（2）另外一个直接原因是作业人员严重违反《电力安全工作规程》（电力线路部分）第85条"安全带应系在电杆及牢固的构件上"的规定，将安全带系在了紧固器上。因此，当紧固器失灵时，作业人员也就同时失去了安全带的保护，高空坠落也就无法避免。

（3）间接原因是购买、入库和使用等有关人员未执行《电力安全工作规程》（电力线路部分）9.1.1"施工机具和安全工器具应统一编号，专人保管。入库、出库、使用前应进行检查。禁止使用损毁、变形、有故障等不合格的施工机具和安全工器具"的规定，对不合格产品既未禁止又未检查。事后检查发现这个紧固器是新领的，但是器身上无任何标牌，说明书给定的拉紧力小于等于1.5t。而同类型的常州产品标牌上，标明的使用拉力仅为0.5t，可见所用紧固器说明书上的拉紧力与实际不符。这样的不合格产品出现失灵也就是必然的了。

防范措施

（1）作业全过程都要严格执行《电力安全工作规程》的有关规定。

（2）要全面分析登高使用紧固器接线作业的危险点。应该在使用紧固器收紧、放拉导线时，增加必要的保险措施。

（3）登高作业人员应该使用新型双保险安全带，增加保险绳的保护。

3. 环境的原因

这里所说的环境是工作现场及其周围的一切事物的统称。不安全的环境可以直接造成或触发导致事故，也是发生事故的物质基础。它通常指的是：

（1）自然环境的异常，即岩石、地质、天文、气象等的恶劣变异。

（2）生产环境不良，即照明、温度、湿度、通风、采光、噪声、振动、空气质量、颜色等方面的缺陷。

案例1.12　施工忽视环境，4人严重烧伤

某电厂4人在网控楼蓄电池室做地坪（地坪材料由70%汽油与30%沥青混合而成）。为保证地面干燥，钢窗用毛毡封闭，室内空气不流畅，可燃气体浓度较高，因室内光线不足，用1000W灯照明，约10分钟后室内起火，4名施工人员严重烧伤。

案例 1.13　大气环境恶劣，　连发污闪事故

某 220kV 变电站在大雾天气下，连续发生污闪事故，造成该变电站停电，局部电网瓦解。事故原因是变电站周围有百余家炒货专业户炒瓜子，形成大量的含盐烟雾散发到空中，空气中盐的密度严重超标，污染了该站的电气设备所致。

由此可知，电力生产中不仅要高度关注本身工作的安全，还需要高度重视环境的安全。例如：从事高处作业时就要按防高空坠落、物体打击，与带电体保持安全距离等要求察看作业环境；在平地作业应注意道路是否畅通，地面有无孔洞等状况去察看环境等。特别要注意现场当时的温度、湿度、采光、照明以及噪声、振动、有害气体、粉尘、蒸汽、积水、积油等情况。否则，作业人员长期在不良环境下作业，就会导致身体生病甚至威胁生命，而电网与设备就会发生事故。所以必须在生产中既要时时事事注意环境安全，又要不断地完善和建立符合标准、整洁文明、有利于职工健康和安全生产的良好环境。

4. 管理的原因

由上述讨论可知，导致事故发生的直接原因就是物的不安全状态、人的不安全行为和环境的恶劣状态。但是，若全面细致地进行分析，又能发现任何事故的发生都离不开一个条件，即管理混乱、不到位，存在严重缺陷所致。它们主要是：

（1）技术缺陷。指工业建、构筑物及机械设备、仪器仪表等的设计、选材、安装布置、维护检修中存在资料不全、验收、检查目标不清、标准不明、监测仪器陈旧、技术落后等缺陷；或工艺流程、操作方法方面存在规程、图纸不全或错误，没有作业记录或过于简单等问题。

（2）劳动组织不合理。

（3）对现场工作缺乏检查指导，或检查指导错误。

（4）没有安全操作规程或不健全或是执行不力，挪用安全措施费用，不认真实施事故防范措施，对安全隐患整改不力。

（5）教育培训不够，工作人员不懂操作技术知识或经验不足，缺乏安全知识。

（6）人员选择和使用不当，生理或身体有缺陷，如有疾病，听力、视力不良等。

管理若存在上述严重缺陷，则不但不能洞察事故的萌芽、控制事故的发展，反而会诱发事故的发生、加快事故的发展和突发。它虽然是导致事故发生的间

28

接原因，但却是事故直接原因得以存在和发展的关键条件。因此，要预防事故，必须牢牢把握这个能导致事故发生的条件，即强化安全管理。只要有完善的安全规章制度，并加以严格执行，就一定能够及时消除事故的萌芽，控制事故发展，预防事故的突发。

案例1.14 变电站内干私活，主变压器跳闸事故停电

某配电班工人周某想做衣架，向班长岳某要8号铁丝，班长就叫本班李某把从起重班要来的8号铁丝给周一部分（约50m）。周拿到铁丝，班长又与周找变电班电瓶车司机请他用电瓶车帮助将铁丝拉直，他们3人未办任何手续，把电瓶车开进变电站，在5号主变压器110kV侧引线下面，将铁丝一端固定，另一头捆扎在电瓶车尾部，班长指挥进行拉直。因铁丝承受过载拉力，突然从电瓶车尾部一头拉断，弹到5号主变压器110kV出口侧穿墙套A相引线上造成接地，5号主变压器跳闸，造成停电事故。

案例分析

（1）班组管理不严，纪律松懈，个别职工上班干私活。班长不但不制止，反而还支持、参与，严重违反劳动纪律，这是导致事故的直接原因。

（2）厂里安全生产管理存在漏洞：变电站及高压配电室的管理以"信任"代替规章制度，是造成事故的间接原因。

预防措施

（1）加强管理，变电站及高压配电室必须上锁。

（2）凡因工作进入变电所及高压配电室应按规定到值班人员处办理手续。

（3）在职工中开展遵章守纪教育及违纪检查，严格执行规章制度。

5. 事故处置情况

由分析可知，事故发展到临界状态是否突发？突发事故的规模、程度如何？与事故的处置情况有非常密切的关系。它是预防事故、减小损失的最后一个关键环节。如果处置恰当，则可以缓解事故的临界状态，或减小突发事故的规模和程度，赢得大事化小、小事化了的效果，反之则然。事故的恰当处置主要体现在以下三个方面：

（1）对事故前的异常征兆是否能作出正确的判断和反应。

（2）一旦发生事故，是否能迅速地采取有效措施，防止事态恶化和扩大事故。

（3）抢救措施和对负伤人员的急救措施是否妥善。

显然，这些因素对事故的发展和突发起着制约作用。每位职工，尤其是班组长都必须具备这种科学、正确的事故处置能力。

案例1.15　判断正确　反应迅速　免遭区网崩溃劫难

2005年8月的一天，因大雨过后的大水使某区电网管辖的一条高压线路几座铁塔倾倒，造成一定面积的停电事故。与此同时，区网调度中心警报大作，值班调度员根据微机控制系统显示的异常信息，正确地判断出倒塔线路的位置和程度，果断地切除事故线路，调整运行方式，规定主力电源的状态，将停电限制在尽可能小的范围，没有造成区网的崩溃。既防止事故的恶化和扩大，又做好随时恢复送电的准备，在事故发生的3个小时内就全部恢复了正常送电。这一事故处理情况受到国家电网公司的表扬。

案例分析

（1）事故突发之时，调度值班员判断正确、反应迅速，处理果断，有效防止事故恶化和扩大。

（2）调查表明，该区网调度中心认真贯彻安全方针，安全管理出色有效。在当年雨季到来之前，已进行过倒塔断线等事故的预想和处理演练，强化了中心全体人员的安全意识和事故处理能力。所以，在事故突发时才能判断正确，处理及时。

（3）案例说明，由于当班调度员工作认真，能及时发现异常；技术过硬，能正确判断出事故的性质、位置；心理素质高，能遇事不慌，果断地按演练时的要求处理，所以他获得了成功。

二、事故模式理论

所谓模式即人们对某一过程、某一行为的定性或定量的概括。它能显示这一过程或行为的特征，并能对所考虑的目标显示具有决定意义的后果。事故模式就是人们采用逻辑抽象或数学抽象的方法，对事故机理和过程所做的概括。事故模式理论就是描述事故成因、经过和后果的理论，是研究人、物、环境、管理及事故处置这些基本因素如何起作用而形成事故、造成损失的学说。它可以帮助人们认识事故致因的本质，指导人们进行事故调查、事故分析、对事故责任者的正确处理以及对事故进行预防等安全管理工作。传统的事故模式理论主要有人为失误论、轨迹交叉论、多米诺骨牌论、综合论、能量转移论等。

1. 人为失误论

该理论认为，一切事故都是由于人的失误造成的。诸如工人操作失误、管理监督失误、计划设计失误、领导决策失误等。我国受这种事故模式的影响很深，在对事故的分析、处理和对策上，过分地强调人的作用，常常忽略生产过程中的物质因素，如设备、原材料、工器具、客观环境等的关键作用。实践证明，在这种理论指导下，很难控制事故的发生和发展，其理论的片面性和局限性是显然的。

2. 轨迹交叉论

该理论认为，在人与机器这个"两方共系"中，如果发生人与机器运动的轨迹交叉就会构成事故；如果消除人的疏忽，或对机器进行安全防护，将人与机器隔离，就能有效地避免伤亡事故。这种理论顾及到人（操作者或进入场地者）的不安全因素和物（机器设备等）的不安全状态的两个方面，无疑对揭示事故成因有很大的启示，但它的缺陷在于没有指明导致事故发生的主要原因是什么。实际上，人与物之间并非出现轨迹交叉就一定会造成事故。只有人与物本身存在的危险部位接触，而又失去有效的自我防护手段时，才会造成伤亡事故。

3. 多米诺骨牌论

该理论认为，造成人身伤亡事故有五个互相联系的因素，即社会环境与管理、人为过失、不安全动作和不安全状态、意外事件、伤亡；并进而认为，一种伤亡事故的发生，系一连串事件在一定顺序下发生的结果，只要设法消除顺序中不安全动作和不安全状态这个环节，使系列的顺序中断，伤害事故就可以避免。这种理论在诱发事故的五大因素中指明了决定性的因素—人的失误，强调了人的因素在预防事故中的主导地位，这是一个历史性的进步。然而，它的缺陷是：忽视了客观因素对形成或预防事故的重要作用（有时甚至是起决定性的作用）。我们强调人在预防事故中具有主观能动性，人能够发现和控制危险点，这是从意识对存在的反作用而言的。但是，客观事实是存在决定意识，在意识与存在的关系中，存在是第一性的，意识是第二性的。因为，在事故预防的实践中可知，只要有不安全的作业环境或机械设备等客观存在，那么，尽管没有人为的失误，也是会造成机械设备损坏等事故的。如果不承认这一点，就会导致主观唯心论。现代安全管理科学尤其重视客观存在，认为只要营造安全的作业环境，使用可靠的设备和保险的生产工具，事故就能大大减少。

4. 能量转移论

该理论认为，人类的生产活动和生活实践都离不开能量。受控的能量可以做有用功，制造产品或提供服务。但是，一旦失控，发生不希望有的能量向着人员或其他物体的转移，则能量就会做破坏功，造成人员伤亡或财产损失或停止正常工作的结果。在一定条件下，某种形式的能量能否产生伤害，造成人员伤亡事故，取决于人体接触能量的大小、时间和频率，能量的集中程度及屏障设置的完善程度和时间的早晚。这个条件就是看施加于机体的能量（机械能、热能、电能、电离辐射、化学能）是否超过局部或全身的伤害阈值，是否影响局部或全部身体能量交换（阻碍体内氧气或热量的交换）。若是，则会造成事故。因此，要保证安全有效地预防事故，就必须防止生产和生活所用能量的异常转移、切断转移路径以及保护可能或已经受害的对象。在生产和生活中，常用的防止、切断和保护措施如下：

（1）采用熔丝、接地、尖端放电等措施，防止危险能量的集聚。

（2）采用密封、绝缘、安全带等措施，防止或限制危险能量的释放。

（3）采用栏杆、防护罩、防火门、排尘装置等设施，使危险能量与人员或敏感设备在时间上或空间上脱离。

（4）采用安全阀、减振装置、消声器等装置，作为阻断或削减危险能量作用的屏障。

（5）采用 CO_2 灭火剂代替 CCl_4 灭火剂、用安全电压代替较高电压等安全能源代替危险性大的能源。

（6）进行安全教育培训，提高员工安全操作、识别危险、应急处理等安全技能。

（7）采用耐火材料、提高人员生理和心理素质等措施，提高人员承受能量伤害阈值来防止或尽量减少伤害。

（8）尽快提供急救和交通工具所需要的方便条件，并提供必要的治疗、矫正和恢复功能等服务项目，尽可能地减轻已产生的伤害，防止因能量转移而造成的事故扩大。

能量转移理论把伤害事故的原因归结为"能量异常转移"，简明可观。对某种能量形式，可以清晰地评价其危险性和制定相应的预防措施；可以像分析系统能量传递过程那样追踪能源及其变化，方便准确地进行事故的调查分析，使人们更加注重能量蓄积与释放的机理，更加注意在生产和生活中各种能量的使用变化与相互作用，从而提高人们有效预防和控制危险，防止事故的发生和发展。但是，由于生产和生活中大多数伤害事故是动能失控转移引起的，因此，用这种理论对事故进行统计分析时存在一定的困难。

5. 综合事故模式理论

该理论从事物普遍联系的观点出发，经过研究探讨，得出了这样的结论：任何特定事故都具有若干事件同时存在并同时发生作用的特点，这些因素包括人、物、自然和社会环境等。就人的因素这一点看，包括人与人的差异。如遗传、生理上的差异，后天的经验、知识、技能及观念等个性心理上的差异等。它认为事故的发生绝不是偶然的也不是单一的，而是有着综合且深刻原因的，包括直接原因、间接原因和基础原因。事故乃是社会因素、管理因素和生产中危险因素被偶然事件触发所造成的结果，可用下列公式表达

$$事故 = 生产中的危险因素 + 触发因素$$

这种模式的结构如图 1 – 3 所示。图中表示事故的直接原因是指不安全状态（条件）和不安全行为（动作）。它们是生产中的危险因素（或称为事故隐患），是由作业现场的物质、环境以及人的原因构成。而发生事故的间接原因是指管理缺陷、管理因素和管理责任。将造成间接原因的因素称为基础原因，主要包括经济、文化、学校教育、民族习惯、社会历史、法律等。认为任何事故的突然发生都有一个偶然事件的触发。所谓偶然事件触发，是指由于起因物和肇事人偶然作用，造成突发事故的过程。

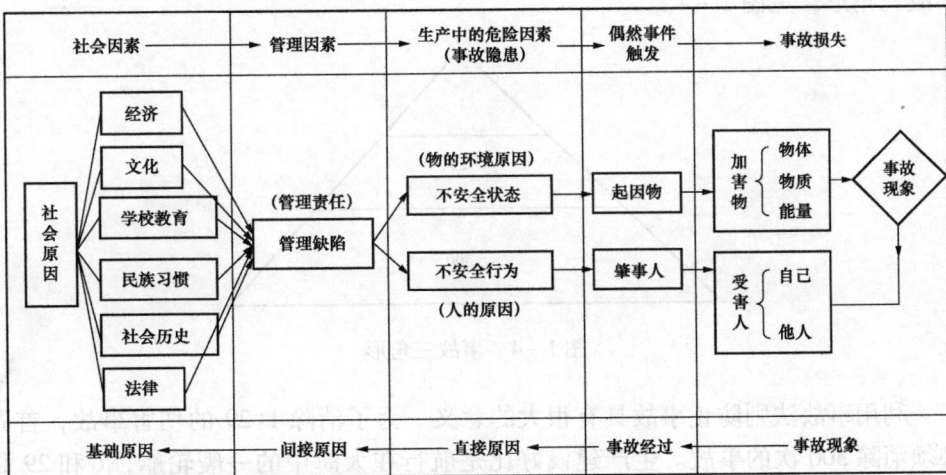

图 1 – 3　综合论事故模式图

显然，该理论综合地考虑了各种事故现象和因素，因而比较正确，有利于各种事故的分析、预防和处理，是世界上最为流行的理论。目前，美国、日本和我国仍然主张按这种模式研究和调查事故。即研究事故产生过程的模式是：

由于"社会因素"产生"管理因素",进一步产生"生产中的危险因素",通过偶然事件触发而突发伤亡、损失的过程。

调查事故过程的模式则与此相反,应当通过事故现象,查询事故经过,摸清触发事件,进而依次了解其直接原因、间接原因和基础原因。

然而,综合论虽然承认事物联系的普遍性,却忽视了这一事物与另一事物相区别并以独特的形式存在的特殊性,未能注意到每起事故都会有不同于以往事故的成因。如按照综合论指导事故预防工作,就可能出现无所不抓、面面俱到的情况,以至于找不到发生事故的主要矛盾,抓不住预防事故的重点。

三、事故三角形理论（法则）

事故三角形法则又称为 1:29:300 法则。海因里希统计分析了 55 万起事故,发现了一个统计规律,即每 330 次事故中死亡重伤 1 人、轻伤微伤 29 人、无伤 300 人,于是称为 1:29:300 法则。它说明发生多期无伤害事故时,必然会有轻伤事故发生;发生多起轻伤事故时,也必然会有重伤或死亡事故发生。换言之,就是轻伤事故孕育于无伤害事故之中,重伤或死亡事故孕育于轻伤事故和无伤事故之中。这个法则得到人们的普遍承认,并将按该比例绘成的三角形图称为事故三角形,见图 1-4。

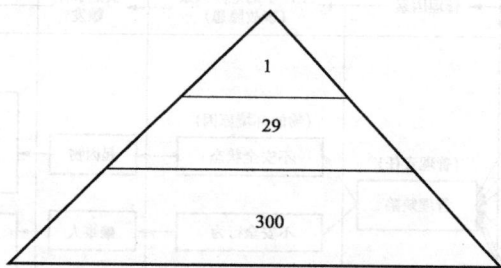

图 1-4　事故三角形

利用事故法则防止事故具有很大的意义。为了消除 1:29 的伤害事故,首先必须消除 300 次的事故。生产建设好比是航行在大海中的一艘轮船,1 和 29 是礁石,是明显的障碍,而 300 则是暗礁,是潜在危险。要防止触礁,避免事故,把事故消灭在萌芽状态,就必须认真消除暗礁,从无伤害事故或未遂事故着手进行预防和控制。

● 安全就是一种既没有事故、又没有危险的状态；安全的对立面是危险与事故，可以用风险值加以量化；安全是相对的，没有绝对安全，只有更加安全；系统安全是动态的。

● 安全管理是指人们针对生产过程中的安全问题，运用有效的资源和行政、经济、法律等手段，行使决策、计划、教育、组织、指挥、监察、检查、评价等职能，对人、物、环境等被管理对象施加影响和控制，排除不安全因素，以达到安全生产目的的活动。

● 电力安全管理的基本理念："安全第一、预防为主"，"全员、全面、全过程"，"法规制度化"，"以人为本"，"结合实际的科学技术"，"安全管理动态发展"等管理理念。

● 电力班组安全管理的重要意义：它是电力企业安全管理的关键因素，也是预防和控制事故的关键因素。

● 班组安全管理常用的基本理论：能量转移论、综合事故模式理论、事故三角形法则等。

◆ 想 想 做 做 ◆

1. 安全的定义和特性是什么？结合本班实际，举例论证"没有事故就是安全"或"没有事故并非就是安全"的命题。

2. 下列理念中哪些已经建立并正在应用？哪些还未考虑？今后有何打算？

安全理念自测表

理念应用	安全第一预防为主	三全管理	法规制度化	以人为本	结合实际的科学技术	安全管理动态发展
正在应用						
还未考虑						
今后打算						

3. 用事故致因逻辑图说明安全管理的重要性。

35

第二章

班组安全管理常用的现代理论

—● 学 习 目 标 ●—

通过本章学习，你应该能够：

- 了解安全系统工程学应用的基本程序；
- 了解安全心理学在电力企业安全生产中的基本作用；
- 了解工作系统中的人机关系及基本功能；
- 了解企业安全文化的涵义；
- 熟悉安全系统工程学定义以及危险因素产生的根本原因；
- 熟悉个性及其意识倾向性与心理特征的定义，与个性有关的需要、动机、意识、注意等基本概念以及它们的基本应用；
- 熟悉人机工程学和工作系统的定义以及影响人工作效绩或导致人失误的因素；
- 熟悉企业安全文化的定义、结构，以及正确处理企业安全文化建设中的几个关系；
- 掌握系统安全性定量评价的两种计算方法，以及危险、有害因素的预防和控制方法；
- 掌握需要、性格和气质的基本测评方法和生物节律的计算方法，学会对员工个性的分析和了解，准确把握以人为本的管理理念，做好班组安全工作；
- 掌握工作系统人机工程学评价检查单，以发现该系统中存在的人机工程学问题，提出改进措施。

36

第一节　安全系统工程学简介

案例2.1　安全系统工程学在电力企业中的应用——《供电企业安全性评价》简介

2003 年，国家电网公司为了促进供电企业的安全管理，保障电网安全、稳定、优质、经济运行和对用户可靠供电，组织编制了《供电企业安全性评价》（简称《评价》）和安全性评价的管理办法，要求各供电企业结合本企业实际认真贯彻执行《评价》，坚持自查、自检、自改，以及专家查评与单位、班组自查相结合的原则，将安全生产管理的重心放到一线班组，实施安全生产各项管理工作的标准化、规范化，用规范化的管理实现安全生产的动态管理。

《评价》主要由以下三部分组成：

（1）总则：阐述编制本《评价》的目的、依据、方式、主要内容、方法程序等基本内容。

（2）供电企业安全性评价表：它是一张阐明评价供电企业安全生产内容、办法、标准和分值的表格。其内容是应用安全系统工程原理和方法，视企业为一个系统，以专业知识为基础，将其分成生产设备系统、劳动安全与作业环境、安全生产管理三大子系统作为一级评价项目，然后再将三大子系统逐层细分成二、三级，甚至四、五级评价项目；并根据总分为 8700 分的规定，合理确定每个项目的评价分值。最后，以现行法规标准、技术规范等限定的安全准则为依据，规定各项目的查评方法、评分标准及办法。评价表的基本格式如表 2 - 1 所示。

（3）附录：它由一系列常用工器具、劳保及防护用品等安全性评价检查表，以及供电企业安全性评价总分表、结果明细表、检查发现问题及整改措施表、查评组用表等 6 个附录组成，其中检查表内主要包含评价标准、评价结果、主要问题三个栏目。

《评价》推进工作的基本方式和周期是要求企业结合安全生产实际和安全性评价表，以 2~3 年为一周期，按照"评价、分析、评估、整改"的过程循环推进，即按照该标准开展自评价和专家评价，对评价过程中发现的问题进行定性和定量的原因分析、评价及预测，并根据评价结论对问题采取综合安全措施予以整改和控制，然后在此基础上进行新一轮的循环。

经过几年的推进，国家电网公司的各供电企业在安全生产上取得了显著的效果，基本摸清了本企业的安全基础情况，掌握了存在的危险因素及严重程度，明确了反事故工作的重点和需要采取的反事故措施，基本实现了超前控制、减少和消灭事故的目标。

但是，安全性评价是一种动态的安全管理手段，其评价表和附录中的内容均需随着对所管理对象的深入和全面认识而不断充实和完善，逐步走向成熟的过程。因此，国家电网各供电企业仍以"努力超越、追求卓越"的精神继续努力做好安全性评价工作，争取又好又快地将我国电力生产安全管理提升到国际先进水平。

表2-1　　　　　　　供电公司生产设备安全性评价表（摘录）

序　号	评价项目	标准分	查评方法	评分标准及办法	得分
2	生产设备安全性评价	6300			
2.1	变电一次设备	1610			
2.1.1	主变压器和高压并联电抗器	310			
2.1.1.1	设备整体技术状况	100			
(1)	油的色谱分析是否合格；220kV级及以上油中含水量是否合格；330kV、500kV级油中含气量是否合格	35	查出厂、交接和预防性试验报告	超周期半年、微水及含气量超出注意值扣分20%～50%；色谱超出注意值未查明原因不得分；严重超出加扣2.1.1.1分的30%	
(2)	油的电气试验（包括击穿电压、90℃的 $\tan\delta$ 值）是否合格	10	查阅试验报告	超周期扣分20%～50%；任一项不合格不得分	
(3)	交接及预防性试验是否完整、合格；预试是否超期	20	查交接及预防性试验报告	试验结果与前次相比相差30%以上又未分析扣分30%；超周期扣分50%～100%；项目不全或任一项超标又未处理不得分	
(4)	110kV及以上的在交接、大修或发生出口短路后是否进行频响特性试验或低压短路阻抗试验；220kV及以上的交接和大修是否进行局部放电试验	15	查阅有关试验报告	两项试验有一项未做不得分；试验不合格不得分	

序 号	评 价 项 目	标准分	查评方法	评分标准及办法	得分
(5)	是否存在其他缺陷（如绝缘老化等）	10	查阅运行记录及试验报告，运行20年以上的设备应有糠醛试验报告	有重要缺陷不得分	
(6)	8MVA及以上变压器是否采用胶囊、隔膜等技术措施	10	查阅产品说明书、检修报告，现场检查	任一台未采用或存在严重缺陷（如胶囊破裂）不得分	
2.1.1.2	整体运行工况	90			
(1)	上层油温是否超出规定值；温度计及远方测温装置是否准确、齐全，并定期校验	15	查最大负荷及最高运行环境温度下运行记录；现场检查	温度计不准，无远方测温装置扣分10%~20%；油温超出规定值不得分，并加扣2.1.1.2分的10%~20%	
(2)	油箱及其他部件是否存在局部过热现象：① 油箱表面温度分布；② 各潜油泵轴承部位有无异常高温	10	查测试记录，现场检查	有超温现象不得分	
(3)	套管引线接头处是否进行远红外测试	15	查红外测试记录（或查示温蜡片溶化情况）	超温未处理不得分，并加扣2.1.1.2分的30%	
(4)	高压套管及储油柜的油面是否正常	15	现场检查	储油柜油面不正常扣分20%~50%；套管油面不正常不得分	
(5)	强迫油循环变压器、电抗器冷却装置的投入和退出是否按油温（或负载率）的变化来控制；冷却装置是否有两个独立的电源并能自动切换，是否定期进行自动切换试验	10	查运行规程、产品说明书、运行记录，现场检查	未进行自动切换试验扣分20%；运行规程中没有规定随油温（或负载率）变化而自动切合不得分；未设两个独立电源不得分	

班组安全管理与培训管理

序　号	评价项目	标准分	查评方法	评分标准及办法	得分
(6)	呼吸器运行及维护情况是否良好	10	查阅检修记录，现场检查	油杯缺油或硅胶变色未更换扣分10%；呼吸器阻塞等其他缺陷扣分20%～50%	
(7)	大、小修是否超周期，检修项目是否齐全；110kV级及以上（含套管）是否采用真空注油，大修后试验项目是否齐全	15	查阅大、小修记录及总结，大修试验报告	检修缺项或大修后试验项目不全扣分20%～50%；超周期2年以上或未采用真空注油不得分	
2.1.1.3	主要部件技术状况	70			
(1)	铁心是否存在接地现象；绕组有无变形	15	查阅有关试验记录报告，大修记录总结	任一缺陷未消除不得分；问题严重加扣2.1.1.3分的10%～30%	
(2)	分接开关接触是否良好，有载开关及操动机构有无重要隐患，有载开关的油是否与本体油之间有渗漏现象，有载开关的操动机构能否按规定进行检修	15	查阅试验报告，本体油色谱试验报告，检修总结	有重要缺陷不得分	
(3)	冷却系统是否存在缺陷，如潜油泵风扇等；水冷却方式是否保持油压大于水压（双层冷却铜管者除外）	10	查阅运行报告、缺陷记录，现场检查	有缺陷未消除不得分	
(4)	套管及本体、散热器、储油柜等部位是否存在渗漏油现象	20	现场检查	有2个以下渗油点扣分10%；多处渗油或有2个以上漏油点不得分	
(5)	变压器有无水喷雾或其他类型的固定灭火装置，装置是否定期进行试验装置，装置是否定期进行试验	10	现场检查，查阅试验记录	未进行定期试验扣分50%；无灭火装置不得分	

序 号	评价项目	标准分	查评方法	评分标准及办法	得分
2.1.1.4	专业管理及技术资料	50			
(1)	每年是否有变压器运行分析专业总结报告	10	查报告	无报告不得分	
(2)	交接出厂试验报告及有关图纸是否规范、齐全、完整，有无突发性短路试验报告及短路能力计算报告	10	查阅有关资料	不规范扣分20%~50%；严重短缺、不完整、不齐全不得分	
(3)	检修、试验记录及大修总结是否规范、齐全、完整	10	查阅有关资料	不规范扣分20%~50%；严重短缺、不完整、不齐全不得分	
(4)	是否有反事故措施计划	10	查阅有关资料	没有反措计划不得分	
(5)	变压器运行规程、检修规程是否正确完整	10	查阅现场运行规程和检修规程，现场查询	现场规程有错误扣分20%~50%；无现场运行规程和检修规程不得分	

系统工程是20世纪中叶发展起来的一门有关组织管理技术的新兴科学，是以系统为研究对象的工程学。所谓工程，是利用自然科学原理使自然资源为人类服务而形成的各种学科的总称，如机械工程、电力工程、计算机工程、宇航工程、环境工程、安全工程等。系统工程就是从系统的观点出发，跨学科地考虑问题，运用工程的方法去研究和解决各种系统问题。具体地说，就是运用系统分析理论，对系统的规划、研究、设计、制造、试验和使用等阶段进行有效的组织管理。它科学地规划和组织人力、物力、财力，通过最佳方案的选择，使系统在各种约束条件下，达到最合理、最经济、最有效的预期目标。它着眼于整体的状态和过程，而不拘泥于局部的、个别的部分。这是因为系统工程采用了新的方法论，这种方法论的基础就是系统分析的观点，即一种"由上而下"、"由总而细"的方法。它不着眼于个别单元的性能是否优良，而是要求巧妙地利用单元间或子系统之间的相互配合与联系，来优化整个系统的性能，以求得整体的最佳方案。

安全系统工程是系统工程方法在安全工作中的运用，安全系统工程是现代安全管理的基础。具体地说，安全系统工程就是采用系统工程的方法通过分析、评价系统安全状态，通过调整工艺、设备、操作、管理、生产周期和费用投资等因素，控制系统中的不安全因素，使系统发生的事故减少到最低限度，达到最佳安全状态的一门学科。

一、安全系统工程学的基本原理

安全系统工程的基本原理就是预测、评价和控制危险。其过程可概括为：

（1）系统安全分析。系统安全分析是实现系统安全的重要手段，它的目的在于通过分析使人们识别系统中存在的危险性和损失率，并预测事故的可能性。分析前应首先进行系统比较，根据不同的情况和要求，选用恰当的系统分析方法，进行不同深度的分析，以保证分析的准确性和可靠性。

（2）系统安全评价。它是以系统安全分析为依据，对通过系统分析识别出的薄弱环节和可能导致事故发生的条件，以及发生事故的概率和可能的严重程度等作出客观的定性或定量的评估，从而提出相应措施，预防事故发生。

（3）系统最优化决策。通过系统安全性评估的结果，对系统进行全面、系统、预防性地调节、处理生产系统中的安全性问题，而不是孤立地、就事论事地解决生产系统中安全性问题，以保证系统处于安全稳定的状态。

综上所述可知，系统安全分析和评价是安全系统工程的核心，只有分析得准确、评价得周密，才能得出最佳的决策，由此采取的安全措施才能得力。

二、安全系统工程学应用的基本程序

（1）确定分析系统、明确分析范围。确定分析系统和明确分析范围主要包括设备与零部件、各子系统与各元件、原材料与产品、安全设备与防护装置之间的关系。

（2）调查、收集分析资料。调查同类设备、设施的各生产流程、工艺、操作条件和周围环境（包括评价设备、设施或场所的地理、气象条件及社会环境等）；收集设计说明书、本单位的生产经验、国内外事故情报及有关标准、规范和规程等资料。

（3）分析系统的单元划分。一个系统是由若干个功能不同的子系统组成的，如动力子系统、设备子系统、燃料供应子系统、控制仪表子系统、信息网络子系统等。

（4）分析、辨识、评价危险性。主要是确定系统的危险类型、危险来源、初始伤害及其造成的危险性，以及对潜在危险点的仔细判定。其中需要重点分析、评价的内容如下：

1）分析、评价危险的设备、零部件并分析其发生的可能性条件；

2）分析、评价系统中各子系统、各元件的交接面及其相互关系与影响；

3）分析、评价原材料、产品，特别是有害物质的性能及贮运；

4）分析、评价工艺过程及其工艺参数或状态参数；

5）人的可靠性分析、评价；

6）计算机软件安全性分析、评价。

（5）确定危险性等级以明确管理重点。在确认每项危险之后，都要按其效果进行分类。

（6）制定安全技术措施。根据危险等级，从软件（系统分析、人机工程、管理和规章制度等）和硬件（设备、工具和操作方法等）两方面制定相应的消除危险性的措施和防止伤害的办法。对高于标准值的风险要采取工程技术或组织管理措施降低或控制风险；低于标准值的风险属于可接收或允许的风险，应建立监测系统，防止生产条件变化导致风险值增加；对于不可排除的风险要采取有效的防范措施。

三、系统中危险、有害因素产生的原因

危险因素是指能对人造成伤亡或对物造成突发性损害的因素。有害因素是指能影响人的身体健康，导致疾病或对物造成慢性损害的因素。

所有的危害因素尽管有各种各样的表现形式，但从本质上讲，之所以能造成有害的后果，都可归结为存在能量、有害物质。能量、有害物质与失去控制两方面因素的综合作用，会导致能量的意外释放和有害物质的泄漏、挥发，从而造成危害。因此有害物质和能量失去控制是危害因素产生的根本原因。能量、有害物质失控则主要体现在设备缺陷与故障（含计算机软件缺陷与故障）、人员失误、环境恶劣和管理缺陷等四个方面。

1. 设备缺陷与故障（含计算机软件缺陷与故障）

缺陷与故障是指设备、元件等在运行过程中由于性能低下而不能实现预定功能的现象。在生产过程中缺陷与故障的发生是不可避免的，具有随机性和突发性。造成缺陷与故障发生的原因很复杂（有设计、制造、安装、磨损、疲劳、老化、检查和检修保养、人员失误、环境及其他系统的影响等）；但缺陷与故障发生的规律是可知的，通过定期检查、维修保养可使多数缺陷与故障在预定期间内得到控制（避免或减少）。因此，缺陷与故障率可以用概率统计的方法来研究。

设备发生缺陷与故障并处于不安全状态（指能导致事故、危险发生的物质条件）、可能的危险、有害因素是以设计、制造为对象的预评价研究的主要内容。这类危险、有害因素主要体现在防护、保险（包括避免发生缺陷与故障、人员失误时出现事故或危害需要）、信号等装置缺乏或有缺陷，设备（设施、工具、附件）有缺陷以及计算机软件缺陷三个方面。在生产的大量设备事故中，因设计和制造缺陷而导致的事故所占的比例很大，如自制设备、擅自修改图纸、改造设备、材质选择不符合要求、铸造和焊接质量低劣，以及附件质量不佳等，都会形成事故隐患。随着计算机在电力系统中的应用越来越广泛，不仅用于系统控制、指挥、监测，还在向无纸化操作发展。因此，计算机与电力系统的安全息息相关，它的硬件，特别是软件的安全性，其中包括保密的安全性的分析和评价，更是日益被人们高度重视。

案例2.2 2002年电网运行曾受到 "逻辑炸弹" 威胁

根据2002年1月14日《中国电力报》报导，某电力企业工作人员安全意识强，计算机应用水平高，及时发现有人在故障录波器的在线软件中设置了"逻辑炸弹"，而这种故障录波器当时正被23个省市147个变电站使用。此时，只要电网发生故障，则"逻辑炸弹"就会使故障录波器对电网故障的监测失效，严重影响对事故原因的分析，对大电网的安全运行构成了极大的威胁。

案例分析

（1）电力系统应高度重视计算机软件的安全性，包括它的保密安全性（即指软件免于被未授权者使用、修改、或免受病毒侵害等蓄意破坏情况）。

（2）必须严格规范计算机软件进网规定。

（3）电力系统应加强对微机操作和维修人员的终身培训，持续提高他们的技术和安全工作水平。

2. 人员失误

人员失误泛指不安全行为（指职工在生产过程中，违反劳动纪律、操作程序和方法等形成的具有危险性的做法）所产生的不良后果。在生产过程中存在着人员失误，它具有随机性和偶然性，往往是不可预测的意外行为。影响人员失误的因素很多，但发生人员失误的规律和失误率通过大量的统计和分析是可以预测的。

在人—机系统中，人子系统比机械子系统可靠性低很多。因为人具有自由性，再加上构成劳动集体的每个成员的精神素质和心理特征不同，易受环境条件所造成的心理上的影响，从而造成误操作。为了防止事故的发生就必须对人加强教育训练，提高其可靠性、适应能力、应变能力以及协同作战的团队精神，同时加强人机工程学的研究，使机器能更好地适应人的操作，减少失误。

GB 6441—1986《企业职工伤亡事故分类》附录中将不安全行为归纳为操作失误（忽视安全、忽视警告）、造成安全装置失效、使用不安全设备、手代替工具操作、物体存放不当、冒险进入危险场所、攀坐不安全位置、在起吊物下作业（停留）、机构运转时加油（修理、检查、调整及清扫等）、有分散注意力行为、忽视使用必须使用的个人防护用品或用具、不安全装束及易燃易爆等危险品处理错误等十三类。

3. 环境恶劣或缺陷

环境是指自然和生产的环境，当它们出现恶劣或缺陷的不安全状态时，就可能直接或间接引发事故。例如，出现雷电、暴雨或暴雪等不良的天气，或出现地震等灾害时，就有可能生成相应的危险；反之，危险也就不复存在。《电力安全工作规程》明确规定，在6级及以上的大风等恶劣天气，禁止从事露天高处作业和起重作业。据国内外有关资料介绍，每年都发生数起起重机被风吹走或倾倒的事故，因此，起重机必须安装可靠的防风夹轨器和锚定装置。至于在雷雨天进行设备巡视，更应注意预防和控制气候造成的危险。巡视人员应穿试验合格的绝缘靴，在巡检时应离开避雷器5m远，以防落雷伤人；要戴好安全帽，不得靠近避雷器检查，以防避雷器爆炸伤人；平时应关紧端子箱、机构箱门，用防雨罩把气体继电器罩好，以免这些设备漏进雨水等。

4. 管理缺陷

安全管理是为保证及时、有效地实现既定的安全目标，是在预测、分析的基础上进行的计划、协调和控制等工作，是预防故障和人员失误发生的有效手段。因此，管理缺陷是影响失控发生的重要因素。管理缺陷通常表现为违章作业、违章指挥、违反劳动纪律以及漠视物与环境的不安全状态。

生产现场包含着来自人、机（物）和环境三方面的多种隐患，为确保安全生产，就必须分析和查找隐患，并及早消除，将事故消灭在发生之前，做到预防为主。因此，识别危险性是首要问题。

四、系统中危险、有害因素的辨识

造成事故后果必须同时存在两个因素。一是有引起伤害的能量（即存在危险源或点），二是有遭受伤害的对象（人或物），二者缺一不可。而且这两个因素必须相距很近，伤害能量能够达到，才能造成事故后果。如人的不安全行为和机械或物质危险是人—机"两方共系"中能量逆流的两个系列，在它们轨迹交叉之处就可能造成事故。因此，要预防和控制事故的发生就必须首先辨识系统的危险和有害因素以及发展成为事故的条件。

由于能量总是遵循守恒与转换规律的，因此，在正常情况下，能量通过做有用功制造产品和提供服务时的平衡式为

输入能 = 有用功(做功能) + 正常耗损能

但在非正常运行状态下，其能量平衡式为

输入能 = 有用功 + 正常耗损能 + 逸散能

这个逸散能作用在人体上就是伤害事故，作用在设备上则损坏设备。由此可知，从预防事故来看，关键是查找出生产现场能量体系中显在或潜在的逸散能。

能够转化为破坏能力的逸散能量有电能、原子能、机械能、势能和动能、压力和弹力、燃烧和爆炸、腐蚀、放射线、热能和热辐能、声能、化学能等。

另外，还可以用表示破坏能量的因素及事件作为参考，如：加速度、污染、化学反应、腐蚀、电（电击、静电感应、电热、电源故障等）、爆炸、火灾、热和温度（高温、低温、温度变化）、泄漏、湿度（高湿、低湿）、氧化、压力（高压、低压、压力变化）、辐射（热辐射、电磁辐射、紫外辐射、电离）、化学灼伤、结构损害或故障、机械冲击、振动与噪声等。

但是，逸散能是否转化为破坏能则还必须从能量转换过程着手研究能量失控情况。为了研究的方便，能量失控情况常分为两种模式：物理模式和化学模式。由于各类生产企业中，机械设备很多，因此从事故数量上来看，物理模式的能量失控引起的事故占大多数。

（一）物理模式

最基本的物理能可分为势能和动能两种形式。以势能形式出现的物理能，如处于高处的物体（如落体、坠落、倒塌、崩垮、塌方、冒顶等）、受压的弹性元件、贮存的热量、电压等。以动能的形式出现的有运动的机械、行驶的车辆、电流、流动的液体等。势能是静止的、潜在的，人类对其危险性的认识往往不敏感。然而由于某种原因，势能转换为动能时，危险性就可能急剧增大。动能凭人的视觉能感觉到它的存在，危险性可以一目了然。它可以直接转化为破坏功（破坏力对人或物做的功），如静止的人会被运动物体所撞伤，人与物体相互运动也可能受伤，行动的人碰到静止物体也会受伤，这些危险都是可以亲自感受到的。另外，还要注意有些物体同时具有两种能量，如：电动机既有电能，

又有机械回转的动能。

物理模式的能量失控具体表现为物理爆炸、锅炉爆炸、机械失控、电气失控、其他物理能量失控五种情况。

（二）化学模式

化学模式所产生的破坏力和物理模式不同，它是通过物质化合和分解等化学反应产生的能量失控而造成火灾或爆炸。其过程是静态化学能通过化学反应转变为物理能，由物理能对目标施加破坏力。化学爆炸的起因是由于化学反应失控，瞬时产生大量高温气体，该气体受到约束时可具有极大的压力，高压气体产生冲击波，对周围目标产生破坏。

化学模式的能量失控通常有直接火灾、间接火灾及自动反应（煤的自燃）三种情况。

（三）有害因素

很多化学物质会对人体造成增升性或慢性的毒害。因此，国家为了保护职工身体健康，规定了这些有害物质在操作环境中的最高允许浓度，超过了规定的允许值则被认为存在着危险性。例如超过浓度的惰性气体氮气会使人窒息。超过规定值的致病微生物等生物性有害因素会使人致命。

（四）外力因素

外力是指受到外界爆炸而产生的冲击波、爆炸碎片的袭击等，也包括地震、洪水、雨雪冰冻、雷击和飓风等自然现象，对生产设备或房屋外施加很大的能量而造成的损坏和人身伤亡。

（五）环境因素

在生产现场，除机器设备能造成不安全状态造成事故外，生产所用的原材料、半成品、成品、工具及工业废弃物等，如放置不当也会造成不安全状态，因为这些物体具有潜在势能。还有粉尘、毒气、恶臭、照明、温度、湿度、噪声、振动、高频、微波和放射性等危害。环境危害不只限于在操作点上发生，而是发生在一定范围内，影响面大。

对于上述危险、有害因素的具体分类可查 GB/T 13861—1992《生产过程危险和有害因素分类与代码》等标准。

五、系统安全性评价

系统安全性评价是指综合运用系统工程的方法对系统的安全性进行度量和预测，通过对系统存在的危险性进行定性和定量的分析，确认系统发生危险的可能性及其严重程度，提出必要的措施，以寻求最低的事故率、最小的事故损失和最优的安全投资效益的活动。它是安全系统工程的重要组成部分，又称风险评价。这种评价应贯穿于工程的任何阶段，从可行性研究、设计、制造、调试直至运行的各阶段，以及每个阶段的关键过程都需要进行评价。若将其用于全局性的宏观评价上，则需要的时间长、工作量大，属于一种用已知标准衡量评价对象，发现隐患加以控制的正向思维方法。评价对象主要包括硬件（设备、环境）、软件（管理、规程、计算机软件等）和操作人员。但是，无论用于全局或是局部性的评价，其方法都是分为定性评价和定量评价两种，它们之间互为补充和互相依赖，并非各自绝对独立。

（一）定性评价

引入评价法、统计法等各种量化方法，确认系统发生危险的可能性及其严重程度，并提出必要的预防和控制措施的活动。这种方法直观、可操作性强、成本较低，但评价结果的可比性较差，受评价者的主观性影响较大。

（二）定量评价

综合运用逻辑统计和数学计算的方法，计算出系统风险的数值，并与预定的风险值比较，确定系统的危险性等级，并提出预防和控制措施的活动。其优点是可比性强，不同设备之间或设备和人员之间都可以用风险值比较，便于安全决策。但具体计算中依赖于实践统计数据和专家判断数据，其计算结果具有不确定性，计算难度较大。目前，仍处在发展完善阶段。电力企业常用定量评价的基本方法很多，现将班组采用的两种方法介绍如下：

1. 危险环境预测法

作业环境是指作业现场及周围的情况和条件。安全的作业环境不会给作业人员带来伤害，即使作业人员发生人为的失误，也会减少伤害；反之，作业环境存在危险点，加之作业人员人为的失误，就有可能造成事故，其伤害程度也会扩大。对危险环境进行预控，找出其存在的危险点，并采取积极措施消除隐患，是保证作业安全的重要措施。

（1）危险作业环境诱发事故可能性评价的原理：

1）确定作业环境的评价变量。经验表明，评价作业环境危险与否的变量有两个。一个是不常见的作业。因为，人们对其存在的危险点缺乏认识，极有可能引起伤害事故。如某企业在20年内发生的8次死亡事故中，不常见或生疏作业环境中发生的事故就占7起。二是人员在作业中接触能量的类型与输入情况（含方式、空间、位置等）。它们是影响事故伤害程度的变量。如核能异常对人们的伤害比一般能量异常严重得多，而高压、高温介质所造成的伤害程度比常温、常压下的伤害程度要大得多。又如物体在不同水平上升、下降，通常都比物体在同一水平上移动时所造成的伤害要大得多。

2）认为伤害事故的发生是由于作业环境存在危险点与作业人员的不安全行为相互作用而引起的。在大多数情况下，作业环境的不安全状态只是为事故的发生提供了可能性（当然，并不否认纯粹由作业环境存在的隐患逐渐或突然发展变化而对作业人员造成的伤害）。如果作业人员遵守安全工作规程，在作业前对作业环境认真进行检查，尽最大努力对危险点进行防护，创造一个安全文明的环境，就能避免由于作业环境的不良而造成的伤害。但是，作业环境存在的不安全状态未被及时发现和消除，再加上人为的失误与之相互作用，就必然会引发事故，而且伤害程度要比单纯人为失误大得多。

3）认为在存在着危险的环境里，人员伤害事故的严重程度取决于作业人员暴露于危险作业环境的程度和频数。作业人员在危险环境里暴露的程度越大，次数越多，发生伤害的可能性就越大。因此，要减少以至避免环境造成的伤害，必须削弱暴露程度，减少暴露次数。

4）严重伤害潜势分值 L_s 的计算公式为

$$L_s = A + F_1 + F_2 \qquad (2-1)$$

式中　A——作业种类分值；

　　　F_1——能量输入分值；

　　　F_2——能量形式分值。

5）危险作业环境诱发事故可能性 L_e 的计算公式为

$$L_e = L_s/P \qquad (2-2)$$

式中　L_s——严重伤害潜势分值；

　　　P——操作因素控制量。它包括完善的规章制度、针对性强的作业指导书、强势的执行力度等现代管理理论、方法和措施。

由式（2-2）可知，危险作业环境诱发事故可能性 L_e 是伤害潜势分值与操作因素控制量的比值，当 $L_e>1$ 时，控制操作因素效果差，作业环境诱发事故的可能性大；当 $L_e<1$ 时，控制操作因素效果好，作业环境诱发事故的可能性就小。

（2）危险作业环境诱发事故可能性评价的基本步骤，见案例2.3。

案例2.3　某发电厂对控制室制冷设备检修作业环境的评价

某电厂根据多年积累的经验，在控制室制冷设备检修前，对作业环境诱发事故的可能性进行以下预测：

（1）编制作业环境诱发事故可能性因素评价表，见表2-2。

序号	项目	内容	备注
1	作业种类 (A)	很少做的、非常规作业；非生产性的作业；特别危害的作业；建筑作业；其他处于危险环境下的作业	
2	能量输入 (F_1)	该作业是否人、机、物在同一水平上移动；该作业是否把人、机、物在原有水平上提高；该作业是否把人、机、物在原有水平上降低；该作业是否进入有限空间；该作业是否连接和结合工作；该作业是否改变物体的尺寸或形状；该作业是否在沟里和坑内进行	
3	能量形式 (F_2)	机构能；化学能；电能；辐射能；其他能量	
4	严重伤害潜势 (L_s)	$L_s = A + F_1 + F_2$	
5	操作因素控制 (P)	规程：有该项作业的规程；规程是通用的；工人有规程文本 审批：焊接作业；分离作业；限制进入 检查：操作检查表；工人有检查表文本 知识：受过训练；人员有足够的从事该作业的知识 监督和措施：有工作负责人或监护人；有安全措施并认真学习	
6	发生事故的可能性 (L_e)	$L_e = L_s/P$。当 $L_e > 1$ 时，说明发生事故的可能性很大，环境不安全；当 $L_e < 1$，可以认为危险较小	
7	改善作业环境安全性的基本措施	当 $L_e > 1$ 时，应尽可能的减少 L_s 分值或增加 P 值	

（2）计算 L_e：

1）确定作业种类分值 A。对于发电厂言，制冷设备检修作业很少做、属于非常规、非生产性的作业，故 $A = 1 + 1 = 2$。

2）确定能量输入分值 F_1。由于该装置在检修过程中，零部件和材料需要搬上搬下，同时该项作业需要进行大量的连接和结合工作。空间较大，不改变原有尺寸或形状等，故 $F_1 = 1 + 1 + 1 = 3$。

3）确定能量形式分值 F_2。由于该项工作接触制冷剂，具有化学能，同时接触电能等，故 $F_2 = 1 + 1 = 2$。

4）计算 L_s：$L_s = A + F_1 + F_2 = 2 + 3 + 2 = 7$。

5）确定操作因素控制量 P 值。由于该项工作无规程，仅有通用规程，工人有文本。该项工作无需审批，无检查表，工人也未受过训练，工作前进行过检查，操作检修中无措施，故 $P = 3$。

电力企业学习型班组长培训系列教材

6）计算 L_e：$L_e = L_s/P = 2.333 > 1$。

（3）评价。该项作业十分危险，应加强管理，实施控制。

（4）制订防范措施：① 对工人进行该项作业的教育和训练；② 对工人进行安全教育，杜绝违章作业；③ 制定本项目的作业规程；④ 制定检修工作安全措施；⑤ 加强监督检查。

（5）优化后的再评价：通过制订和落实以上措施，可以确定 $P = 8$ 分，再代入式（2 - 2）可得 $L_e = 7/8 < 1$，故优化后的作业环境可以达到安全的要求。

2. 作业条件危险性评价法

在进行系统安全性评价时，对于操作人员在具有潜在危险性环境中作业时伤亡风险大小可以用美国的格雷厄姆（K. J. Graham）—金尼（G. F. Kinney）公式进行定量分析。即

$$D = LEC \tag{2-3}$$

式中　D——人员伤亡风险值；

　　　L——事故发生的可能性；

　　　E——人员暴露于危险环境中的频繁程度；

　　　C——一旦发生事故可能造成的后果。

公式表明操作人员在具有潜在危险性环境中作业时，其危险性等于和系统风险有关的三种因素指标值之积。由于这三种因素的分值可根据长期积累的事故分析和预防经验确定，所以，它是一个简单易行的可对操作人员在具有潜在危险性环境中作业时伤亡风险进行半定量评价的方法。目前已在电力工业、航空工业系统、部分铁路交通系统和石化系统使用，效果较好。

（1）事故发生的可能性（L）。事故发生的可能性用概率来表示时，绝对不可能发生的事故概率为 0；而必然发生的事故概率为 10。然而，从系统安全的角度考虑，绝对不发生事故是不可能的，所以人为地将发生事故可能性极小的分数定为 0.1，而必然要发生的事故的分数定为 10，以此为基础介于这两种情况之间的情况指定为若干中间值，如表 2 - 3 所示。

表 2 - 3　　　　　　　　　事故发生的可能性（L）

分数值	事故发生的可能性	分数值	事故发生的可能性
10	完全可以预料到	0.5	很不可能，可以设想
6	相当可能	0.2	极不可能
3	可能，但不经常	0.1	实际不可能
1	可能性小，完全意外		

（2）人员暴露于危险环境的频繁程度（E）。人员暴露于危险环境中的时间越长，受到伤害的可能性越大，相应的危险性也越大。规定人员连续出现在危险环境的情况定为10，而非常罕见地出现在危险环境中定为0.5，介于两者之间的各情况规定若干个中间值，如表2-4所示。

表2-4　　　　　　　人员暴露于危险环境的频繁程度（E）

分数值	人员暴露于危险环境的频繁程度	分数值	人员暴露于危险环境的频繁程度
10	连续暴露	2	每月一次暴露
6	每天工作时间内暴露	1	每年几次暴露
3	每周一次，或偶然暴露	0.5	非常罕见的暴露

（3）发生事故可能造成的后果（C）。事故造成的人员伤害和财产损失的范围变化很大，所以规定分数值为1~100。把需要治疗的轻微伤害或较小财产损失的分数规定为1，把造成多人死亡或重大财产损失的分数规定为100，其他情况的数值在1~100之间，如表2-5所示。

表2-5　　　　　　　发生事故可能造成的后果（C）

分数值	发生事故可能造成的后果	分数值	发生事故可能造成的后果
100	大灾难、许多人死亡或造成重大财产损失	7	严重、重伤或较小的财产损失
40	灾难、数人死亡或造成很大财产损失	3	重大、致残或很小的财产损失
15	非常严重、一人死亡或造成一定的财产损失	1	引人注目、不利于基本的安全卫生要求

（4）危险性等级划分标准。根据经验，危险性分值在20分以下为低危险性，这样的危险比日常生活中骑自行车去上班还要安全些，故只需加强监督即可；如果危险性分值在70~160之间，有显著的危险性，需要采取一定的措施整改；如果危险性分值在160~320之间，有高度危险性，必须立即整改；如果危险性分值大于320，极度危险，应立即停止作业，彻底整改。按危险性分值划分危险性等级的标准如表2-6所示。

表2-6　　　　　　　　危险性等级划分标准

危险性分值 D	危险性等级	基本要求	危险性分值 D	危险性等级	基本要求
≥320	极其危险	不能继续作业	$20 \leqslant D < 70$	一般危险	需要注意
$160 \leqslant D < 320$	高度危险	需立即整改	<20	稍有危险	可以接受
$70 \leqslant D < 160$	显著危险	需要整改			

六、危险、有害因素的预防和控制

危险性识别和等级划分后，就可采取相应的预防措施，避免它发展成为事故。采取预防措施的原则：首先是采取直接措施，即从危险源（或起因）着手；其次，则是间接措施，如隔离、个人防护等。通常可以采用以下几项措施：

（1）预防和控制能量的集中与蓄积。一定量的能量集中于一点要比它大面积上散开所造成的伤害程度更大。有一些能量的物体本身，就是工厂的产品或原料，如炼油厂的原油及其产品汽油和轻油，发电厂的电以及一些化工企业原料用的轻油等。对这样一些工厂要根据原料或产品贮量和周转量规定限额来限制能量集中。对某些机械能可采用限制能量的速度和大小，规定极限量，如限速装置。对电气设备采用低电压装置，如使用低压测量仪表以及保险丝、断路器和安全电压等来预防和控制能量的集中与蓄积。

（2）预防和控制能量的释放：

1）防止能量的逸散。如将放射性的物质贮存在专用容器内，电气设备和线路采用良好的绝缘材料防止触电，高空作业人员使用安全带及建筑工地张挂安全网；

2）延缓能量释放。如用安全阀、逸出阀、爆破膜、吸收机械振动的吸振器以及缓冲装置等；

3）开辟能量释放渠道。如使用接地电线、抽放煤炭堆中的瓦斯、排空管等。

（3）预防和隔离能量：

1）在能源上采取措施。如在运动的机件上加防护罩、防冲击波的消波器、防噪声装置等；

2）在能源和人、物之间设防护屏障。如防火墙、防水闸墙、辐射防护屏以及安全帽、安全鞋和手套等个体防护用具；

3）设置安全区、安全标志等。

（4）防止人的失误，降低损失程度的措施。人的失误是指人为地使系统发生故障或发生使机件不良的事件，是违反设计和操作规程的错误行为。人的可靠性比机械、电器或电子元件要低很多，特别是情绪紧张时容易受作业环境的影响，失误的可能性更大。为了减少人的失误，应为操作人员创造安全性较高的操作条件，设备要符合人机工程学的要求，重复操作频率大的工作应用机械代替手工，变手工操作为自动控制。

事故一旦发生，应马上采取措施，抑制事态发展，减轻危害的严重性。如设紧急冲浴设备、采用快速救援行动和急救治疗等。

（5）预防和控制的其他技术和管理措施。为提高防护标准，可采用双重绝缘工具、低压电回路、连续监测和遥控等。为提高耐受能力，可挑选适应性强的人员以及选用耐高温、高寒和高强度的材料。

建立健全规章制度、严格监督检查、加强安全教育等也是有力措施。

第二节 安全心理学概述

案例2.4 二战与心理学

第二次世界大战期间，当形势转为对同盟国有利后，美、英、苏三国便商定开辟第二战场。

然而，美方上层人物却对何时登陆意见不一。一派主张登陆宜早，即应让纳粹德国尽快地在欧洲两个战场上作战。他们强调，登陆最迟不超过1944年5月底。另一派则认为，最好在1944年8月以后。

双方争辩的焦点是5月底前登陆，希特勒心理上能否承受。为此，罗斯福总统在1944年1月初下令情报机构在最短的时间内写出一份有关希特勒性格分析的有说服力的报告。情报机构不敢怠慢，马上组织了最干练的间谍，特别是潜伏在德军高层的间谍参与了这次行动。由于情报人员一贯注重收集敌方首脑的"个性特征"的秘密情报，因此仅仅过了一个多月，即1944年2月下旬，一份详尽完整的《希特勒性格特征及其分析报告》就摆上了罗斯福总统的办公桌。

鲜为人知的是，希特勒当权后，曾做了多次"鼻美容"手术。他的理论是，对于日耳曼人，有一个高挺的鼻子会给人以"刚毅自信、勇敢无畏"的感觉，然而，他对这种手术却严加保密，绝对不愿让他的臣民知道。顺便提一下，在当时，欧洲人普遍认为，整容是一种"破坏上帝赋予自己容貌"的爱慕虚荣的行动。希特勒深知这一点。他的"聪明才智"在于让医生一点一点地加高鼻子，以便让他的"百姓们"感觉不到他们"敬爱的元首"竟然会做"整鼻手术"。

令人不可思议的是，当德军在苏德战场上节节败退时，他的鼻子加高手术仍未停止。

更令人难以置信的是，这位杀人不眨眼的魔王居然患有轻度的"晕血症"，他见到血，特别是人血后常常会感到不舒服。

可是，这一点他倒没有向外界隐瞒。因为戈培尔早已用如簧之巧舌，成功

54

地把这美化为"仁慈"了。

不过，他对动物，特别是自己饲养的动物确实关怀备至，充满仁爱。他拥有一个庞大的鸟类养殖场。如果有一只孔雀死了，他会伤心得掉泪。有时，一个昆虫死了，他甚至也会摇头叹息。另一方面，他却能心安理得地下令把几十万犹太人活活毒死。

希特勒一生没有驾驶过汽车。可是，他的秘密爱好却是在夜深人静之际坐上车，要司机以时速超过100km的速度飞驶。在当时，这是一个不可思议的"疯狂速度"，相当危险。后来，他的司机因为过度紧张而精神失常。可是另一方面，他又严格规定他所乘的大车最高时速不准超过37km。

他对别人的手指着迷。如果他不喜欢一个人的手，他会转身走开，拒绝同这个人继续交谈。

他对长桌有特别的兴趣。他召开会议时总是用很长的会议桌，因此德国一些优秀的木匠常常被召去制造长桌。他拥有的一张最长的桌子将近50in（15.25m）。他的肌肉原先就不发达，50岁以后更是日趋萎缩，因此他即使在夏天也不穿短袖衫。而为他洗澡的仆人必须对他的身体外形严格保密，否则有"杀身之祸"。

有关他执政前的重要性格的情报却不多，只有下述两条比较有分析价值：他一生对女人都无好感，但年轻时曾狂热地爱上他的"嫡亲外甥女"。然而这场"刻骨铭心"的爱却以一场悲剧——心上人的自杀而收场。此后，他一生对女人都无好感。他其实并不爱他的情妇——爱娃。

他曾经画过一些色情画出卖。但在当权后，他都悄悄地指使手下人秘密地以高价全部购回销毁。

美国的心理分析专家依据这些资料得出希特勒有严重心理问题的结论。

（1）高度压抑。对于任何人来说，"午夜飞车"都很可能是为求得心理压抑的解脱。但是，希特勒竟然到了不顾生命危险的"疯奔狂驰"的地步。这不仅有力地证明他在一整天中都处于心理压抑状态，而且说明这种压抑的程度已经相当严重了。

（2）严重变态。在20世纪20年代的德国，同自己的亲外甥女恋爱是一种不正常的恋情。这场古怪恋情的失败，必然会在他心灵上留下深刻的、甚至一生都难以消除的畸形阴影。他完全有可能导致心理压抑。更重要的是，这种压抑只会越来越沉重，最后必然导致严重的变态。

（3）畸形虚荣。许多人都有虚荣心。但变态的、乃至畸形的虚荣却是罕见的。希特勒的虚荣已经到了畸形的程度。他"发明"的"鼻子渐高术"，充分证明了这一点。

（4）严重"女性化"。一般来说，女人比较注重研究别人的手，而希特勒对别人的手的兴趣已经相当反常，属于一种比较严重的女性性格。他对动物反常的"柔情"，并不是为了博得"仁慈"的矫揉造作，因为事实上他如要博得这种美名，是不需要这样的。毫无疑问，这种"多愁善感"也是一种女性化的心理特征。

（5）负担沉重。其实，肌肉不发达，对于一名国家领导人来说，并不是什么重要的缺陷。而希特勒这种"讳莫如深"，正说明他的掩饰已到了反常的地步，表明他心理十分软弱。"永不露体"的衣服无疑会加大他与周围人、同外界的隔膜，大大增加他那已经很沉重的心理负担。

（6）非常脆弱。长桌上居于主席位置的人能给别人一种威严感，同时又可同其他与会者离得远一些。对长桌的酷爱，显示他对这种形式上表面上的"威望"的渴求；同时又表明他对下属心存疑虑，甚至表明他对任何人都有一种恐惧感。这实际上是一种心理非常脆弱的表现。

此外，以上的种种严重心理缺陷、矛盾、压抑和扭曲也都可以造成或归结为严重的心理障碍。

这份报告的结论是：如果盟军在西线发动强大的攻势，那么他在表面上，特别是在下属面前，仍会显出满不在乎的样子，但内心的虚弱肯定会大大增强。而且由于战火越烧越近，他将无法再在柏林"午夜飞车"，这样心理负担必然更加严重。盟军如果在1944年上半年发动大规模反击，希特勒将无法有效地指挥仍然"忠于元首"的百万大军。

罗斯福仔仔细细地将这份心理报告阅读了几遍。最后，他决定同意美军在1944年上半年参加西线登陆战。

以后的事实，完全证实了上述这份分析报告的预言。

研究安全心理就是要在掌握人的一般心理活动规律的基础上，结合在劳动生产过程中安全的特殊领域，揭示出人的安全心理活动及其规律。掌握安全心理学的概念及基础知识是企业现代安全管理的需要，也是各级生产决策者和安全监督人员上岗必备的基本素质要求。

一、安全心理学定义

安全心理学是研究人在劳动过程伴随生产工具、机器设备、工作环境、作业人员之间关系而产生的安全需要、安全意识及其反应行动等心理活动规律的一门新学科。也可以将安全心理学更简单地定义为是以研究如何保证人身安全、减少生产事故、不患职业病为目的的心理活动规律的科学。

二、安全心理学在电力安全生产中的作用

（1）能更好地揭示事故原因，有效地开展安全思想教育，有利于抓好安全管理的重点。因为安全心理学从人的个性发展规律帮助发现人的不安全动作的外部表现，分析违章者的心理状态，揭示本企业各类安全事故的本质原因。使管理者可以准确地把握不同时期、不同环境、不同条件下员工个性心理状态和思想情绪，针对性较强地开展安全思想教育活动。有利于抓好电力安全生产中开展反习惯性违章、事故预想、危险点分析、安全性评价、二十五项重点反措等安全管理重点工作。

（2）能有效地落实各级各岗位的安全责任，提高劳动生产率和工作效率。因为安全心理学强调"以人为本"做好安全管理工作，要求把整个管理活动都建立在人的心理活动规律基础上，运用符合职工心理发展规律的方法解决对职工管理的问题。这样既可分析员工主客观的心理特性，从而做出符合客观实际的决策，合理分配、调度人力资源，又有利于员工对电力生产"安全第一、预防为主"方针的内涵的理解，有利于提高员工的自我管理意识，增强工作责任心和积极性，从而使电力安全生产责任及"岗位安全职责"得以有效的落实，劳动生产率和工作效率得到提高。

（3）能制定符合客观实际的防范措施，抑制同类事故的重演。对事故的主要责任者、肇事者的思想状态、精神状态、个性心理、行为习惯进行研究，以便掌握他们重复生产事故的内在原因，制定出更为可靠的防范措施，并对易于重复发生事故的工作，给予积极的心理矫正，从心理角度预防同类事故在工作中重演。

（4）能增强员工遵守安全规程、制度的自觉性。因为掌握人的安全心理现象及其规律，客观科学地分析、处理、预控、预防事故，可以使班组正确组织安全文明生产、调动员工安全生产的积极性，增强班组的向心力、凝聚力、将规程制度变为员工的自觉行动，心悦诚服地认真执行。

由此可知，正确运用安全心理学，对做好电力安全工作具有十分重要的意义。

三、安全心理现象及其心理学基本知识

人在劳动、工作、学习、交往等活动中，都会表现出自己的动机、意识、性格、气质和能力等特点，这些就是心理现象。这些现象是每个人头脑中极其

复杂的心理活动的结果。这种活动是人类一切文明与生产的源泉，直接影响着人的思想和行为。尤其是随着现代科学技术的飞速发展，工业生产突飞猛进，人类的物质需要逐渐得到提高的同时，由此而造成的事故损失也日趋严重。高电压、大电网、集中控制是电力系统发展的重要标志，可谓"牵一发动全身"，往往误按一个钮，就可能造成一个系统的瓦解、一群人员的伤亡。于是，人们在渴望得到物质满足同时，更迫切渴望安全无事故，这是企业员工普遍的安全心理现象。

大量事故统计分析表明，除由生产设备造成的事故以外，大部分生产事故是由于人们思想上麻痹、发生不安全行为所致。据美国的工厂事故统计可知，有80%是由于人的不安全行为造成的。我国的工矿企业有70%以上人身伤亡和设备损坏事故是由于人的安全意识不强、不安全行为造成的。若用安全心理学进一步研究可知，这些不安全的意识与行为皆因人的不良心理因素引起的，且均与员工自身的个性特点有关。因此，研究安全心理现象及其规律，了解人的个性特点，既科学地分析一个人的现时表现，又预见其未来行为，增加工作的针对性、主动性，从而扬长避短，"知人善任"，"有的放矢"、"对症下药"地管好班组的全体成员，才是做好安全管理工作的基础。

所谓个性是指个体经常而稳定地表现出来的意识倾向性和心理特征的总和。个性是一个复杂的多层次的体系，它主要是由个性倾向性和个性心理特征两大部分所构成。现介绍如下：

（一）个性倾向性

个性倾向性是需要、动机、意识、注意、情感、态度等心理现象的统称。它是人进行活动的基本动力，决定一个人行为活动的性质、方向及动力，是个性中最活跃的成分，是起主导作用的因素。

1. 需要

需要是个体在生活中感到某种欠缺，而力求获得满足的一种内心状态，它是机体自身或外部生产条件的要求在头脑中的反映。有什么样的需要，就决定着有什么样的动机，从而也决定着个性特征。需要是动机产生的源泉，是推动人们进行各种活动、完成各项任务的动力。生理心理学研究认为，人的行为规律一般是：客观事物的刺激引发需要，需要产生动机，动机支配行为，行为指向目标。即：

刺激→需要→动机→行为→目标

当有多个需要并存时，往往是强度最大的需要具有优势动机，形成行动的驱动力。从主观上讲，没有人希望事故降临到自己身上。然而在客观现实中，常常存在更具诱惑力的刺激，引发人们对其更强烈的需要，并因此取代了安全需要的优势地位。例如，排除潜水泵抽水不畅的操作程序是：

拉闸停泵→下水处理故障→上岸合闸→察看效果

如果操作者的安全需要处于优势地位，他便会遵章守纪，按正确的操作程序行事。客观情况是，配电箱一般离潜水泵有一段距离，当操作者一个人单独作业时，按正确程序操作得来回跑，如果合闸之后潜水泵依然抽水不力，还得再重新操作一次，这的确很麻烦。当操作者嫌麻烦、想省事的心理占上风时，安全需要便降到了劣势地位，操作者极有可能采取一个不安全的行为——合闸后直接下水排除故障。其后果取决于物的状态，如果设备没有隐患，则行为达成目标——既省力又省时。如果设备漏电，则操作者将触电发生伤亡事故。

实际上，我们时常看到人们对规程、规定置若罔闻而自行其是的现象，如电脑操作说明书上都有规定，一定不要在未切断电源的情况下插拔电脑机箱背板上的各连接线。但是，有多少人是按规定操作的呢？人们之所以这样干，其外在的诱惑是省力或省时，其内在条件则是主观上具有这种需要与欲望。需要是否转化为动机，主要取决于作业者对违章的风险与既得利益的比较。当作业者主观认为违章风险小而既得利益大时，这种需要便形成违章的动机。从动机到行为，其间的心理活动过程并没有完结，人们一方面具有省事的需要，另一方面也希望自己不要出事故。最终，动机是否会转化为有意识的违章行为，则取决于三个前提条件：① 自我感觉良好即作业者非常的自信程度；② 基于对设备可靠性的信赖；③ 外在约束力的强弱程度。当前面两个主观条件具备而客观上又缺乏强有力的外在约束力时，动机将指向有意识的违章行为。

因此，班组长应该了解员工的各种需要，确定这些需要的主次顺序或结构，以及满足各种正确的需要，抑制或排除各种冒险、逞能的需要，科学地正向激励员工的个性和作业行为。

了解需要的理论和方法很多，如需要层次理论、双因素理论、期望值理论等。这里仅介绍以"双因素理论"为指导的了解需求的问卷法。这种方法要求员工根据自己认为的重要程度在工作因素重要程度评分表（见表2-7）内给12个工作因数打分。即在1～5分之间通过所选择的一个数字作垂线，并与通过和选分对应的所选因数的水平线的交点处填上所选分数。全部填写完毕后，再把各工作因素的得分填在双因素得分表内（见表2-8），并算出双因素各自所得的总分，最后的高分项就是该员工最需要的因素。

表 2 - 7　　　　　　　　　　工作因素重要程度评分表

序号	工 作 因 素	重　要		较重要		不重要
		5	4	3	2	1
1	一件有趣的工作					
2	一位好上司					
3	对我的工作的认可和赏识					
4	发展的机会					
5	满意的个人生活					
6	一项有声望或地位的工作					
7	工作责任					
8	良好的工作条件					
9	合理的公司规则、规章、程序和政策					
10	通过学习新东西得到发展的机会					
11	一项我可以做好的并获得成功的工作					
12	工作稳定性					

表 2 - 8　　　　　　　　　　双因素得分表

因素名称	保健因素	题号	2	5	6	8	9	12	总得分
		得分							
	激励因素	题号	1	3	4	7	10	11	总得分
		得分							

2. 动机

动机是一种内部的、驱使人活动行为的原因。如果将人体比作一台完整的机器，动机则是动力源。人的行为来源于动机，动机是人们行为领域里最复杂的问题，它作为行为的一种动力，具有活动性、选择性和决策性。一个有着长远而适当动机的人，就能积极、持久地从事某种有意义的活动，以求达到目的。一个人复杂的行为通常不止是一种动机在起作用，而是由几种相互有关的、彼此影响的动机在起作用。动机主要有以下几种形式。

（1）兴趣。兴趣是指人们力求探索某种事物和从事某项活动的认识倾向。所谓认识倾向，是指在认识过程中能够维持较长时间，并带有相对稳定的指向、趋向。它表现为人们以某件事物、某项活动的选择态度、优先注意、向往心情和积极情绪等反应。例如，一位对棋类颇感兴趣的职工平时总喜欢阅读棋类书刊，在各种消息中对棋赛消息会给予优先注意，不仅积极观看棋赛，而且向往与人对垒。兴趣的产生既受主观因素的影响，也和客观条件有关。有吸引力的事能够引起人的兴趣，这是客观条件的作用。个人知识经验的丰富性、教育水平的高低，这些主观因素对兴趣的产生也起重要作用。兴趣还和主客观特性是否相适应有关。研究证明，中等难度的任务往往与一个人的能力相适应，因而最容易引起人的兴趣。

兴趣对人的实践活动及其结果具有非常重要的作用，它是人们从事实践活动的动力，是人们获得事业成功的重要条件。兴趣的作用表现在以下方面：

1）激励作用。兴趣是构成工作动机的主要成分。如果一个人对自己的工作有浓厚的兴趣，工作本身就有一种吸引力，工作过程本身就能使他不断得到生理上或心理上某种程度的满足，与之相伴随的会产生愉快、喜悦、兴奋等积极、肯定的情绪体验，从而具有极大的积极性，充分发挥自己的潜能。如美国卓越的企业家艾科卡，他在大学和研究生阶段都是学的工科，在研究生毕业后，被招聘入福特汽车公司，当时组织给他安排的是工程技术工作，他干了9个月主动要求转干销售工作。他说"他与人打交道的兴趣大于与机器、技术打交道的兴趣"。后来事实证明，他选择的完全是一条成功之路，他从一个低级的销售员干起，由于工作积极主动，富有创造性，最后升到了总经理的职位。心理学家的研究指出：如果一个人对某项工作有兴趣，工作积极性高涨，就能够发挥能力的80%～90%；反之，就只能够发挥才能的20%～30%。

2）开阔眼界促进创造力作用。人的多方面的、广泛的兴趣可以使人扩展自己的知识面，提高自己的能力。因此，兴趣广泛的人，思维的灵活性、创造性往往比较出色，在工作中也能较好地发挥出创造性。

3）影响道德情操的作用。健康高雅的兴趣有利于陶冶人的情操、净化人的心灵，从而有利于职工形成高尚的情操。但是，不健康的兴趣，则会使人消极、庸俗，甚至腐化堕落，应该及时予以纠正、限制和消除。

4）适应环境作用。兴趣可以扩展一个人的眼界，丰富人的心理生活，并推动人去积极活动，表现出对生活、工作充满热情，并从中获得内心的满足和善于应付复杂多变环境的能力。

5）缓解心理疲劳作用。心理疲劳不同于生理疲劳，它是一种单调而厌倦的体验。职工处于心理疲劳时，感到紧张、烦躁、精疲力竭，甚至动作不协调，注意力难以集中，思路不畅，工作效率很差。工作无兴趣是产生心理疲劳的重要因素。

（2）信念。信念是人的行为稳定的、核心的动机。当一个人有了信念后，他就会感到确实需要坚持和捍卫这些观点和原则，推动人们按照自己的观点和原则去行动。

（3）意图。意图体现了人对生存和发展条件的需要，由人专门组织的活动结果创造的。

3. 意识

一般而言，意识是指人的心理，但还不够确切。如人在出生后的一段时间内虽然有心理，却还谈不上意识。因此，意识的确切定义是个人心理发展到一定阶段才出现的人对物质世界的映象，同时，人有了意识并不排除无意识的心理活动的存在。意识是人所特有的一种高级反映形式，是人脑的机能、社会的产物。意识有如下三个特点：

（1）意识是借助于整个认知过程，特别是抽象思维，在人类活动中形成关于外部世界较完整的图景，经验和知识的总和。

（2）意识是以情感、态度的方式体现个人与企业关系的一种带倾向性的内心状态。

（3）意识具有一种能对自己及其心理活动进行审查的功能。

在心理学中，认知是指个体对于社会的和物质环境的最简单、最初的理解。人类行为的产生，首先有赖于个体对外在环境的看法，这个看法就是通过认知作用而产生的意识。例如，人们对"电"的最初的认知，一般认为高压供电线路危险，低压供电线路比较安全。从制度上来看，从事高压电气作业，有严格的规章制度，如工作票制度、工作许可证制度、工作监护制度，工作间断、终结、恢复送电制度等。这一切又加深了人们对"电"的进一步认识：电压等级太高，万一有闪失，后果不堪设想。因此，在高压供电线路作业中，有意识的违章行为比较少。但是，在低压供电线路中，带电接线、搭火、换灯泡，稍有一点用电常识的人也能应付。这一类行为在人们的心目中似乎很正常，不算违章。究其原因，主要是人们的错误认知在作祟。在人们的潜意识中，"电压等级不高，只要小心一点，不会有问题的"。这种思维定式似乎已成惯性，安全管理人员似乎也未将这些行为视为违章，唯有事故发生之后，你才会在事故调查报告的字里行间读到，当事人具有违章行为。

尽管从统计的角度来看，大多数事故是违章行为引发的。但是，从微观上看，并不是每一次违章行为都会导致事故，导致事故的违章行为仅仅是作业者多次违章行为中的一次。按照违章者的话说，"这一次我倒霉"。为什么这一次倒霉呢？轨迹交叉理论认为，人的不安全行为与物的不安全状态是人—机"两方共系"中能量逆流的直接原因，其轨迹交叉处便构成了事故的时空。这就是说，事故并不是一个孤立的事件，人的违章行为可以看成是一个"触媒"。如果此时正巧"物"存在不安全状态或危险性，则人、物轨迹异常接触，事故便会发生。在正常情况下，由于设备的可靠性比较高，这种人、物轨迹不适当交叉引发事故的概率比较低。如果每一次违章都会导致事故，相信不会有多少人去冒这个风险。也正是因为这一点，才使作业者意识中误认为，作业环境比较安全，即使违章也不会出事故，这种视小概率事件为零的容错思想正是作业者敢于违章的心理基础。

因此，安全管理中一项重要的工作就是科学分析违章的心理和危害，不断提高员工的安全意识。

意识还有以下两种表现方式：

（1）情感。情感是反映人对客观事物与人的需要（包括生理和社会需要）之间关系的心理现象。它是人的意识的一种表现方式。按情感发生的速度、强度和持续时间等特点可分为心境、激情、热情和应急状态。

1）心境。心境是一种微弱而持久的情感状态，往往在一段时间内感染人的情绪和影响人的行为。心境的感染性是指心境具有扩散的特点，它不是专门对某种事物有某种体验，而是对所有事物都带有相同的体验。比如，年轻人初恋时，觉得春光特别明媚，青山特别可爱，鲜花特别娇艳，总之，所有事物都是美好的。而心境不佳时，就感到烦躁不安，看所有事物都不顺眼，若在这种心境下进行操作，常常由于注意力不集中而容易出现误操作或违章操作，增加诱发事故的机会。

心境的形成及变化与人的身体健康状况、疲劳程度、心理压力等因素有关。体魄健壮、劳动强度不大、休息较好的人、精力旺盛，身爽而意快，心境倾向于喜悦；反之，体质虚弱，终日精疲力尽、休息不好且心理负担较重的人，容易心烦意乱、闷闷不乐。除个人因素外，社会因素以及季节、气候、工作环境等对心境都会有影响。

2）激情。激情是一种猛烈、迅速而短暂的情感状态。激情的表现大体上有暴怒、狂喜、恐惧、悲哀四种。如，高兴时眉飞色舞，愤怒时咬牙切齿，恐惧时全身颤抖。在激情状态下，人的理智分析能力受到抑制，往往不能控制自己的行为，会做出与平常行为不一致、甚至是完全相反的行为举止。所以，处于激情状态下进行操作是十分危险的。

3）热情。是一种肯定的、强有力的稳定而深厚的情感体验。热情是把握人的整个身心方向的情感，它取决于人的理想和世界观，是情感的最佳状态。在安全生产中应该注意人工作热情的培养。

4）应急。应急是出乎意料的紧张情况所引起的情感状态。例如，在突如其来的危险面前，有的人沉着冷静，有的人不知所措。在应急状态下，人究竟怎样行动，主要取决于人的个性特征、生活经历、所接受的训练以及以往的经验等。因为此时需要人迅速地判明情况，马上作出决定，而紧急的情景不仅影响人的心理，而且还会惊动整个有机体，使人的心率、血压、肌紧度等都出现显著的变化，导致人的认识范围狭窄，易作出不适当的反应，甚至还会出现思维混乱或片刻的停顿，致使人"呆若木鸡"。而这一短暂的停顿，就可能延误时机，造成更大的损失。因此，企业在平时的安全教育中，应对职工进行强化的技能训练，培养人的应急能力，使人在紧张状态下也能克服紧张情绪，镇定自如，做出正确的判断和反应。

从安全的角度来讲，人在进行操作时，只有既保持工作的热情，又维持一种平静的心境，才能保持注意力集中，操作节奏适中，动作有条不紊。如果情感过于激动或低沉，都有可能发生思想与行为不协调、动作不连贯的现象，这是安全中的忌讳，是发生事故的重要因素。在生产过程中，管理人员及班组长应了解本班组、本管辖范围内职工的情感状态，对于因某种原因使情感一时难以平定的人，应采取措施，或临时改变工作岗位，或疏通思想，或停其工作。总之，要避免因情感波动而导致的不安全行为影响生产的进程。

（2）态度。态度是人对客观事物所持的评价与行为倾向。人在社会生活中，无论是处理人与人的关系，还是认识和改造客观事物，都会有各种各样的态度，作出赞成或反对、肯定或否定、喜欢或厌恶等的评价，同时还会表现出一种行为反应的倾向性。它也是人意识的一种表现方式。

态度的基本成分为认知成分、情感成分及行为成分。

1）认知成分是个人对客观事物的认识和了解，是事物映象在人的大脑中的一种简单的评价和概括，这是形成态度的基础。

2）情感成分是指个人对客观事物的好恶程度的体验。情感伴随着认识过程而产生，有了情感就能保持态度的稳定性。

3）行为成分是指个人对客观事物的反应倾向。它受认知成分和情感成分的影响。

安全态度是人对安全生产所持的评价与行为倾向。它是以人的安全认知因素为基础、安全情感因素为核心和安全行为倾向因素为表现来构成的。例如："安全生产，人人有责"、"生产必须安全"等属于认知因素；"为了您的家庭幸福，请注意安全"，属于情感因素；"安全管理必须严格执行国家的安全生产方针、政策和法规"，属于行为倾向因素。人的安全态度对其安全行为有指导性和动力性的影响。正确的安全态度一旦形成，就会比较稳定，能有效地调节人的安全行为。这种调节主要表现在以下两个方面：

1）正确的安全态度会对特定的事物持有一套特定的看法，这种"特定"的看法是它在人的心理活动中起着正确筛选、合理加工作用的结果，从而左右一个人对事物的认知，使人只接受有益刺激；而认知反过来又影响人的安全态度，调节人的安全行为，使人自觉进行安全生产。

2）正确的安全态度会预先规划调节人安全行为的方式。如，一个对安全生产有正确态度的工人就会时时注意安全，在行动之前就潜在地想好安全行为的方式，作业中就会按某种安全的方式来行动。若缺乏安全态度，就可能对安全满不在乎，做出轻视安全的行为。

因此，正确的安全态度是保障安全生产的前提条件。

安全态度的形成与转变。人的安全态度形成于认识和改造客观事物的生产和生活实践中，它是因人因时而异的复杂心理活动。因此，在安全管理中，我们应该不断端正员工的安全态度，可以主动采取一定方法和手段，促使人们转变对安全工作的不良认识和态度，提高人们的安全行为效果。这种转变有两种情况，一是只改变原有态度的强度，二是要用新的态度替代原有态度。改变人的态度有如下几种手段和方法：

1）强化培训，提高认识。态度的形成有赖于认识，认识的提高有助于引起态度的改进。培训教育是改变和提高认识的重要途径，其形式和时间可以多种多样，如谈心交换意见、班会思想教育、多媒体办班培训、报告会、演讲会等。

2）通过沟通改变人的态度。这是指通过人际接触、人际交往，通过团队的影响来改变人的态度。

3）建设学习型团队，引导人们参加有关活动，在活动中改变态度。

4）利用态度改变理论。态度改变理论目前影响较大的有两种：① 认知失调理论。该理论认为，当人的认知元素，即知识、观点、观念、意见、信念中有两种或两种以上出现不协调时，内心就会紧张，从而驱使自己改变态度来消除心理紧张。② 认知平衡理论。该理论认为，当个人和其他两个对象（人或事）不平衡时，会促使人改变态度。

4. 注意

注意是人们对一定对象的指向和集中的心理活动。它由无意和有意注意之分。有意注意是指带着人的一定意图，事先有预定目的，必要时会需要意志努力的情况下而产生的注意。反之，则称为无意注意。例如，办公室里人人都在专心办公时，突然有人推门进来，大家都会不由自主地朝他看去，这就是无意注意。其产生的原因有两个，一是客观刺激物本身的特点，如刺激物的强度、活动和变化以及刺激物之间的对比关系等；二是人的主体状态，如人的需要、兴趣、情绪状态、健康状态等。无意注意容易分散人的注意力，从安全角度而言一般是设法加以削弱或防止。而有意注意是一种主动的，并且受人的意识控制的心理活动，在安全生产中常常采用加深目的任务的理解；把将要进行的智力活动与相适应的操作结合起来；培养间接兴趣；避免干扰因素等方法加强和保持这种注意。但是，是否加强和保持有意或无意注意，还应根据主体注意的特征和客观物体与环境的实际情况来决定。例如，我们常常可以听到不少事故责任者在谈及事故原因时，总是痛心疾首的感叹道，当时注意力不够集中。果真是注意力不集中吗？

　　例如，某工人正在集中精力操纵机床，机床某部位的一个螺帽因振动而脱落，掉在地上发出响声，工人的反应是寻声弯腰寻找并拾起，在"拾"的过程中碰到机床的运动部位，导致伤害。显然，这起事故与人的注意有关，如图2-1所示。那么到底是注意不够集中还是注意过于集中呢？这需要根据注意的特征来加以分析。注意的主要特征如下：

图2-1　车工注意力与碰伤关系分析

　　（1）注意的集中性。指注意指向一定事物聚精会神的程度。当人们专心注意某一事物时，一方面在他的意识中极其鲜明、清晰地反映这一事物，同时，其注意离开其余的一切事物。在注意力高度集中时，周围发生的事情对其已失去干扰作用。

　　（2）注意的稳定性。指在一定时间内把注意保持在一事物或活动上。稳定性并不意味它总是注意同一对象，如司机驾驶车辆时，并不是一直目不转睛的注意前方，他时而看仪表，时而听发动机的运转声音，时而扫视一下周围的环境，但总的方面是把注意力稳定在驾驶车辆上。

　　（3）注意的范围。指在同一时间内所能知觉的客体的数量。人的注意范围的大小既取决于人的智力水平的高低，又取决于人们以往的经验。有丰富工作经验的老工人，在作业前和作业过程中会经常调动各种感官，如眼看、耳听、鼻子闻，前后、左右、上下进行观察，注意各种设备及环境等有无异常变化。一般来说，人们对刺激物把握的程度越高，注意的范围越广，安全就越有保障。

（4）注意的分配。指在同一时间内将注意分配到两种以上不同的动作或对象上。如教师讲课时要用脑想、口述、板书、演示，还要注视课堂及观察学生的情绪。在生产过程中，注意分配不好，会使动作呆板发硬而不稳定，或者说动作不协调。不协调的动作与外界不安全因素相结合就可能发生事故。因此，工作中要善于分配自己的注意力。要做到这一点，必须要加强训练。俗话说熟能生巧，经训练达到熟练程度了，注意的分配就容易掌握了。一般而言，注意的分配要有主有从，熟练而简单的动作是从属的、次要的注意；生疏、带思维性的活动是主要的、中心的注意。

（5）注意的转移。根据自然情况的变化，使注意从一个事物灵活地转移到另一个事物。如在生产中，对于工序之间的衔接、新情况、新任务不断产生，操作者应根据作业程序的变化，主动把注意从一个对象迅速、准确地转移到另一个对象上。呆板的人缺乏注意的灵活性，不善于注意的转移，总是把自己的注意固定在一个方向上，如走路看书撞在树上，骑车遇到紧急情况不会刹车转向等。

综上所述，车工拾螺帽受伤的原因，并非是注意力不集中，恰恰是他将注意过于集中和稳定在拾螺帽上，未能合理分配注意以及适时转移注意而造成。由此也说明，注意不是一种独立的心理过程，而是心理活动的一种积极状态。良好的注意品质可以促使人形成安全行为。注意过分集中、注意范围过窄会影响注意的分配与转移，使人的精神紧张而引起抑制现象，影响动作的准确性。注意的稳定性与注意对象的特点有关，若注意对象单调、乏味，人的注意力就不易持久。不要求注意的简单、重复性的工作会使人产生厌烦感，单调的体验常常是现代化生产的祸因。人在冲床上工作、在流水线上作业、在高速公路上驾驶易出现误操作，原因就在于此。对于复杂的操作，需要具有良好的注意分配，使人的行为处于协调状态，否则，会产生"顾此失彼"的不安全动作，导致误操作。

（二）个性心理特征

个性心理特征包括气质、性格和能力，它是一个人的类型特征，是决定一个人各种活动的效果、风格和行为方式的个性因素。

1. 气质

气质是一个人心理活动动力特点的总和，也就是日常生活中所谓的"脾气"、"性情"、"禀性"。它首先表现在知觉的速度、思维的灵活程度、注意力集中时间的长短上。例如，有的人性情急躁、易发脾气，遇事缺乏三思而后行；有的人冷静沉着，不轻易动肝火，遇事总要三思，虽然内心不快，但也不立即暴露出来。其次是指心理过程的强度，即情绪的强弱、意志努力的程度以及心理活动的指向性。例如，有的人倾向于外部事物，对人热情，善于社交；有的人倾向于内部事物，不愿与别人交往，倾向于分析自己的思想和印象等。其中，情绪指由机体生理需要是否得到满足而产生的体验，是属于人和动物共有之的心理活动；情感则是人的社会性需要是否得到满足而产生的体验，属于人类特有。意志指人们自觉地确定目的并调节自己的行动去克服困难，以实现预定目的的心理过程，它是意识的能动作用的表现。意志与情感是密切联系的，意志可以控制情感。但是，情感既可以成为意志的强大动力，又可以成为它的阻力。如对本职工作的热爱，会激励人们去刻苦钻研技术，努力做好工作；当人在从事不愿干的工作时，积极性就难以发挥，成为意志的阻力。

现代心理学把气质理解为人典型的、稳定的心理特点，它与天生的生理因素有关，是每个人生来就具有的。这种典型的、稳定的心理特点很早就表现在初生婴儿身上。从初生婴儿中我们就可以观察到，有的活跃好动，喜欢吵闹，哭声响亮，不认生；有的安详宁静，哭声细微，害怕生人。这些特征表露在儿童游戏、作业和交际活动中，构成每个人特有的心理基础。人的能力、性格和其他个性特征，就是在这个先天素质的基础上形成和发展起来的。这说明，气质较多地受生物组织的制约，是生来就具有的特点。气质典型的、稳定的心理特点以同样方式表现在各种各样的心理活动的动力上，而且不以活动的内容、目的和动机为转移。例如，慢性子的人不管说话、办事、走路都是慢腾腾的，而急性子的人说话、办事、走路都是急匆匆的。

气质是稳定的心理特征，气质与性格、能力等其他个性心理特征相比，更具有稳定性。俗话说"禀性难移"即指气质具有稳定不易改变的特点。但随生活环境改变和年龄的增长，它也是可以改变的，但这种改变与其他个性心理特征相比，变化要缓慢得多。例如"张飞"式的人物总是做事雷厉风行，遇事不能克制，发起火来暴跳如雷，遇到喜事放声大笑，胆大刚毅、精力旺盛。这种人无论在什么时间、地点、从事什么活动都会表现自己这种独特的动力特点，这就是他的气质。

（1）气质的四种基本类型：

1）胆汁质：人体内黄胆汁占优势，属于兴奋型。这种气质特点是情绪唤起容易、精力旺盛、热情直爽、敏捷果断、胆大易怒、刚毅不屈、性情急躁、主观任性、自控力差。上边所列举的"张飞"就是这种气质的人的典型代表。

2）多血质：人体体液混合比例中血液占优势，属于活泼型。神经活动过程的强度均衡性强、灵活性高。此种气质特点是灵活机智、思路敏捷、活泼好动、善于交际、适应性强、性格爽朗。但往往注意力容易转移、粗枝大叶、情绪多变，生活散漫，轻举妄动等。由于这种气质的人能说会道、反应快，企业中会使用人的领导，最好是让这种多血质的人，担任与外界联系密切的办公室接待员，物资供应部门推销员，上层管理部门担任外交官员也很胜任。

3）黏液质：人体内体液占优势，属于安静型。神经活动过程的强度均衡性强，灵活性差。这种气质的特征是安静、稳重、情绪发生慢，思维、语言、动作较迟缓，注意力稳定不易转移，易于克制自己，沉默寡言，擅于忍耐、内向。属于这种气质的人很适宜做仓库保管员和图书管理员一类的工作。

4）抑郁质：人体内黑胆汁占优势。神经活动过程强度弱、不均衡、不灵活。此种气质的特征是柔弱无力，易疲倦、情绪发生慢，动作较迟缓、孤僻寡言、犹豫胆怯、敏感多疑、心绪消沉、多愁善感。《红楼梦》中的林黛玉就是这种气质人的典型代表。

（2）气质对职工的工作和管理活动的意义。气质是每个人都具有的最基本的心理特征，它对人的认识活动、情感活动以及意志行为都打上了这样或那样的烙印。具体说对职工的工作和管理活动具有以下意义：

1）可以根据不同的气质特征安排适宜的工作，提高员工的工作效率。因为当一个职工所具有的气质类型符合某项工作要求时，他对工作就比较容易适应，工作起来也较轻松；相反他就难以适应工作需要，工作起来就比较费劲。例如，让一个黏液质类型的职工去担任资料收集、统计、整理工作，他会轻松愉快，应付自如；如果让一个多血质类型的职工去承担，则会被搞得焦头烂额，因为他每天要处理许多烦琐复杂的日常事务，还要培养自己工作的细致性和稳定性，又要防止自己粗心大意造成工作损失。相反，如果让一个黏液质类型的职工经常外出干活与人打交道的话，他就感到比较困难，因为不但要培养自己的交际能力，言语表达能力，而且还要克服自己的内向、沉默，冷淡等弱点。所以在国外的管理中，在选择使用人员时，非常重视职工的气质特点。

2）在安排工作时，还可以根据班组成员中各种气质类型的适当搭配、相容与互补，形成相融互补型的气质结构，有利于和谐班组的建设。根据不同气质类型的特征，内向的黏液质和抑郁质的班员工作细心、做事稳重，能及时发现问题，但注意力转移较慢，工作速度比较迟缓；外向的胆汁质和多血质的班员注意力转移比较迅速，工作速度快、热情高，但注意力易分散，在发现问题方面较不敏感。如果一个班组中各种气质类型的班员相互搭配，能够相容，并且一种气质类型的优点恰好补偿另一种气质类型的弱点，这样就可以提高群体的稳定性、有效性和凝聚力。例如，在一个班组中，既应该有多血质为主的班员，增强班组工作的灵活性；又有胆汁质为主的班员，增强班组工作的热情和开拓精神；还应该有黏液质为主的班员，增强班组工作的原则性、坚定性、稳重性；也要有抑郁质为主的班员，能及时发现问题，做好深入细致的具体事务和思想工作。

3）可以针对气质类型做好职工思想教育工作。班组长对班员进行管理时，必须根据员工的不同气质类型，采取不同的思想教育方法，做到"一把钥匙开一把锁"。例如，胆汁质的员工心直口快，精力旺盛，脾气暴躁，对这种类型的班员进行教育时要特别注意摆事实讲道理，不要采取激将法，不宜在人多的场合批评他。当他为某事发脾气时，要采取"冷处理"法，要避其锋芒，设法使其冷静下来再进行工作。多血质的员工敏感、机灵、但做事缺乏持久性，对这种班员进行思想工作时，他们往往接受道理快，承认错误快，忘得也快。因此，对多血质的班员特别要注意严格要求，要勤表扬、勤批评，要反复提醒，通过持久的帮助来培养他们的耐力和毅力。黏液质的员工冷静、稳重、反应速度慢，这种人内向，不善交往，思想状况往往不大容易被人了解，因而班组长要注意平日多与他交往，在相互了解中取得他的信任，并掌握他的思想脉搏。在为了改变他的态度而进行谈心过程中，要注意照顾他反应速度慢的特点，尽可能为他提供思考的时间，不要急于逼他表态。抑郁质的班员抑郁、内向、小心谨慎、孤僻、多疑，对这种班员管理者首先要在情感上关心他、信任他，要引导他参加各种集体活动，使他感受到集体和组织的温暖，帮助他克服忧郁猜疑等消极的心理。

（3）测验你属于哪种气质类型。你只要诚实准确地回答以下 40 个问题，就可以帮你判断自己具有哪种气质特征或气质类型。

1）喜欢和朋友一起谈天。

2）碰到生气的事儿憋在肚子里难受，只有发泄出来才觉得痛快。

3）办事情想得周全，不干没把握的事。

4）说笑就笑，说哭就哭，刚才挺高兴，不一会儿又伤起心来了。

5）讨厌生活寂寞，喜欢和人来往。

6）与人争辩时，能先发制人。

7）自己心里高兴或不高兴，别人看不出来。

8）处理问题时总思前想后，主意拿不稳。

9）无论在生人或熟人面前，谈话都不感到拘束。

10）说话喜欢直出直入，不喜欢转弯子兜圈子。

11）聚精会神干一件事时，不会被外界干扰。

12）碰到不顺心的事情时，常常吃不好，睡不着。

13）对一件事儿想干的时候挺热心，不想干时就扔到一边。

14）拿到一件工作，想一下子就干完。

15）尽管工作枯燥、乏味，也能心安理得去完成。

16）喜欢揣摸别人的心理活动，揣摸得还比较准确。

17）在工作学习上容易接受别人提的意见。

18）说干就干，发现错了也能认错。

19）学骑自行车不如别人学得快，总不易掌握稳车把。

20）很少和周围人家吵闹。

21）对那些比较难的动作掌握得比较快。

22）干起工作来有使不完的劲儿，简直不知道什么是疲劳。

23）不喜欢那些坐不安、立不稳的人。

24）人们常说我有点儿文质彬彬。

25）在许多事情上爱出点子。

26）有时看到孩子捣乱撒泼，冷不防给他（她）一巴掌。

27）尽管遇到许多不顺心的事儿，也能忍下去。

28）别人说我做事胆小，遇事怵头怵脑。

29）我身体虽很疲劳，只要休息一会儿就能很快恢复。

30）能为知己朋友赴汤蹈火。

31）不轻易答应给别人办事，一旦答应了就尽全力去办。

32）不喜欢看那些打斗影片，喜欢看那些情节细腻、动人心弦的影片。

33）对那些不愉快的事不去想它，能很快把它丢到脑后。

34）羡慕敬仰那些"路见不平，拔刀相助"的侠客。

35）遇事有主见，不爱随大流。

36）担心别人看不起自己。

37）到一个新单位能很快适应那里的环境。

38）常为一件不大的事发脾气。

39）回答老师提问时，不如别的同学来得快。

40）有人说我小心眼儿，而我感到这并不公平。

评分方法：根据以上问题，对照表2-9，凡你认为符合自己情况的记2分，比较符合的记1分，介于符合与不符合之间的记0分，比较不符合的记-1分，

完全不符合的记 −2 分。

表 2 − 9　　　　　　　　　　　　　评分对照表

类　型	题　　号									
多血质	1	5	9	13	17	21	25	29	33	37
胆汁质	2	6	10	14	18	22	26	30	34	38
黏液质	3	7	11	15	19	23	27	31	35	39
抑郁质	4	8	12	16	20	24	28	32	36	40

按此得分标准把每题得分加起来，算出各栏总分，就可以判断你的气质类型了。例如，你在胆汁一栏得 15 分以上，其他三栏得分都相对较低，则为典型胆汁质；如果胆汁质一栏得分在 14 分以下，7 分以上，其他三栏得分都低于以上分数，则为一般胆汁质；如果有两栏得分比较近，而且又都明显超过另两栏得分，则为混合型气质，如多血质—黏液质混合型、黏液质—抑郁质混合型；如有三栏得分虽都不高但却比较接近，另一栏得分很低，则为三种气质混合型，如多血—胆汁—抑郁质混合型等。

2. 性格

性格是人们在社会实践活动中形成的对人、对事、对自己的稳定态度以及与之相应的习惯化的行为方式。换句话说，性格是人们对待客观事物的态度和社会行为方式中，区别于他人的所表现出来的那些比较稳定的心理特征的总和，即人的性格是许许多多的稳固的态度以及相应习惯化的行为方式的集合。例如，有的人对待工作总是忠心耿耿、一丝不苟、踏实认真；在待人处事中总是表现出高度的原则性，坚毅果断，豪爽活泼，有礼貌，肯帮助人，乐于同别人共享他的东西而从不吝啬；在对待自己的态度上总表现为谦虚、自信等，所有这些特征就是他的性格。

性格是一个人个性中具有核心意义的部分。这首先是由于性格贯穿于人的一生之中，当我们对一个人的性格有了比较深刻的了解后，就可以预测他在一定条件下的行为倾向，他会做出什么和怎样去做。例如，我们了解某一职工有勤奋工作的性格特征，就可以预测他干某一项具体工作时绝不会懒惰和马虎。因此，班组长了解成员的性格特征，可以有针对性地对员工采取相应的措施，利用其优良的性格做好工作，防止其不良性格的破坏作用。其次，是由于个性的其他方面，如兴趣、能力等如何表现及表现程度，都以性格为转移。例如，每个人都有不同的能力，但能力发展的高低快慢，做什么工作的能力，都要受人的性格的影响。如高度的责任感、首创精神，严格要求自己，自信心强，有坚强意志力等，这些性格特征对能力的发展都具有很大的促进作用。反之，如果具有不负责任，缺乏自信心和毅力等性格特征，则能力的发展就要受到很大的障碍。另外，性格特点往往能补偿某方面能力的弱点。所谓"勤能补拙"，就说明性格对能力发展的补偿作用。

（1）性格的类型。心理学研究表明，人的性格千差万别，有的人骄傲、泼辣；有的人热情、开朗、活泼、外露，有的人深沉、内向和多思；有的人大胆自信有余而耐心仔细不足；有的人耐心仔细有余而大胆自信不足；有的人快而粗心；有的人慢条斯理，有条不紊。但就其主要表现形式言，一般归纳为以下几种类型：

第一种：敏感型。这类人精神饱满，好动不好静，办事爱速战速决。但是行为带有盲目性。与人交往中，往往会拿出全部热情，但受挫折时容易消沉失望。这类人最多，约占40%，在运动员、行政人员和各种职业的人中均有。

第二种：感情型。这类人感情丰富，喜怒哀乐溢于言表。别人很容易了解其经历和困难，不喜欢单调的生活，爱刺激，爱感情用事，讲话写信热情洋溢。在生活中喜欢鲜明的色彩，对事物很有兴趣。在与人交往中，容易冲动，有时易反复无常，傲慢无礼所以与其他类型人有时不易相处。这类人占25%，在演员、活动家和护理人员中较多。

第三种：思考型。这类人善于思考，逻辑思维发达，有较成熟的观点，一切以事实为依据，一经作出决定，能够持之以恒。生活、工作有规律，爱整洁，时间观念强，重视调查研究和精确性。但这类人有时思想僵化、教条，纠缠细节，缺乏灵活性。这类人约占25%，在工程师、教师、财务人员和数据处理人员中较多。

第四种：想象型。这类人想象力丰富，憧憬未来。喜欢思考问题，在生活中不太注重小节。对那些不能立即了解其想法价值的人往往很不耐烦。有时行为刻板，不易合群，难以相处。这类人不多，大约占10%，在科学家、发明家、研究人员和艺术家、作家中居多。

（2）性格在班组管理中的作用。如果班组长通过观察和调查研究，从员工成长的环境，过去的经历，在社会中的地位、生活条件及生活中的重大变故，以及现在的表现，正确地掌握他们的性格特征，那么对做好班组管理工作具有重要意义。

1）根据性格特征合理地使用班员，可以提高工作效率，有利于班组安全生产。因为工作与性格特征相适合，有利于员工各得其所，发挥员工的积极性，有利于集中思想，愉快工作，从而促进工作效率和班组安全水平的提高。例如，有的班员喜欢并习惯于单独工作，有的班员则愿意结伴工作。在可能的情况下，应照顾个人的习惯和性格特点，以利安全高效地完成工作。

2）有利于因人施治地做好班组安全管理工作。因为，一个职工的性格既有好的、积极的一面，也可能有坏的、消极的一面。性格特征由于是在生理遗传素质的基础上在后天实践活动中形成和改变的。因此，如果班组长善于发现员工性格中的"闪光点"，及时给以肯定和鼓励，而对其消极的性格特征做到因人施治。例如对工作热情但粗心大意的员工，就要提高他们对工作细致性的认识，培养其认真细致的作风；对意志薄弱、懦弱胆小的员工，就要不断提高他们的信心，加强平时的锻炼，对每一个微小的进步，都要加以鼓励；对自卑或自暴自弃的班员，就不宜过多地去苛责，而要通过暗示、表扬等办法使他们看到自己也有优点，增强预防和处理事故的信心与能力；对自尊心强或自以为是的员工，不要老是夸奖，而应适当地进行批评，但批评时考虑场合，留有余地，还要激发他们的上进心，不断提高他们的安全意识，防止出现大意失荆州的后果发生。

总之，职工的性格是五光十色的，如果班组长能在安全管理中掌握员工的性格，做到因人施治，因势利导，随机应变，讲究方法地进行工作，必然会获得事半功倍的效果。

（3）测试你的性格。回答下面的问题，可以帮助你判断自己的性格属于哪一类。每个问题中有四格，在最符合你的情况那格中填入4，其次填3，再次填2，最不符合的那一格填1。

1）我给别人留下的深刻印象可能是_____、_____、_____、_____。

　　A. 经验丰富；　　　　B. 热情；　　　　　　C. 灵敏；　　　　D. 知识丰富。

2）当我按计划工作时，我希望这个计划能够_____、_____、_____、_____。

　　A. 取得预期效果，不要浪费时间精力；　　B. 有趣，并能和有关人一起进行；

　　C. 计划性强；　　　　　　　　　　　　　D. 能产生有价值的新成果。

3）我的时间很宝贵，所以总是首先确定要做的事情_____、_____、_____、_____。

　　A. 有无价值；　　　　　　　　　　　　　B. 能否使别人感到有趣；

　　C. 是否安排得当；　　　　　　　　　　　D. 是否考虑好了下一步计划。

4）对我来说，最满意的情况是_____、_____、_____、_____。

　　A. 比原计划做得多；　　　　　　　　　　B. 对别人有帮助；

　　C. 通过思考解决了一个问题；

D. 把一个想法和另一个想法联系起来了。

5）我喜欢别人把我看成是一个_____、_____、_____、_____。

A. 能完成工作任务的人；　　　　B. 充满热情和活力的人；

C. 办事胸有成竹的人；　　　　　D. 有远见卓识的人。

6）当别人对我无礼时，我往往_____、_____、_____、_____。

A. 立即表现出不快；　　　　　　B. 心情不快，但能很快消除；

C. 谴责双方；　　　　　　　　　D. 不去理他，考虑自己的事。

填好以后，把 6 个问题中 A、B、C、D 四项的分数分别相加，得出 4 个总分数。分数最高的一项，就是你的性格的基本类型，即 A 为敏感型，B 为感情型，C 为思考型，D 为想象型。

3. 能力

能力即人完成某种活动所必需的心理特征的总和。或者说是完成一定任务或做好一件事情的本领。例如，班组长不仅要有过硬的专业技能知识，而且还要具备一定的组织、交际、宣传说服等能力，只有在能力上足以胜任工作，才能取得良好的工作绩效。一般而言，能力的强弱常用工作绩效来衡量。在能力中，有些是人类从事任何活动所必需的，如观察力、记忆力、概括能力、动手能力等，称为一般能力。有些能力是从事某种活动所必需的，称为特殊能力。例如，歌唱家离不开演唱能力；运行工人离不开快速反应，正确操作能力；检修工人离不开拆修装配等工艺操作能力。

人人都有一般能力，但是不一定都有特殊能力。市场经济条件下，企业需要有一批既有一般能力又有特殊能力的专业人才，一般能力和特殊能力完美的结合就是才能。

班组长熟知员工的能力具有以下意义：

（1）合理分配员工任务，提高工作效率和安全水平。俗话说，十个指头各有长短，每个人都有自己的长处和短处，清朝诗人顾嗣协曾写过一首诗："骏马能历险，犁田不如牛。坚车能载重，渡河不如舟。舍长以就短，智者难为谋。生材贵适用，慎勿多苛求。"这就是所谓的"用人所长"的意思。班组长在充分了解班员的特点和专长的基础上尽量做到职位匹配，提高工效，保证安全。例如，在一个班组中有的员工身体比较弱小，但工作细致，善于发现问题，则可安排他做些安全监督检查的工作；有的员工身强力壮，喜欢干挑战性工作，则应在合理的分配和可靠的安监机制中，尽可能安排较大难度、较高风险的工作等。另外，从发挥职工工作积极性来看，如果一个职工的能力适于工作所要求的水平，该职工就感到胜任愉快；反之，就会感到无法胜任或消极怠工。

美国建立第一个农业大工厂时，要雇用一批保安人员，因为当时劳动力过剩，工厂制定雇用保安人员最低标准是高中毕业生，并且有3年警察或工厂警卫的经验。但按这个标准雇用的保安人员走上工作岗位后，感到农业工厂的保安工作（只检查进出门的证件）单调、乏味，表示无法忍受，因而对工作不安心，不负责任，而且离职率很高。后来工厂改而雇用只受过4、5年初等教育的人来担任这项工作，这些人对工作满意，责任心强，缺勤率和离职率都很低，保卫工作做得很出色。由此可见，人尽其才、才尽其用对于调动职工的工作积极性意义重大。

（2）可以做到能力互补以提高班组的功能与和谐。由于能力上存在差异是不可否认的客观事实，如果合理搭配员工的能力，做到取长补短，则可以得到能力互补、班组整体功能显著提高的作用。例如，在一个班组中如果既有"帅才"，又有"专才"，既有强有力的指挥员，又有一班得力的专才辅助，这样既能超常地发挥班集体的功能，又能形成一个和谐、凝聚力强的集体。这就好比一个乐队，如果没有管乐、弦乐、打击乐的演奏者，这个乐队的指挥再杰出，也奏不出美妙的乐章。所以，班组人员配备过程中，既要有高度组织能力的组织家，又要有一步一个脚印的实干家，发挥最优智能效应，那种清一色、一刀切，把同类智能的人员放在一个班集体的做法，不利于发挥每个职工的积极性。

四、运用安全心理学原理做好班组安全管理工作

运用安全心理学可以挖掘和发展劳动者严格、踏实、细致、一丝不苟、认真负责的工作精神，提供劳动者养成原则性、纪律性、自觉性、谦虚、克己、爱岗敬业的良好品质，克服和制止易于肇事的粗枝大叶、马马虎虎、懈怠、消极、利己、自满、任性、优柔寡断等不良的性格，使员工的个性心态服从于安全生产。班组长只有了解员工的个人心理特性，并采取针对性较强的科学的工作方法，做好心理疏导工作，才能达到预期的效果。例如，严肃的批评，对于多血质、黏液质的人可能生效；对胆汁质和抑郁质的人往往产生副作用，而只能采用轻言细语的商量形式。又如，不同性格和气质的人在同种工作岗位上效率是有显著差异的。道理很简单，要张飞去杀猪，林黛玉去绣花，恰如其分；反过来，要一个身材矮小的运动员去当优秀的蓝球队员，要一个体态肥胖的人去当优秀的舞蹈演员，则是强人所难。因此，班组长在分配员工工作或在分析和处理各类生产事故时，就应考虑个人心理特性及周围环境的影响，恰如其分，各得其所。

学习安全心理学，进行心理问题的探讨与研究，就是要在电力安全生产中得以运用，培养员工具有高尚的职业道德和控制自己情感的能力，使其在遇到顺心事的时候，乐而自持，在遇到不顺心事的时候，能不为逆境所困，使班组长在繁忙的工作中，能够保持良好的心境、充沛的精力、乐观的情绪、旺盛的斗志、高度负责的责任心，使之成为推动自己工作的力量，减少指挥或操作错误、增强工作或作业效率，提高管理水平，保证电力安全生产。

第三节　安全人机工程学概述

案例2.6　空战与人机工程学

20世纪的两次世界大战期间，制空权是交战各国必争的焦点之一，飞行员在高空复杂多变的气象条件下控制飞行，本来就不轻松。驾驶战机与敌机格斗还要高度警觉地搜索、识别、跟踪和攻击敌机，躲避与摆脱对方的威胁，短短几十秒内，在监视窗外敌情的同时，要巡视、认读各种仪表，立即作出判断，完成多个飞行与作战操作，更是不易。

从第一次世界大战到第二次世界大战，随着科技进步，飞机逐渐实现了飞得更高、机动性更优的技术升级。与之相适应，机舱内的仪表和操作件（开关、按钮、旋钮、操纵杆等）的数量也急剧增多。例如，一战时期英国SE.5战斗机上只有7个仪表，到二战时期的喷火战斗机上增加到了19个；一战时期美国"斯佩德"战斗机上的控制器不到10个，到二战时期P-51上增加到了25个。即便是经过严格选拔，培训的优秀飞行员也照顾不过来，致使意外事故，意外伤害频频发生。

针对上述这些问题，有的国家运用人机工程学的理论，聘请生理医学专家、心理学家来参与设计。在保持仪表必须数量不变的条件下，改进它们的显示方式、尺寸、读值标志方法，指针刻度和底板的色彩搭配，重新布置它们的位置和顺序，使之与人的视觉特性相符合，这样就提高了认读速度，降低了误读率。与此同时，在保持操作件必须数量的条件下，改进它们的形状、大小、操作方式（扳拧，旋转或按压）、操作方向、操作力、操作距离及安置的顺序与位置，使之与人手足的解剖特性、运动特性相适应，这样就提高了操作速度，减少了操作失误。这些在人机工程学理论指导下的改进并没有增加多少经费，却收到成。随着自动化程度的不断提高，人机关系也发展形成以下新特点：

1）体力消耗减轻，心理负担加重；

2）人逐步远离机器，管理方式是间接的；

3）信息时空的密集化，要求人的作业速度更快、作业准确性更高；

4）系统越来越复杂，对人的要求越来越高，小的失误将造成严重的后果。

从上述三种人机联系形式可知，无论人机关系如何发展，系统却都是有信息反馈的闭环系统，其中人始终是有意识、有目的地操纵或监控机具，处于主导地位；而机具则是服从于人，执行人的意志。

因此，在现代科学技术的发展，自动化水平不断提高的过程中，要注意在减轻人的体力消耗的同时，必须减轻人的心理负担，努力保持人的感觉器官、行动器官与机的显示装置、操纵装置等设备之间处于相互适应、相互协调的合理匹配关系上，尽量使机械设备适合于人。

（二）工作系统功能

完整的工作系统一般都有六种功能：

（1）信息接受。人通过感觉器官、机器通过感受装置来完成。

（2）信息储存。人靠脑记忆的能力，或借助文字记载、录音、录像、光盘等方式，机器靠磁带、录像带、光盘等储存系统。

（3）信息加工。信息的处理和决策是通过大量已接受的信息和已储存的信息进行分析、比较、演绎、推理和运算来完成的，人靠脑，机器靠电脑。

（4）执行功能。实际上是一些动作过程，一种是直接控制，人直接操纵控制器，或机器本身产生控制作用，另一种是人或机器借助语言或声、光信号传送指令。

（5）信号反馈。人或机器的反馈都可纠正偏离作业的动向，及时调节。

（6）输入与输出。物料或信息从系统入口端输入，经过机器加工，变成系统的成品输出。

（三）人、机器的能力比较

在具体的工作系统中，上述不同的功能要求，有些适合机器去做，有些由人去做更为合适，有些由人或机器去做都可以，有些则必须由人和机器合作才行。这就要求对人和机器的能力进行深入的对比分析，做到人机合理分工。

（1）机器具有人所不及的许多能力和特点，例如：

1）强度大、能量大。通过改变材料和结构特性，机器强度可随需要提高，而人受生理、心理特点限制，只能承受有限应力。机器的功率大大超过人。

2）精度高。机器操作误差可控制在很小范围内，而人容易受环境和主观因素（如情绪）影响以及人与人之间的差异而发生误差，机器则无情绪、基本无差异问题。

3）运行和操作速度快。计算机一秒钟可运算几亿次以上，高速机器的运行速度令人望尘莫及。人对简单信号的反应速度很难小于0.1s，而电子开关的速度早已可以毫微秒计。

4）机器能同时完成多种操作或长时间工作，互不影响，而且无疲劳现象；可以无休止地做一项重复劳动，无单调感。而人类一般只能同时完成一两项操作，易疲劳或产生单调感，而且两项操作会互相干扰，两项以上就不能胜任。

5）机器具有人所缺少的某些感受和反应能力，例如机器能接收和发射超声、次声、核辐射、各频段电磁波、激光等信号，而且相当灵敏。

6）机器传递信息的能力比人大得多，人的信息传递率一般只有3～8bit/s。计算机的信息存取速度快，记忆和保持能力优于人，不遗忘、不走样，具有根据需要抹掉改写的特点。人的短时记忆容量有限，需反复学习才能长时记忆，记住后不能随意抹去，但会遗忘。

7）机器在人无法耐受的缺氧、高压、低压、高温、低温、失重、辐射、真空、噪声、振动、冲击等不利条件下，仍能正常工作。

（2）当然，人也有机器所不能及的一些能力和特点，例如：

1）人体的能量利用率平均高达80％，机器无法比拟。人每天只需少量食物，就可长时间工作。

2）人脑是个多重传递和模糊概率运算系统，并有较高的可靠性和灵活性；人具有多种潜能，能学习、总结经验、除旧创新；能适应环境变化，当机立断，具有机器很难实现的应付意外和排除故障的能力。人能随情况变化用多种信道接受信息，某信道有故障时能用别的信道补偿，而机器只能按设计的固定方式输入信息。

3）人体各种组织每时每刻都在新陈代谢，自动维修能力强。而机器维修、更换部件等必须停机进行。

4）人的某些感受能力比机器高，例如：人的视觉器官对单个光子的感受性、听觉器官对不同音色的分辨力、嗅觉器官对某些化学物质的感受性等都远比机器的测量精度高。人识别图像的能力往往胜过机器。

5）人最优越于机器的特性是有情感、意志和个性，有主观能动性和创造性，有社会影响和明显的社会性，依靠集体和社会力量，这是任何机器所不及的。

（四）人与机器的分工

人机功能分配的依据是：人和机各自的功能特性参数，适应能力和发挥其效能的条件。

通过对人、机性能比较和研究，我们在人机的功能分配上主要考虑人和机器的性能、特点、负荷能力、潜在能力和各种限度；人的个体差异和群体差异；机器代替人的可行性、可靠性、经济性等。通常是把要求快速、精确、过于简单、过于复杂、过于单调、长时间不间断的工作，笨重、危险、操作环境不利于人的工作交给机器去做；将那些机器无法完成的工作，如构思、判断、预测、系统监控、应急处理、排除故障、编写程序和指令等留给人去做。随着科学技术日新月异的发展，机器将越来越多地替代人的工作，但是人在人机系统中的主导地位是不会改变的。

三、人的生理和心理特性及其对工作绩效或失误的影响

在人、机、环境系统中，要降低操作者的能量消耗，减少疲劳和提高工作效率，就必须根据人的生理、心理、生物力学特性，合理地布置有效的作业地点，保证适宜的工作姿势，进而合理地选择工作地点，做到人、机、环境的相互适应，工作系统的整体协调和优化。其中人的生理特性主要包括人体尺度、感知、反应、疲劳和生物节律等特性，现介绍如下。

（一）人体尺度特征

人体尺度是人体所占的三维空间的尺寸及体重，包括体长、体型、体积、重量、体表面积等。GB 10000—1988《中国成年人人体尺寸》提供了我国成年男女共 7 类 47 项人体尺寸基础数据，包括身高、体重、上臂长、前臂长、大腿长、小腿长共 6 项人体主要尺寸。另外还有体部测点、体部周长的测量、坐姿测点等共 61 个测量参数。进行产品设计及空间布置时，都要考虑人体这些尺度特征，使操作者尽可能地处于舒适、安全的环境中实施操作，否则将造成操作者过度疲劳，甚至操作失误。例如 GB 10000—1988 规定桌椅的设计尺寸与人体身高 H 的比例关系公式如下：

$$\frac{\text{办公桌高度}}{H} = \frac{7}{17} \qquad \frac{\text{桌下空间（最小高度）}}{H} = \frac{1}{13}$$

$$\frac{\text{桌椅高差}}{H} = \frac{3}{17} \qquad \frac{\text{椅子扶手高度}}{H} = \frac{2}{13}$$

关于座椅靠背大小尺寸、靠背与座面的夹角、座面的曲线形状等与人体尺度的有关特性关系也可在 GB 10000—1988 查取。此外，还应注意人体尺度特性随民族、年龄、性别不同而产生的变化。例如：男子平均身高，美国是 176cm、日本为 164cm、中国是 167.8cm，中国北部的男子平均身高比中国南部的男子平均身高要高，

而且，近年来中国成人平均身高有一定的增长。进行机具设计、设备的操纵装置、座椅和工作台、显示装置等设计时，都应尽量考虑这些基础数据的地区差异。

（二）人的感知特征

感知是感觉和知觉的综合反映。感觉是人脑对直接作用于感觉器官的客观事物个别属性的反映，如视觉、听觉、触觉、味觉、嗅觉等。人接受的信息80%以上是视觉信息，其余大部分是听觉信息。知觉是人脑对直接作用于感觉器官的客观事物和主观状况的整体反映。但是，感觉与知觉是密不可分的，感觉是知觉的基础，没有感觉就不可能有知觉，故常将两者合称为感知。在生产活动中正确调解人的生理机能并注意培养和发挥员工的感知能力，对减少和预防事故具有十分重要的意义，反之，如果调解不当就会事故频发。例如，某供电公司一名员工下夜班后看到电梯门开着，由于受经验即知觉恒常性的影响，思维出现门开快进的误判，伸脚就跨了进去。可是，这次门开的原因却是电梯厅门联锁失灵，桥厢不在该楼层，结果使该员工踏空，造成坠落重伤事故。又如某变电站值班员操作是由于跑错间隔，当用钥匙打不开隔离开关的锁时，误以为该锁已生锈，即刻换用锯子将锁锯开，强行操作，造成带负荷拉隔离开关的事故。再如，有的员工人在高空作业时，知觉却不在高空，仍像在地面作业那样，结果用力过猛，人失去重心造成高空坠落事故。

1. 视觉及其特征

（1）视觉的形成。视觉的感觉器官是眼睛。来自物体的光线，经过眼睛的瞳孔投射在视网膜上，光能经感受器转换为神经冲动的生物电能，神经冲动沿视神经传到脑。在第一中间神经元的突触产生了大量新的神经冲动，传至眼睛的各控制中枢，以控制瞳孔的大小、水晶体曲率和眼球的运动。与此同时，神经冲动继续向大脑高级部位运动，到达大脑皮质，产生视觉。大脑皮质还产生新的神经冲动引起相应的思维和感情等知觉。

（2）视觉特征：

1）感光范围：光是一种电磁波。人眼能感觉到的光波的波长范围是 380~780nm，能感觉光强范围为 1~20000lx，明暗分辨率为 40 次/s。

2）视力：眼睛分辨细小物体的能力即为视力。正常情况下，分辨视角为 20″，最佳视距为 38~76cm。但是，它受照度、背景亮度和物体与背景对比度的影响会发生变化。

3）视野：当头部和眼睛不动时，眼睛观察正前方所能看到的空间范围（用角度来度量）。水平视角为 60°，辨别字的视角为 10°~20°，辨别字母的视角为 5°~30°，辨别颜色的视角为 30°~60°；垂直视角为 50°（视平线上）~70°（视

同的设备给人以不同的触感，使人能够靠触觉准确地控制各种不同的操纵装置。

（三）人的反应时间特征

人体通过感官（眼、耳、舌、鼻、身）对刺激的感觉反应时间，简称反应时间，记为 t_f。如图 2-2 所示，它指的是从刺激使感官感受，经神经系统传输、加工和处理，传给肌肉而作用于外界反应的全过程所需的总时间。其中，人感受刺激到处理所需的时间称为知觉时间，记为 t_z，而传给肌肉并运动作用于外界反应的时间称为动作时间，记为 t_d。它们之间的关系表达式为

$$t_f = t_z + t_d$$

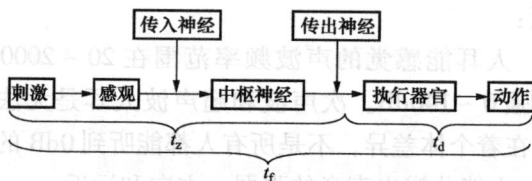

图 2-2 反应时间示意图

反应时间可分为简单和期待两种。简单 t_f 是指人对单一刺激信号的单一感觉反应；而期待 t_f 是指复杂的信号与反应，而且信号的出现是不定期的，需要等待。通常期待 t_f 要长 2~3 倍。

简单反应时间 $t_{f(简)}$ 的特征是其大小随着感觉通道、刺激数、年龄及人体劳动强度等因素的变化而变化。例如：听觉通道的 $t_{f(简)} = 115 \sim 182\text{ms}$，触觉通道的 $t_{f(简)} = 117 \sim 201\text{ms}$，视觉通道的 $t_{f(简)} = 188 \sim 206\text{ms}$；1 个光刺激数时 $t_{f(简)} = 180\text{ms}$，而 10 个光刺激数时 $t_{f(简)} = 622\text{ms}$；一般人在 20 岁之前，随着年龄增长，t_f 缩短。20 岁以后，随着年龄增长，t_f 延长。假定 20 岁的 $t_{f(简)} = 100\text{ms}$，则 40 岁为 112ms，50 岁则达到 116ms。此外，人体劳动强度高时，反应时间变长。因此反应时间变长，不仅说明了操作者反应灵敏度的大小和变化趋势，还可以作为测定疲劳程度的指标之一。

（四）人的节律周期学说

1. 节律周期学说的要点

宇宙间的一切物质都在不停地运动着，而所有的物质运动又都是有规律的。物质运动的节奏和规律，即称为节律。人从出生的那一天起，直到生命终止，都存在着体力、情绪和智力呈周期性变化的规律，它们的周期分别为 23 天、28 天、33 天，这种规律就是生物节律，国际上称之为 PSI 周期学说。它认为人体生物节律，是由于人体存在调节和控制人体行为和活动的"生物钟"。据美国一

些解剖学家研究发现，这个钟的实质就是存在于人脑干中的，一个管理时间节律的神经核。这个核控制着人体的生理过程，使人体的体温、血压、血糖含量、基础代谢率等发生周期性变化，人体各器官的机能以及对外界刺激的敏感性也发生周期性变化，从而使人的心理状态也发生周期性变化，从而形成人的生物节律。通过许多医学和心理学学者的长期实验研究，得出了描述生物节律变化的统计曲线，称为生物节律曲线，如图2-3所示。曲线表明人从诞生时刻起，人的体力、智力和情绪三种节律都以正弦波曲线形式由零点开始运行。这三种曲线都按着"高潮期—临界期—低潮期—上升临界期—高潮期……"的顺序，循环往复变化，各个时期的特点如表2-10所示。

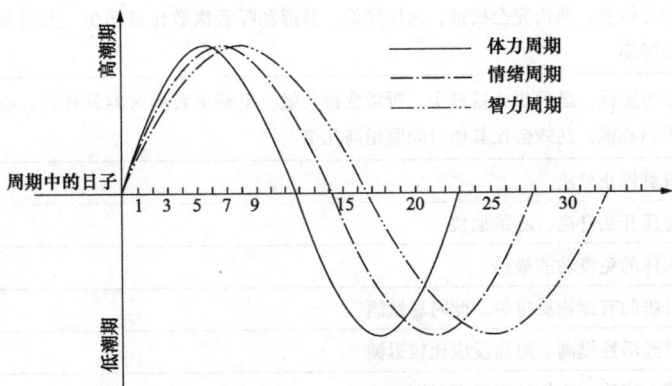

图2-3 生物节律曲线

表2-10   生物节律曲线各个时期的特点

时间\类别	体力曲线（周期23天）	情绪曲线（周期28天）	智力曲线（周期33天）
高潮期	体力充沛，浑身有劲	心情舒畅，精神愉快，心胸开阔而乐观	头脑灵敏，思维敏捷，记忆力强，具有旺盛的创造力和解决问题的能力
低潮期	体力较差、容易疲劳，做事拖拉，畏怯	比较烦躁，喜怒无常	注意力不易集中，迟钝健忘，思维判断力降低
临界期	临界期有上升和下降之分，从高潮期转为低潮期时称上升临界期，反之称下降临界期。临界期的时间为互相转换时前后各一天（大约2~3天）。在这一过渡状态下身体各方面正处在频繁的变化、调整之中，即体力、情绪和智力极为不稳定，办事粗心，容易出差错，机体各方面的协调性较差，人往往会一时糊涂而出现错误，容易生病和发生事故		

89

进一步研究证明，人在一天内（或一月内、一年内），也存在着一定的变化规律，即昼夜规律（或月节律、年节律）。作业能力和人体疲劳与昼夜节律有着直接的联系。人在一天内的工作能力也是呈周期性变化的，如表 2 - 11 所示。表中说明了，正常作息的人，人体各部分机能变化。

表 2 - 11　　　　　　　　　人体日节律情况表

时　间	人 体 机 能
1 时	各部分机能趋向活跃。此时痛觉特别敏锐，如因饮食不当而闹腹痛者，总在这时候痛醒
2 时	体内大部分器官的工作节拍缓慢，肝脏此时则加紧工作，产生人体所需要的物质，同时把有毒物质排出体外
3 时	全身休息，肌肉完全松弛，血压降低，脉搏和呼吸次数比日间少。此时是脑梗塞发病率最高时期
4 时	血压更低，脑部供血量最少。听觉变得灵敏。重病患者此时容易死亡。心脏病患者此时服用强心忒，药效会比其他时间服用高几倍
5 时	肾脏停止分泌
6 时	血压开始升高，心跳加快
7 时	人体的免疫功能最佳
8 时	肝脏的有毒物质排尽。此时忌饮酒
9 时	神经活性提高。对痛反应比较迟钝
10 时	精力充沛，工作效率最高时期
11 时	仍处在一天的最佳工作时间
12 时	各器官都处于活跃期。此时不宜进午餐
13 时	出现疲劳，上午最佳工作时间即将结束。此时进午餐最适宜
14 时	白天的低潮时期，反应迟钝
15 时	各器官，特别是嗅觉和味觉开始转为敏感，工作能力逐渐恢复
16 时	血液中的糖分增加。工作效率增加
17 时	下午工作效率最高时期
18 时	神经活动降低。此时可适当增加活动量，以振作精神
19 时	血压增高，情绪很不稳定。应尽量克制感情
20 时	全天体重最重，反应最灵敏
21 时	神经活动稳定，记忆力增强
22 时	血液中白血球增加，体温下降
23 时	细胞要恢复一天的疲劳，逐渐入眠
24 时	全身肌肉松弛，各器官活动极慢

2. 生物节律理论的应用

根据这个学说，通过生物节律的计算，人们可以进行事故多发时间预测。国内外已有不少单位利用生物节律进行事故多发时间预测，积累了许多成功经验。其预测计算方法如下：

第一步，先计算出从公历出生年月日到你想要了解的那天总共有多少天，以 N 表示；第二步，用生物节律指数 $P_{体力}=23$、$P_{情绪}=28$、$P_{智力}=33$ 分别除总天数 N 所得的余数就可用来判断你在那一天的体力、情绪和智力的盛衰情况。

例如：某人 1954 年 4 月 27 日出生，计算在 2001 年 2 月 13 日这天，其体力、情绪、智力各处在什么时期。

(1) 出生年数 A：$\quad\quad\quad\quad A = 2001 - 1954 = 47$ 年

(2) 闰年数 B：$\quad\quad\quad\quad B = 47 \div 4 = 11$ 余 3，2000 年为闰年，故 $B = 12$

(3) 本年生日至计算日的总天数 C：$C = 73$ 天

(4) 计算总天数时，若计算日没到生日，需要减去 C 的天数，若已过生日则加上 C 的天数，即

$$N = 365 \times A + B \pm C \quad\quad\quad\quad (2-4)$$

则

$$N = 365 \times 47 + 12 - 73 = 17094 \text{ 天}$$

$17094 \div 23 = 743\ldots$ $\quad\quad\quad$ 余 5 天体力处于高潮期

$17094 \div 28 = 610\ldots$ $\quad\quad\quad$ 余 14 天情绪处于下降临界期

$17094 \div 33 = 518\ldots$ $\quad\quad\quad$ 余 0 天智力处于上升临界期

查生物节律曲线可知，生物节律计算余数与人体三大节律所处时期的对应关系如表 2-12 所示。

表 2-12 人体三大生物节律所处的时期

节　　律	周期（天数）	上升临界期（余天数）	高潮期（余天数）	下降临界期（余天数）	低潮期（余天数）
体力	23	22、0、1	2~9	10~13	14~21
情绪	28	27、0、1	2~12	13~15	16~26
智力	33	32、0、1	2~14	15~18	19~31

体力周期余数为 5，表示到 2001 年 2 月 13 日该测试者正处于第 744 周期的第 5 天，处于高潮期，体力充沛。

情绪周期余数为 14，表示该日为测试者情绪周期的第 611 周期的第 14 天，也处于下降临界期，情绪波动极大，容易出差错、犯病和发生事故。

智力周期余数为0，表示到2001年2月13日该测试者正处于第518周期与第519周期的上升临界期，紧急反应能力和创造力等处于波动状态，容易出差错、犯病和发生事故。

根据上面计算的情况，可绘制该测试者2001年2月的生物节律三曲线。从计算结果知，该测试者体力曲线处于高潮期，情绪和智力曲线均处于临界期，故2001年2月13日前后从生物节律看，他的预防事故的能力下降较大，其本人和有关人员必须多加关心与注意。

生物节律影响着人的行为，也对安全生产有着较大的影响。人在节律转折点的日子容易产生体力下降，情绪波动和精神恍惚，人的行为波动很大，如果正在生产岗位上操作，则有可能出现操作失误，甚至导致工伤事故的发生。有人调查了700件事故，发现失误在节律危险日的占60%，调查了300个情绪危险日的人，有80%都出现了事故。例如，天津市冶金实验厂对1964～1985年间的24件死亡、重伤事故做了生物节律情况分析，除去其中9件因设备隐患造成的事故外，在其余15件事故中，有6件发生在生物节律危险日，占总数的40%；有3件发生在危险日的前一天或后一天，占总数的20%，有3件发生在受伤者体力、情绪、智力都处于低潮的日子里，占总数的20%，三者之和为12件，占总数的80%。

从生物钟的规律可以使我们认识到，在作息制度的安排上应当尽量使人体保持固有的正常周期节律，亦即24小时的昼夜节律。当工作需要而不能不打乱正常的昼夜节律时，比如，有人需要值夜班，那么最好把这种新的节律保持一个相当长的时间，使人体逐渐获得适应，而不要经常更改它。经常更改昼夜节律，势必会造成人体内部生理功能失去其正常的协调关系。因此，从事夜班工作的人最好是时间固定，因为他们体内各种生理活动在经过一段时间的调整适应了新的节律以后，不再需要做频繁的调整。而轮班作业的工人则不同，由于他们的各种时间经常改变，他们体内的生理活动就很难和外界环境保持一致。对轮班工作制工人的发病率、缺勤率的分析发现，夜班工人的因病缺勤率较白班工人高，轮班作业的工人更容易患呼吸系统和消化系统的疾病。轮班频繁的各种岗位，既不利于安全生产，也不利于劳动者的身心健康，同时，生产效率也会受到某种程度的影响。

因此，班组每个人都很有必要根据生物节律理论编制"安全预测月历表"、"年历表"，进行自我了解、自我调节、自我控制，做到心中有数，提高警惕，预防事故。班组长也可将全班生物节律列表上墙，以便班组长尽可能按组员的生物节律情况适当安排工作，班内人员也可以互相提醒、互相照顾，将以人为

电力企业学习型班组长培训系列教材

本的安全管理理念落到实处，努力实现减少失误，事故为零的安全目标。

（五）作业疲劳

1. 疲劳的概念

疲劳是人们经常会出现的一种生理和心理状态。它主要表现为瞌睡、工作质量下降或程序混乱、生理和心理功能出现变化，自我感觉筋疲力尽的身心状态。具体表现为精神疲劳和肌肉性疲劳。精神疲劳的特征是：自我疲劳感增大、瞌睡、工作混乱、心理功能低下，如反应迟钝、精力不集中、忧虑、厌烦等。肌肉性疲劳的特征是：承担作业的部位的肌肉感觉疲劳、希望休息、效率下降、生理功能变化等。这种心理和生理的疲劳是一种保护性反应，是由于刺激量超过大脑所能承受的程度而引起的超限抑制。这种保护性抑制可使大脑神经细胞的活动和肌肉收缩被迫减慢直至停止工作，以减少人体的能量消耗。

在生物学中，人体内能量的产生和消耗称为能量代谢。能量代谢从生命活动过程来分，可分为合成代谢（同化作用）和分解代谢（异化作用）。合成代谢是把从外界摄入体内的营养物质综合成为组成自身的物质（如糖、脂肪等）或暂时储存起来，该过程吸收能量。分解代谢是把组成自身的物质或储存于体内的物质分解掉，该过程释放能量。人会产生疲劳，就是由于体内同化和异化作用的平衡受到破坏，使人体能量代谢功能失常或能量代谢功能变态而引起的。这种代谢功能失常给人的生理和心理活动带来影响，使人出现疲劳症状。但是，这种症状可以防止人们劳累过度。作业中人体疲劳后，各种机能全面降低，尤其是感觉功能和手脚动作机能变得反应迟钝、动作不准，容易发生不安全行为，引发事故。人体疲劳后造成事故的因果关系如图2-4所示。因此，掌握作业疲劳的机理和因素，积极预防疲劳，有利于安全生产和保障劳动者的身心健康。

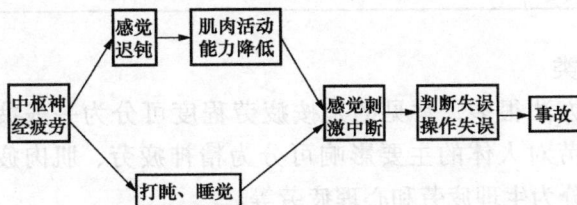

图2-4　人体疲劳造成事故框图

2. 产生疲劳的因素

产生疲劳的因素主要是人、机和环境三方面，如表2-13、表2-14所示。

表 2-13   产生疲劳的机械因素

项　　目	说　　明
机械种类	汽车、打字机、电视机等引起的疲劳有质和量的区别
操纵部分的配置	操纵杆配置的离人很远或操纵时多余的动作容易引起疲劳
操纵部分的感觉	开关太紧、把手过重、握把太滑等都会给人带来疲劳
机器的复杂程度	机械装置或操作方法过于复杂会加重人的负担
机械的颜色	有些颜色即使长久凝视也不觉疲劳，而有些颜色会给人以不协调感
其他	如性能、噪声等

表 2-14   产生疲劳的人的因素

项　　目	说　　明
精神状态	烦恼、热情和兴趣、心情平静与否、危险感等
身体状态	（自身因素）熬夜、睡眠不足、伤风感冒、孱弱的体质等
生物节律	干同样一件事，上午、下午和晚上感觉的疲劳程度不一样。黎明是生物节律的低谷，往往由于疲劳不能连续工作
作业的时间	开始时、休息方法、结束时、作业时间长短等
作业内容	脑力劳动和体力劳动在作业中所占的比重、工作紧张与否、工作内容是否富于变化等，工作内容过于单调容易引起疲劳
作业环境	周围是否有人，周围的颜色、照明、温度、占有空间，桌子和椅子的配置（包括高低、颜色、牢固程度等）
社会环境	社会地位等
其他	如劳动强度、作业姿势、是否技术熟练等

3. 疲劳的种类

　　疲劳的分类方法很多，常见的是按疲劳程度可分为一般疲劳、过度疲劳、重度疲劳；按疲劳对人体的主要影响可分为精神疲劳、肌肉疲劳、神经疲劳；按疲劳的原因可分为生理疲劳和心理疲劳等。

4. 防止过度疲劳的措施

　　研究表明，人体处于轻度疲劳时，恰好是处于一种最积极的、正常的运动状态。但是过度疲劳需要较长时间才能恢复，而且有些过度疲劳容易引起人体机能的破坏，难以恢复，所以在生产、生活中必须采取措施预防和消除疲劳。常用防止过度疲劳的措施如下：

（1）注意劳逸结合。适当安排工间休息以利于人体疲劳的恢复，以及提高劳动生产率。合理安排休息日，主要是调节人体生理状态和主观感觉。

（2）劳动组织合理调配。人体内存在一生物钟。正常情况下，体内生物钟的节律调节着人的体力、精神状态，使人在不同时期分别处于高潮和低潮。一旦生活节律发生突变（休息制度与人体生物钟相矛盾），人就有可能出现该睡的时候睡不着，该工作的时候又感到极端困倦的情况，使疲劳难以消除。长此以往，就会使人体的一些功能发生紊乱，甚至导致疾病发生或抵抗力下降。因此，应根据人体生物钟，科学、合理地组织和安排劳动，减缓和消除疲劳，以达到提高人的抗病能力和工作效率，预防发生人为事故的目的。

（3）全面改善劳动环境和卫生条件。若科学和合理地布置工作环境，保持环境颜色、光照、温度等的恰当、噪声、振动等在允许值内时，将会给劳动者以良好的刺激，使他们能舒适愉快地进行劳动，提高抗疲劳能力。另外，若保持工作环境的清洁明亮整齐、空气流通新鲜、下班可以洗澡等良好的卫生条件，也会起到减缓和消除劳动者疲劳的作用。

（4）改善工作体位。即从作业姿势着手，改善劳动者的劳动条件，尽量避免长期个别器官过度紧张。从工具及操作部件着手，降低体力消耗。

（5）重视劳动者的心理因素。即保持劳动者良好的情感、兴趣、意志、愿望和认识等心理因素，这些因素对疲劳均有着直接的影响。工作中，应根据劳动者的心理特征，安排使之适应的工作，并创造使劳动者舒适的工作环境和工作条件，从而保证劳动者的身心健康，提高劳动生产率，减少事故发生。

（六）人的作业能力

在人机系统中，机械设备通过显示装置，经人机界面将信息传递给人的感觉器官，经过人的中枢神经系统对信息进行处理后，再指挥运动系统去操纵控制器，实现人机配合。人的作业能力就是这种人机的配合能力，其实质上是人的生理和心理特征的综合反映。它的大小取决于以下几点：

1. 人对信息的处理能力

它是物理环境（包括机械设备的状态）的信息刺激人的感官，并通过神经系统传给人脑中枢，经中枢进行信息处理，加以识别后作出相应的决策，产生某些高级适应过程，并组织到某种时间系列之中，同时也会有相应的长时或短时记忆，最后输出相应的反应信息，通过动作器官对操纵器等控制装置的信息传递，维持或改变机械设备状态的能力。在人的一系列反应过程中，人的信息处理功能有以下特征：

（1）人的信息处理功能有一定的限度，这个限度可以用感觉通道的信息传输率，即单位时间内所能传输的信息量来描述，它随着刺激物的性质、维数和工作类型的不同而不同。在多维综合情况下，感觉通道的信息传输率可以提高，但也都在10bit/s以下。超过这个限度，信息就不能完全被接受，例如，人在典型实验条件下，"视觉—动作"通道的信息传输率一般为2.7~7.5bit/s，但是人阅读时可达43bit/s，判读电视屏幕图像时高达70bit/s；单色调刺激为3.1bit/s、单响度刺激为2.3bit/s、颜色（色调和饱和度）为3.6bit/s。人对信息的处理能力，不仅在于接受信息进行处理，更突出的特点是能对外界信息进行主动搜索。

（2）人的感觉通道有一定容量的，只有一部分信息能进入大脑。由于人接受的输入信息往往会大大超过人脑中枢神经系统的"通道容量"，所以，大量的信息在传递过程中被滤掉，只有一部分能进入中枢的高级部位。

（3）感觉信息量储存极其有限。感觉信息即是进入大脑组织中储存一段时间，使大脑能提取有用的特征进行模式识别的信息，这种信息储存的过程衰减很快，仅几分之一秒，所能储存的信息量也极其有限，如同时显示一群字母，一般只能"看清"5个左右。

（4）短时记忆的信息量也很有限。短时记忆比感觉信息量储存时间长，但也不超过几十秒。若显示一连串单词一般只能记住最后5个左右。短时记忆被称为操作记忆，为了保证作业效能，操作需要记忆的信息量不要超过短时记忆的储存容量，例如电话号码等最好不超过7个数字。

（5）作为人脑学习功能的基础是长时记忆，长时记忆的信息量随人的努力积累而增加，没有一般性的容量限度。记忆时间也没有一般性的限度，有的可延续到人的终身。所以应充分发挥人脑长时记忆的功能和人脑学习处理的高级功能。

2. 人的作业施力能力

人的作业过程就是人与机械设备进行信息交流的过程。人接受信息，进行信息处理、信息反馈，最终以信息输出来维持或改变机械设备状态，完成作业的过程。人对机械设备的信息输出，多见于给机械设备施加某种力，如操纵力。这种施力能力取决于人体肌肉的生理特征、施力姿势、施力方式和方向等因素。具体的关系如下：

（1）人体的力量来自肌肉的收缩，不同部位肌肉所能产生的力量不同，如表2-15所示。

表 2 – 15　　　　　　　　　　　人体主要部位肌肉产生的力

肌肉部位		力　量（N）	
		男	女
手臂肌肉	左	370	200
	右	390	220
肱二头肌	左	280	130
	右	290	130
手臂弯曲时的肌肉	左	280	200
	右	290	210
手臂伸直时的肌肉	左	210	170
	右	230	180
拇指肌肉	左	100	80
	右	120	90
背部肌肉（躯干屈伸的肌肉）		1220	710

注　中等体力 20～30 岁青年男女计值。

（2）如在坐姿下手臂在不同角度和方向上的推力和拉力，如表 2 – 16 所示。

在直立姿势下弯臂呈水平线偏上 20°左右时出力最大，相当于体重的力量，且不易疲劳。许多操纵装置于人体正前方就是这个原因。在直立姿势下手臂伸直的最大拉力产生于手臂下垂状向上的拉力，可达体重的120%；手臂垂直上升状向下的拉力，可达体重的100%；手臂水平伸直的拉力最小，仅为体重的10%。直立姿势下手臂伸直的最大推力产生于手臂垂直上伸向上的推力，可达体重的130%；手臂下垂向下的推力，可达体重的100%；手臂水平或水平略偏下伸直时的推力最小，前方伸出仅达体重的15%；侧向伸出仅达体重的10%。

坐势时足在不同位置上的蹬力不同，最大蹬力一般在膝部屈曲160°时。

人体各部位的所有力量都与持续时间有关，随着持续时间延长，人的力量很快衰减，例如只经 4 分钟，拉力就会由最大值衰减75%。

各种操纵器所需的操纵力，应该力求适应人体作业施力能力的上述特征，取得最佳的出力状态和适宜的力度。

（四）人对作业环境条件的生理、心理反应及适应

人的情绪、体力、思维能力都容易受客观环境影响而产生波动，直接影响人的工作效绩，有些不利环境因素还会影响人的健康，例如：人对温湿度、噪声、振动、气压、核辐射、光照、粉尘、含细菌或毒素的有害气体等环境应激源的适应程度；作业空间的安排与布置；上下级关系和同事关系的和谐融洽程度；整个的工作环境氛围等。

（五）作业组织与管理

这是对系统集成后整体性能有极大影响的关键因素。诸如：

（1）作业设计。包括劳动组织与职务设置、作业方法与顺序、作业姿势与动作要求、劳动轮班与工休制度、通信联络安排等。

（2）管理制度。包括工作监督、指导与反馈机制，规章制度的制定，人员选拔与培训（职业适应性），激励机制等。

五、安全人机工程学的应用

案例2.10　飘带的启示

美国得克萨斯州有一家工厂的工人一直埋怨他们所在的车间太闷太热，生产情绪受到影响。于是工厂管理人员对空调设备进行了仔细的检查，发现设备运转正常，气温与湿度也符合要求。问题究竟出在哪里呢？厂方请来环境心理学家会诊。经过认真调查，终于找到了"症结"之所在。原来这些工人大多来自农村，从小就习惯了在露天干活，从未在无窗的现代化厂房里工作过，所以一进车间就感到气闷。而厂房的空调通风口装在15m高的天花板处，他们也很难感觉出空气是流动的。后来环境心理学家提议厂方在通风口处悬挂一些飘带，凉风吹来，飘带不住地飘动，工人们"看"到风后，在心理上产生一种自慰感，即认为自己不是在"闷热的罐头"里干活，而是在空气流动的自然空间里干活。于是抱怨消失了，生产情绪也恢复了正常。

启示：工作环境的优劣与职工的生产情绪有着密切的联系，静谧的车间、舒适的办公室、适宜的温度、悦耳的音乐、亲切的环境等会给职工带来较好的生产情绪，而闷热的空气、高分贝的噪声、昏暗的光线、恶劣的气候、陌生的环境都会给职工的生产情绪带来不良影响。因此，在安全生产中不仅应该按照安全人机工程学的要求设计合理的作业空间、安全的防护距离，还应该以人为本地不断改善现有的工作环境。

（一）在工程开发中的应用

工作系统的开发，特别是诸如特高压输电线路等这样复杂的社会技术系统的建设，都是一个大型工程项目。在这类系统开发的每一阶段，都会有许多人机工程学问题存在。及时解决这些问题，是保证系统运行总体性能优化的必要条件。因此，从系统开发的最初阶段（即规划立项时），直至系统建成、运行的整个过程，最好都把人机工程学作为工程项目的一个专业工种，安排人机工程学专业人员参加工作，及时对每阶段工作作出人机工程学评价和改进。目前，国际上提倡采用"以人为中心的设计过程"来进行工作系统的设计和评价。这既是思想观念上的转变，也是工作方法上的改进，它把人机工程学的理论应用贯彻到工作系统开发的始终。现从以下三个方面说明这种应用。

1. 作业空间设计中的应用

（1）作业空间概念及设计原则：

1）作业空间即指在人机系统中，人、机、环境各自根据需要所占用一定的三维空间，相互间又根据系统优化程度有机地结合在一起的总空间。我们通常将作业空间分为作业范围（作业接触空间）、作业活动空间和为了保障人体安全所需的安全防护空间。

2）作业空间设计的基本原则：作业空间布置是人机系统设计的综合阶段，其基本目的是使人机系统能让人安全舒适和以最有效、最合理的方式满足作业要求，据此作业空间布置的安全人机学原则是：

a. 按操纵控制设备的使用频率和操作顺序进行布置。使用频率高的操纵控制装置在操作的最佳范围内。并依据操作顺序的先后，把它们相互之间尽量安排得接近些，形成一种流畅的操作线路。这就要求整个作业不空运、不倒流，有秩序地进行，以提高机器的使用率和充分发挥人的作用。

b. 按设备的功能进行布置。这是把功能相同和相互联系的部件或机器组合成一整体，以利于操作和管理。

c. 根据人体生物力学、解剖学和运动学的特征来布置机器和工具。这样做既能使人进行高效率操作，又能减少人的疲劳，保证操作者的安全健康。

d. 按设备控制器的重要程度进行布置。这是指将重要控制器、显示器等布置在最佳作业范围内，以便于人们的观察和操作，同时操作者在操作时耗费能量最小，不易疲劳。在实际中，某种设备起着非常重要的作用，但使用频率却很低，例如起动器、开关阀门等，对这些情况在设计时，就要特别注意，作全面衡量。

e. 机器设备的平面布置，除方便操作外，还要注意安全及人流、物质流、能源流等交通组织。

在贯彻上述原则时尤其要以人为中心的设计理念，设计中要着眼于人，落实于设备。这不仅需要考虑人的认知特点和人体动作的自然性、同时性、对称性、规律性、经济性和安全性，同时要考虑个性效率特征。作业空间设计不合理会使操作者在心理上和体力上承受额外的负担，其结果不仅降低工作效率，而且不安全，往往也不经济。

（2）作业空间设计必须考虑的主要因素：

1）人体因素。作业空间设计时，人体的尺度、肢体运动范围、视力、听力、作业能力等生理特征是非常重要的依据。但是，由于作业者对作业空间的要求，通常是按照心理空间去认识的。根据人体生理特征数据和功能修正量设计得到的最小作业空间，虽然能满足作业者姿势变化和作业功能的需要，也可以进行工作，但作业者仍对周围空间感到有明显的压迫感或恐惧感，从而不能长时间地坚持工作，并有害于身心健康。因此，最佳的作业空间等于人体参数加上功能修正量再加上心理修正量。这就表明，在作业空间设计时，必须考虑人的心理因素和行为特征，即考虑以下几点：

a. 人的空间行为：行为科学家萨默经过调查发现，人类具有"个人空间"的行为特征。这个空间以自己的身体为中心，有肉眼看不见的边界，并且随着人的走动而变化。当陌生人和非亲密者侵犯个人空间时，就会引起不安、尴尬、狼狈、回避、甚至抗议等反应。若在作业时，就容易导致人的注意力分散，干扰正常工作。因此，在作业空间布置时，要满足人与人之间保持一定社会距离的需要。通常 120～210cm 是一起工作的接近间距，但不能保证相互不受干扰。只有达到 210～360cm，才是排除相互干扰的正常距离。此时，在外人在场情况下继续工作不会感到不安或干扰。一般说来，在作业中身旁有人存在时，女性所受的影响要大于男性。个人空间还具有方向性。当干扰者接近作业者时，若无视线的影响，作业者的个体空间后面宽于前面；若存在正面视线交错时，则前面宽于后面（见表 2-17）。该实验表明，受人直视或从背后接近，对被测试者所造成的不安感，大于可视而非直视条件下的接近。因此，有必要通过工作场所的布局设计，使工作岗位具有足够的、相对独立的个人空间，并预先对外来参观人员的通行区域作出恰当的规划。

表 2-17 接近试验中的不安距离 cm

接近方向	测试者视线	直　视	可　视
前面	直视	159.20	121.27
	可视	126.63	103.53

接近方向	测试者视线	直　视	可　视
后面	不可视	154.40	131.43
前面	被试者	141.48	121.23
后面	戴上眼罩	141.72	121.77

b. 人的侧重行为。受历史传统习惯的影响，成年人中，男性约95%、女性约97%是习惯用右手，右脚的出力也大于左脚。因此，主要的控制器等若布置在手或脚的惯用侧，大多数人用起来就十分方便。在步行、运动等行为中，人类还存在着喜欢自左向右绕行的倾向；当在背后呼其姓名时，回头的方向总是向右者多于向左者等等。造成这种行为非对称的原因尚未清楚。但很多人认为，这是为了保护人体左侧的心脏、并用有力的右手向外抵挡外来危险的安全需要而产生的。这一因素对最大限度地完善车间通道的设计、确定调运货物的路径与作业者相对位置的关系，是有参考价值的。

c. 人的捷径反应和躲避行为。日常生活中，人们往往按照"动作经济原则"产生捷径反应。例如：伸手取物往往直接伸向物品，穿越空地走斜线等。这反映了在作业中，为了贪方便、图省事，也往往抱着侥幸心理，冒险采取捷径行为。又如在厂房内，若车间的安全通道与厂房主干道或出口不是直线相连或非常不便于进出时，作业者往往会直接从有限高度的设备或货物堆上翻越而过，极易引起事故。

当发生危险时，人类有一些共同的躲避灾难的行为。如发生火灾时，会采取离灾难最近的出口方向、顺着墙按左转弯方向、沿着进来的路线或走惯的路线进行躲避的行为。试验表明：当人体面临正前方飞来的危险时，为了不被击中，约有50%以上的人向左后方向躲避，约有25%的人向右后方向躲避，约20%的人未能及时做出反应或躲避不当。人们的躲避行为还带有从众性，即前面的人怎么躲避，后面的人跟着怎么躲避。

显然，这些因素在作业空间总体布局时，在通道、机器与堆放物品相对于通道的排列布置等有关部分的具体设计时，都是需要考虑的。

2）工作场所的性质。国内外许多人机工程学专家对此做了大量的研究，对不同岗位的作业活动空间尺寸作了一些参数要求，在此列举常用的几例。

a. 楼梯和斜坡道：选择楼梯和斜坡道的主要依据是结构的倾角。而这个倾角又依赖于可利用的空间和结构的限制。如图2-5所示。图中给出了这些结构的最佳和可接受的倾角。

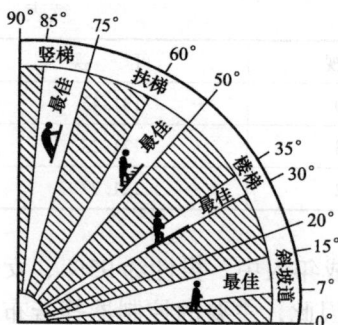

图 2-5 竖梯、扶梯、楼梯、
斜坡道允许及最佳倾角

楼梯和斜坡道设计不仅要结实，能同时承受得住人员的重量及其所能携带工具重量的总重量，并加上适当的安全系数，还要不导电、防裂、防滑、防化学腐蚀、无可能损伤人员的边棱、凹坑、毛刺等。为了保证人员安全、方便地通过，在尺寸上，应以第 5～95 百分位的人体参量作为设计依据，并加上着装装备等功能修正量。

楼梯是最常见的一种上、下通道。为了避免楼梯梯段过长，每层楼在 2.44～3.66m 高度范围至少应有一个平台，并建议每 10～12 个台阶有一个平台，楼梯台阶间应当均等。当人们需要携带大于 9kg 的物品登楼梯、或需登的楼梯不止两层高时，应该使用最大台阶宽度和最小台阶间距。楼梯尺寸如表 2-18 所示。

表 2-18 楼 梯 尺 寸

项　目		最　小	最　大
台阶升角		20°	50°
台阶宽度（mm）		240	300
台阶间距（mm）		125	200
楼梯宽度（mm）	单行楼梯	510	
	双行楼梯	1200	
扶手高度（mm）		760	910
扶手直径（mm）		30	75

在工作场所，常采用斜坡道装卸货物，如用人力将器材从一个高度滑到（或拉上）另一个高度。这时，斜坡道的尺寸必须考虑人的力量和安全性。斜坡道一般应用于 20°以下的斜坡上。对于 7°～20°间的斜坡，考虑综合利用斜坡道和楼梯。如果斜坡道用作人行道，除了应装扶手，在斜坡道全长上还应有至少宽 50mm、间隔 150mm 的防滑条。

b. 办公室：办公室是管理工作人员的工作场所。根据管理工作的性质和有关人员的主要心理特性与行为方式和作业环境影响的综合研究结果表明，在集体办公情况下，每个工作人员占用的最小面积为 5m²，空间为 15m³，最低高度为 3m。办公桌大小一般为 70mm×150mm；前后排列的办公桌间距为 80～

104

100mm；背向而坐的办公桌的间距为100～140mm。这样设计的办公室有利于管理人员安心工作和适当的相互交流。

c. 设计室：设计工作需要设计人员细心，精力集中，因此，应该提供更好的作业环境，极力避免他人的干扰或碰撞。从人机工程学角度出发，对设计工作岗位，推荐每个工程师的最小活动面积为6m²（不包括绘图桌），空间为20m³，最低高度为3m。从心理学角度考虑，还应该避免桌子顺序排列或面对面地排列等布置方式。

2. 安全防护空间距离确定中的应用

安全防护空间距离（简称安全距离）是保证设备上危险部位不被人体触及的最小尺寸间隔。它是贯彻GB 5083—1999《生产设备安全卫生设计总则》规定，首先采用直接安全技术措施，把生产设备设计成不存在任何危险隐患的一种既经济又有效的预防保障措施。这种安全距离有两个方面的考虑：① 防止人体触及机械危险部位的间隔；② 使人体免受非触及机械性有害因素影响的间隔。其中，后者（如超声波危害，电离辐射危害，冷冻危害以及尘毒危害等）安全距离的确定，主要取决于危害源的强度和人体生理耐受极限，前者机械防护安全距离的确定，主要取决于人体生理参数。

（1）机械防护安全距离的确定方法。对于机械防护安全距离的确定方法是首先将它分类，例如，分为防止可及危害部位的安全距离和防止踩空致伤的盖板开口安全距离。其中，防止可及危险部位的安全距离又包括以下三种：

1）上伸可及安全距离 S_{d1} 是指当双足跟着地站立，手臂上伸可及的安全距离数值；

2）探越可及安全距离 S_{d2} 是指在身体越过固定屏障或防护设施的边缘时，最大可及安全距离；

3）上肢自由摆动安全距离和伸进可及安全距离 S_{d3} 是指人的肢体不小心穿越网状或栅栏形状防护罩或防护屏的孔隙时，防止可能触及危险部位而产生伤害事故的安全距离。

而防止踩空致伤的盖板开口安全距离是指常见的电缆沟、排水沟等设施的盖板上保障不使人从开口踩空发生坠落事故，或下肢的某一部分嵌入开口引起挫伤、扭伤、甚至骨裂事故的盖板开口最大间隙，它分为条形开口和矩形开口两种，如图2-6所示。

然后，可查有关手册表或用公式计算确定它们的大小。例如，防止踩空致伤的盖板条形开口的安全距离不大于35mm；盖板矩形开口的安全距离，长不大于150mm，宽不大于45mm。

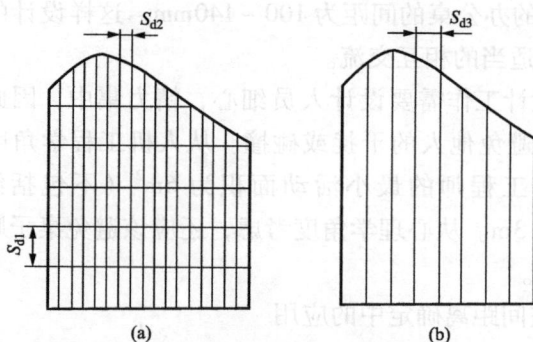

图 2 - 6　脚踏盖板安全距离
(a) 矩形开口; (b) 条形开口

而机械防护安全距离的通用公式可叙述为机械防护安全距离等于身体尺寸或最大可及范围与附加量之代数和，即

$$S_d = (1 \pm K)L \text{ 或 } S_d = (1 + K)R_m \qquad (2-5)$$

式中　S_d——安全距离，mm;

　　　L——人体尺寸，mm;

　　　R_m——最大可及范围，mm;

　　　K——附加量系数。

由于安全距离直接关系到人体的安全与健康，在人体尺寸和最大可及范围的选取时，应采用第 99 百分位上男女二者中较大的数值作为最小安全距离的设计依据。采用第 1 百分位上男女二者中较小的数值作为最大安全空隙的设计依据，这样可以保证 99% 以上的人的身体不会进入危害区域内部。同时，为了保证人体不会触及危险区域的界面，还必须在人体尺寸或最大可及范围的基础上加上一个量（即安全余量），用 K_L 或 K_{R_m} 表示。其中在计算不允许身体触及的最小安全距离时用加号，在计算限制身体通过的最大安全间歇时用减号，附加量的大小还需考虑经济因素，参照国内外研究资料，附加量系数 K 可以按照表 2 - 19 选取。

表 2 - 19　　　　　　　身体有关部位附加量系数

身体有关部位	K
身高等大尺寸	0.03
上、下肢等中等尺寸；大腿围度	0.05
手、指、足面高、脚宽等小尺寸；头胸等重要部位	0.10

公式中的安全距离 S_d 是根据人体的裸体测量数据得到的。实际应用时，还应考虑不同环境所要求的着装等因素。

（2）人体与带电导体的安全距离。由于向设备提供动力和工作照明的需要，在工作场所，常常有配电设施、电线电缆和电气开关等。这些电器设备虽然有绝缘和其他安全措施，但仍然存在着对人体的潜在威胁。因此，人体与带电导体应保持一定的安全距离，以避免各种电气伤害。

人体与带电导体间的安全距离视电压的高低和操作条件而定，也可在有关手册中查取。例如，在低电压中，人体与带电导体至少应保持 100mm 的距离。在高压无遮操作中，人体及所携带工具与带电体之间的最小距离为：10kV 以下者不应小于 700mm，20～35kV 不应小于 1000mm。用绝缘杆操作时，应装临时遮栏。在线路上工作时，人体与邻近带电体最小距离为 10kV 以下不应小于 1000mm，35kV 不应小于 2500mm。

3. 作业环境设计中的应用

在人机系统中，作业环境占有相当重要的位置。环境因素组合得当，则可保证系统安全、高效、经济。影响人作业的环境因素主要有物理性质的和物化性质的。如照明、颜色、温度、噪声、高频电磁波、气体等。现举例讨论如下。

（1）照明。照明与工作效率、事故发生率有着直接关系。研究表面，当照明不良时，因反复努力辨认，易使视觉疲劳，工作不能持久。眼睛疲劳会出现：眼疼、怕光刺眼、视力模糊、眼充血、出眼屎、眼睛乏累、流泪等一个或几个自觉症状。眼睛疲劳还会引起视力下降、眼球发胀、头痛以及其他疾病而影响健康，降低工作效率，容易造成工作失误或事故。事故统计资料表明，事故产生的原因虽然是多方面的，但照度不足也是重要的影响因素。如我国大部分地区，在 11 月、12 月、1 月这三个月里白天很短，工作场所人工照明时间增加。和自然光照明相比，人工照明的照度值较低，因此事故发生的次数在冬季有所增加。

进一步研究可知，随着照明的增加，人的视力能得到提高，因为亮光下瞳孔缩小，视网膜上成像更为清晰，视物清楚。当到达临界水平时，工作效率便迅速得到提高；在临界水平上，工作效率增长率平稳；超过这个水平，增加照明度对工作效率变化很小。照明也会影响人的心理反应，影响人的一般兴奋性和积极性，从而也影响工作效率。但是，照明提高到一定限度，可能引起目眩，从而会降低工作效率。因此，合适的照明即照度达到临界水平的照明，不仅能提高工作效率，还可以提高工作的速度和精确度，从而增加产量，提高质量，减少差错。舒适的光线条件，不仅对手工劳动，而且对要求紧张的记忆、逻辑思维的脑力劳动等，都有助于提高工作效率。试验表明，当一个人闭目思考时，他的思考能力会有所下降。总之，改善工作环境的照明，可以改善视觉条件、提高工作质量、减少废品、保护视力、减轻疲劳、提高工作效率、减少差错、避免或减少事故，有助于提高工作兴趣。

另外，人眼在亮度对比过大或物体及其周围背景发出刺目和耀眼光线时，即在眩光状态下，会缩小瞳孔而降低了视网膜上的照度，并在大脑皮层细胞间产生相互作用，使视觉模糊。眩光在眼球介质内散射，也会减弱物体与背景间的对比，造成不舒适的视觉条件，进而导致视觉疲劳。夜间运行的汽车，当驾驶员为会车而将本车前灯变换到近光时，由于50m距离以外的路面照明急剧降低而引起"黑洞"效应，因而在5～10s的时间内将丧失识别障碍的能力，在这段时间里实际上是盲目行车，极易造成事故。

因此，在工作场所我们经常根据工作性质的不同确定照明的照度，表2－20列出了我国对一些工作场所的照度要求。

表2－20　　　　　　　　办公、学习场所对照度的要求　　　　　　　　lx

作业种类		照度	作业种类		照度
办公室	制图、打字、计算	400～200	住宅	书房	300～100
	一般办公室	200～100		会客室、卧室、厨房	100
	会议室、接待室	100～50	旅馆	会客室	200～100
学校	图书室、黑板面、制图室	200～100		大厅	100～50
	普通教室、一般实验室	100～50		走廊、厕所、浴室	60～30

案例2.11　颜色改变动机

在英国伦敦的泰晤士河上，有一座漆成黑色的大桥。一些因家庭、婚姻、失业、灾害等受到打击的人，寻求自杀时便来到这座桥上。久而久之，人们发现，在这座桥上投河自杀的人数要比其他桥上投河自杀的人数多得多。不少学者和有心人通过分析研究，认为与大桥的颜色有关。于是他们建议将大桥漆成绿色，结果奇迹出现了，在这座桥上自杀的人数减少了三分之一。这一现象的出现，引起了科学家们的注意。研究发现，人置身绿色环境中，皮肤温度可降低1～2℃，脉搏每分钟减少4～8次，呼吸减慢，血压降低，心脏负担减轻，表现出一副安静自若的神态，促使人更加冷静的面对现实。于是得出结论，绿色能缓和紧张，使人安静，一旦安静，便能充分思考，减轻自杀妄想，使前途闪现出光明，最终终止自杀行为。

（2）颜色。颜色是物体的一种属性。人们通过颜色视觉能从外界获得各种不同的信息。因此，颜色在人类生产和生活中具有重要意义。大量实践证明，颜色不是可有可无的装饰，而是一种可以利用的管理手段。好的环境颜色有助于提高工作效率，减少或避免差错，提高人对信号、标志的辨别速度，并且可以恢复人的视觉能力，减少疲劳。

1）颜色对人的影响。颜色可以引起人的情绪性反应，也影响人的行为，产生的原因之一是先天因素，其二是个体过去经验的潜意识作用。颜色对人的心理和生理影响较大。

2）色彩与功效。色彩的心理、生理作用和习惯好恶，造成色彩对功效的特殊作用。色彩好的环境，可使人心情舒畅，可减轻人的视觉器官的疲劳，从而提高功效、减少事故发生。

正确的颜色调节可以产生如下效果：① 增加明度，提高照明设备的利用率；② 能使被观察对象含义明确，容易识别，容易管理；③ 注意力集中，减少消耗，减少或避免差错和事故的发生，提高工作质量和工作效率；④ 发挥颜色对人心理和生理的作用，使劳动积极性提高，减少疲劳；⑤ 改善劳动条件，使环境整洁，有美感。

日常生活中我们常见到红色用来表示危险、禁止等；黄色表示小心、注意等，为了醒目也常和黑色一起使用；橙黄色用于防护罩的旋转部分，防轧伤；绿色用于表示安全、正常；蓝色常用于做标志说明等。

几种工作场所的色彩要求如下：① 对光线不足，易使人感到冷落的车间，涂白色、淡黄色、蓝绿色可造成明朗气氛；② 温度较高的车间，用草绿、浅蓝、蟹青等冷色合适；③ 温度较低的车间，一般采用朱红一类暖色较好；④ 噪声高车间，宜涂绿色、紫罗兰（有安静感）。

（3）环境温度。作业场所的环境温度是决定人的作业效能和健康的重要影响因素。人所处的环境温度主要包括空气的温度、湿度、气流速度（风速）和热辐射四种物理因素，一般又称微小气候。热辐射主要的辐射源有红外线、火焰、熔炉等，红外线不能直接使空气加热，但可使周围的物体加热。

在作业过程中，不适当的气候条件会直接影响人的工作情绪、疲劳程度与健康，从而使工作效率降低，造成工作失误和发生事故。

环境温度的各物理因素之间是互相影响和互相联系的，即某一因素变化对人体造成的影响常可由另一因素的相应变化所补偿。例如，湿度增高所带来的影响可由风速的增大来抵消等。

1）环境温度对人的影响。当气温低于21℃时，人一般不出汗。随着气温的增高，出汗量逐渐增加，这时温度的影响也愈来愈大。在气温低于皮肤温度（35℃）时，空气的流动则能增加人体的散热。而当气温高于皮肤的温度时，情况就比较复杂了。一方面空气的流动能增加人体的散热，而另一方面通过对流的方式，又使人体吸热增加，而且气温愈高，吸热量就愈多。因此，环境温度因素对人体的影响要进行综合的分析。

a. 空气温度对人体的影响。气温在15.6~21℃时，是温度环境的舒适区段，在这个区段里，体力消耗最小，工作效率最高，最适宜于人们的生活和工作。不过，对不同性质的工作和习惯的人，这个区段值有所不同。如对习惯于空气调节环境下工作的人的测定，最佳有效温度（有效温度是指人在不同温度、湿度和风速的综合作用下所产生的热感觉指标）是27.6℃。当有效温度为30℃时（空气温度约为35℃），工作效率就显著下降。但是，对不习惯于空气调节环境下工作的人，他们在有效温度为18~21℃的时候出现最佳工作效率，而当有效温度为27.2~30℃时，工作效率明显下降。办公室的室温宜在19.5~22.8℃之间。一般认为20℃左右是最佳的工作温度；25℃以上时人体状况开始恶化（如皮肤温度开始升高，接着出汗，体力下降，心血管和消化系统发生变化）；30℃左右时，心理状态开始恶化（如开始烦闷、心慌意乱）；50℃的环境里人体只能忍受一小时左右。

b. 湿度对人体的影响。空气相对湿度对人体的热平衡和温热感有重大的作用，特别是在高温或低温的条件下，高湿对人体的作用就更为明显。在高温高湿的情况下，人体散热困难，使人感到透不过气来，若湿度降低，就能促使人体散热而感到凉爽；低温高湿下，人会感到更加阴冷，若湿度降低，就会有增加温度的感觉。在一般情况下，相对湿度在30%~70%之间为人体舒适区。

c. 气流速度（风速）对人体的影响。空气的流动可促使人体散热，这在炎热的夏天则可使人感到凉爽。但当气温高于人体平衡温度时，空气流动的结果是促使人体从外界环境吸收更多的热，这对人体热平衡往往产生不良影响。在寒冷的冬季，气流使人感到更加寒冷，特别在低温高湿环境中，如果气流速度大，则会因为人体散热过多而引起冻伤。

在热环境中还有一个重要的感觉，就是空气的新鲜感。据测定，在舒适温度区段内，气流速度达到9m/min时，即刻感到空气清新、有新鲜感。而在室内，即使室温适宜，但若空气"不动"（速度很小），也会产生沉闷的感觉。

d. 热辐射。任何两种不同温度的物体之间都有热辐射存在，它不受空气影响，热量总是从温度较高的物体向温度较低的物体辐射，直到两物体的温度相

110

平衡。热辐射包括太阳辐射和人体与其周围环境之间的辐射等。

当物体温度高于人体皮肤温度时，热量从物体向人体辐射而使人受热，这种辐射一般称为正辐射。反之，当热量从人体向外界物体辐射，使人体散热，我们称这种辐射为负辐射。人体对负辐射的反射性调节不很灵敏，往往一时感觉不到；因此，在寒冷季节容易因负辐射而丧失大量热量受凉，产生感冒等。

e. 高温对人的影响。长期高温环境作业者，血压易偏高，也易引起消化道疾病。温热环境对中枢神经系统具有抑制作用。表现为大脑皮层兴奋过程减弱，条件反射的潜伏期延长，注意力不易集中。严重时，会出现头晕、头痛、恶心、疲劳乃至虚脱等症状。在心理上主要表现为心慌、闷热等感觉上的不适。以上这些反应，将会使操作失误增多、事故发生率提高。

f. 低温环境对人的影响。人体在低温下，皮肤血管收缩，体表温度降低，使辐射和对流散热达到最小的程度。在严重的冷暴露中，皮肤血管处于持续的极度的收缩状态，流至体表的血流量显著下降或完全停滞、心脏负担加重，心情紧张，操作上表现为力不从心。当局部温度降至组织冰点（-5℃）以下时，组织就发生冻结，造成局部冻伤。此外，最常见的是肢体麻木，特别是影响手的精细运动和动作的协调性。手的触觉敏感性的临界皮肤温度是10℃左右，操作灵巧的临界皮肤温度是12~16℃之间，如果手长时间暴露于10℃以下的环境中，手的操作效率就会明显降低。这些表现不仅会影响人的身心健康，而且会影响工作效率和增大事故发生率。

2）作业场所的适宜温度。为了给工作人员创造舒适的工作环境，以提高工作效率和减少事故发生，应尽可能进行人工调节温度环境，通常可进行温度、湿度、风速等综合调节，使作业场所的有效温度符合表2-21所示的规定范围。

表2-21 　　　　　　　　　　**不同作业的有效温度**

作业种类	脑力作业	轻体力作业	体力作业
舒适温度（℃）	15.5~18.3	12.7~18.3	10~169
不舒适温度（℃）	23.7	23.9	21.1~23.9

（二）在电力企业班组中的应用

对班组长而言，怎样关心自己工作环境的人机工程学应用问题呢？现在提供一种"人机工程学评价检查单"，如表2-22所示，供大家参考。在现场进行安全监督工作时，一般可以同时利用这份检查单对照，逐项检查，从

111

而对影响作业的各种因素、工作者能力的发挥情况、作业对人的生理—心理影响等进行分析，以发现该工作系统中存在的人机工程学问题，提出改进措施。

表 2－22　　　　　　　　工作系统的人机工程学评价检查单

检查项目	检查标准
1. 关于作业空间	1）有足够空间使工作者进行作业，采取满意的姿势，并能随意变换姿势；尽量避免频繁的前屈姿势和不必要的步行或升降运动；避免长时间站立，对不必始终站立的作业，应放置座椅，座椅高度应对坐立都合适
	2）有足够空间放置作业必需的文件资料，并易于存取；也有足够空间放置拆下的设备和维修用品
	3）出入口、走廊、过道都有适当高度和宽度；按规定设置了非常出口，并有明显标志；电梯宽敞、数量足够
2. 关于信息接受和操作工具	1）工作者能及时得到作业必需的信息，不多也不少；仪表布置应使操作的手不妨碍观察仪表；各种标志应简单明了；警告指示应置于引人注目的地方
	2）操作工具分类放置在规定地方，最常用或正在用的工具放在手能摸到的范围内；应急用工具必须配备齐全，而且要在形状、大小、颜色上易于辨别
	3）操作柄和手轮的设置应尽量不改变操作者体位，方便操作；开关、操作柄的操作方向（前后、上下、左右）应与所操纵的机器动作方向一致；用力大的手柄同手接触的面积要相应增加；工具的形状大小，应使操作者触摸到即能凭触觉识别
	4）原则上只在双手都被占用时才用脚操作，应避免站着进行脚踏作业（安全与卫生要求的脚踏、脚踢作业除外）
	5）每个工作者对控制盘的监测和操作范围应适宜；不同的信息尽量避免在同一地方显示
	6）工作者万一错误地接收信号或者错误地操作，其结果应能立刻觉察到，并且能及时纠正
3. 关于环境因素	1）环境使工作者感到舒适，如：气温、湿度、通风条件适宜，对噪声有隔声、消声措施，整体照明和局部照明对比适当，采光、照明与作业性质相适合
	2）采取适当手段，使振动机件的振动不妨碍作业，尽量抑制粉尘飞扬，使有害物质不伤害皮肤和有关器官，使人员受放射性照射，或使照射剂量低于允许水平
	3）人人明确发生灾害时的救急规程和必要措施
	4）定期进行环境监测，妥善地维护和管理各种防护用具和设施

检查项目	检 查 标 准
4. 关于作业方法和作业组织管理	1）人员的工作责任及每日工作负荷要适当。工作的单调性不致造成痛苦，在工作负荷规定中，应对身体有缺陷的人给予特别照顾
	2）充分保证休息时间，包括用餐时间；不要连续数日深夜工作，以免过分持续紧张，造成人为痛苦和失误
	3）减轻工作者的搬运作业，只在不得已时才用人力移动重物。尽可能利用机器或重力移动物品；需要人力移动时，避免上下移动而改为水平移动
	4）操作动作最好带有自然的节奏性和自动性
	5）建立人员工作绩效管理制度，分析人失误的根本原因，研究减少人失误的改进措施，及时进行经验反馈工作
	6）进行必要的培训和再培训，使工作者不断提高业务技能和应急能力
	7）鼓励提出改进工作的合理化建议，并及时落实
	8）多人共同的工作应该分工明确，互相联络良好，彼此关系融洽，团结合作

第四节　现代企业安全文化简介

案例2.12　企业文化的魅力

某供电公司一位职工的工作感言：在车间当工人的时候，最喜欢的是一幅安全挂图——"叔叔阿姨，您鲜花般的孩子正等着您回家"。每天看着，总能浮现出女儿的大眼睛和笑脸。于是，心中便多了几许感激：感谢孩子、感谢生活、感谢工作。于是，总能调节好自己的情绪，想想今天工作中的注意事项。

案例2.13　海尔企业文化的力量

众所周知，国企的改革难度很大，难在人的思想、行为的改变上。然而，海尔在20世纪80年代就开始推行和发展自己的管理模式。当年兼并青岛洗衣机厂时，只派了3个人去，一位总经理、一位总会计师、一位企业文化中心经理，他们用海尔的企业文化、海尔的管理模式进行工作。开始时，有二十几人上街闹事，排斥这种管理模式，理由是原来工资很少，可以不干活，现在工资虽然是过去的几倍，但是这么严格的管理使人受不了。公司派去的负责人通过给大家分析利弊，最后由全体职工自己讨论决定，同意接纳这种管理模式。实施的结果是短时间内就使被兼并的洗衣机厂扭亏为盈，救活了这个企业，显示出海尔企业文化的力量。

启示：

（1）企业的发展转变，其实就是新旧文化的碰撞，就使人的思想、行为的改变、发展，就是建立新型企业文化的氛围。

（2）联系安全生产的实际，要杜绝出现一种企业大讲、特讲安全生产，而员工却习惯性违章不断的怪现象，就必须走出传统管理的模式，建立起新型的企业安全文化氛围，转变员工理念、规范作业行为，尽快做到全员自主管安全。

一、概述

近20年来，出现了一种深受学者和企业界关注的企业文化理论和企业文化管理方式，它们反映了现代化的生产规律，标志着企业管理理论和以这种理论为指导的实践进入了一个新的发展阶段，标志着一种新兴管理科学的诞生。而企业安全文化则是企业文化的重要组成部分，是企业安全生产经营方面的管理理论和方法。

（一）企业文化的涵义

广义的企业文化通常认为是企业在长期的发展过程中，由员工创造并逐步形成的、能够推动本企业发展壮大的、本企业所特有的意识形态和物质财富的总和。实际上，它包括硬文化和软文化两大类。企业硬文化是指企业的物态文化，如企业的环境、设备、厂房、产品、商标、包装等；企业软文化是指企业的组织结构、工艺制度、管理制度、行为规范以及以认识论和价值观为中心的观念形态文化。而狭义的企业文化则特指企业软文化。

企业中的工作领域众多，企业文化又可以根据企业中的不同工作领域分为营销文化、质量文化、安全文化、广告文化等。企业安全文化是企业安全生产经营领域中的一种文化现象。

（二）企业安全文化涵义

企业安全文化的基本涵义是指企业在长期的安全生产经营过程中逐步形成的、占据主导地位并为全体员工认可和恪守的共同价值观念和行为准则。这种共同价值观念和行为准则是在注重企业安全管理技术和方法的基础上，更多地强调企业安全生产赖以存在与发展的精神环境，重视"人"在现代企业安全生产经营中作用而逐步树立的。因此，加强企业安全文化建设，就是要主动开发和正确凝聚人们在企业安全工作中的价值、道德、信念、情感等精神力量，激发职工搞好安全生产的积极性和创造性，从而保证企业安全生产经营，实现安全生产目标。

二、电力企业安全文化的结构

企业安全文化以企业的安全生产经营活动为中心，由观念层、制度层、物质层（也叫深层、里层、表层）三个层次组成。因为，企业安全文化是从企业安全生产经营过程中产生和发展的，反过来它又促进企业生产与经营的安全和发展，使企业获得较好的经济效益和社会效益，因此，企业安全文化必须紧紧地围绕企业的安全生产经营这个中心来运转和建设，否则它就不是企业安全文化。

（一）企业安全文化的观念层文化

它是指企业在安全生产经营过程中，逐步形成的反映企业安全方面的共同价值观念。主要包括企业经营宗旨、安全生产方针和优质服务精神以及良好的工作作风等，其中电力安全生产方针是安全文化理念的核心。其他的理念都是围绕电力安全生产方针，为了解决安全生产工作中某种矛盾或协调某种关系所应当遵循的安全生产价值观或准则。当前，电力企业安全文化的理念包括以下主要内容：

（1）"人民电业为人民"是电力行业的经营宗旨。它集中反映了电力企业的性质和根本方针，体现了电力企业的生产目的和广大人民群众的根本利益。"人民电业为人民"也是电力企业各个部门、每个员工应有的正确思想观念和行为准则。如山东电力集团公司"彩虹工程"的核心就是坚持"人民电业为人民"的宗旨，它生动地突出了为客户服务的思想，也是"人民电业为人民"的集中体现。因此，搞好企业安全文化建设，必须紧紧把握电力行业要为社会各行各业和人民群众竭诚服务这个中心，长期不懈地抓好"彩虹工程"的建设，保证安全可靠供电，一切从用户利益出发，努力实现"人民电业为人民"的宗旨。

（2）"安全第一、预防为主、综合治理"是电力生产必须坚持的根本方针。电力工业在国民经济中的重要地位和电力产供销同时完成的特点，决定了电力生产安全的极其重要性。电力工业的安全生产直接关系到国民经济发展速度的快慢，关系到人民生活水平的高低、关系到电力企业效益和员工切身利益的好坏，因此，提高发供电安全生产水平，保证人身健康安全工作、保证电网和设备安全经济运行是电力企业必须努力完成的基本任务。同时，从电力行业生存和发展的客观历程看，除不可抗力外，一切事故都应该是可以预防、控制和避免的。也就是说只要积极预防，综合治理，电力安全生产是完全可以做到的。因此，"安全第一、预防为主、综合治理"的根本方针就是企业安全文化观念层的核心，电业员工必须始终不渝地坚持这个方针，持续不断地强化安全生产意识，以良好正确的行为保证安全生产。

（3）"努力超越、追求卓越"是电力行业的企业精神。其实质就是要求电业职工应该牢固树立客户至上的观念，把客户的利益看作至高无上，把"始于客户需求，终于客户满意"变为自觉行动，坚持优质服务，从客户的利益出发，想客户所想，急客户所急，解客户所难，把工作做得好了更好。而贯彻落实这种精神的基本要求就是保证生产经营的安全与可靠。与此同时，这精神又指导电业职工在先进设备、复杂系统中，面临任何一个环节出了问题都可能影响全局的高风险环境里工作时，如何提高自身素质和能力，逐步养成严格要求、细心工作的习惯，培养精益求精、一丝不苟的工作作风，努力超越自我，争取一流的业绩，追求电力企业本质安全的安全目标。所谓本质安全就是指依靠科技进步进行安全技术基础研究，实现从传统的"要人安全"的管理方式向现代的"人、电网、设备、环境、制度本身就安全"的本质转变，从而使各类事故降到最低，最终在实现企业零事故的本质安全条件下，出色地完成工作目标。因此，企业安全文化建设中应该认真贯彻落实这种企业精神，确保企业的安全生产经营长治久安。

此外，还有前面所述的"三全综合治理"、"法规制度化"、"以人为本"等管理理念，都是电力企业职工应具有的安全生产价值观念，是电力企业赖以生存和发展的安全精神支柱。

（二）企业安全文化的制度层文化

企业安全文化的制度层文化是企业在安全生产经营过程中，逐步形成的反映企业安全方面的安全决策、规章制度、行为规范和组织体系。它是人与物、人与企业安全运营制度的结合部分；既是人的意识与观念形态的反映，又是由一定物的形式所构成；既是适应物质层文化的固定形式，又是塑造观念文化的主要机制和载体。

电力安全方面的规章制度、行为规范和组织体系，是电力职工经过长期生产实践从大量的经验教训中总结出来的，很多是用生命和血的代价写成的。它是电力职工对电力安全生产客观规律的正确认识的科学总结，具有科学性、可操作性和强制性。当前，电力企业制度层文化的具体内容是实现安全生产的决策科学化、管理制度化、现场作业标准化和组织系统化。电力职工只要认真学习掌握并在生产工作中严格贯彻执行这些内容，就能掌握安全生产的主动权，避免因违反电力生产客观规律而发生事故。

电力企业安全生产决策，就是为了安全生产，针对工作中的问题，通过认真地调查研究和资料分析，拟定多个解决方案，并对可能会出现的种种结果进行论证、评估，从中选出一个最有效的方案，并付诸实施和进行修正完善的过程。它分为三个层次：① 企业安全生产决策层，由企业主要领导组成，主要决策人力、物力、财力资源的合理配置，安全生产激励方法与手段，以期实施对安全生产的宏观调控作用。② 部门安全生产决策层，由分管领导会同有关部门，根据国家标准和企业标准及各类规章制度，结合本企业的安全生产实际情况共同研究完成。主要决策安全生产组织、技术和安全措施，以便保证企业安全生产方案的实施。③ 以现场作业为主的工作决策，它是一种微观决策，由现场作业领导人依据有关规章制度来完成，主要决策实施现场作业的工艺方法等，以保证所承担安全作业目标完成，来确保企业安全生产整体决策方案的完好实施。但是，无论哪个层次的决策都必须遵循科学化的决策程序，即按发现问题，确定目标；收集资料，拟定方案；分析评估，择优完善；实施方案，反馈调整四个过程进行。并要求决策时不能教条式地理解和机械式地照搬，应根据问题的性质和重要程度，突出重点，必要时可以省略某个阶段；规定决策的方案必须满足国家法律法规、国家和行业有关标准，以及本企业的实际；必须能调动广大安全生产人员的积极性，使企业的资源得到合理配置，投入有效；使安全生产的绩效得到不断改进。

电力安全生产管理内容涉及面广，不可预见的影响因素多，所起作用非常关键，因此必须使其制度化。所谓制度化就是要求在安全生产管理中，力求一切方法、手段、程序都以规章制度的形式确定下来，逐步建立一整套大家公认的，经过长期实践考验的比较完善的安全生产管理制度，并树立"制度至上、执行是金"的理念，要求全体员工共同遵守，人人按章办事，克服人治的不良习俗，做到依法治理安全生产的过程。安全生产制度化后，管理就不会因人而异，也不会因管理对象的改变而改变。在管理中，不管管理人员或管理对象如何变动，只要严格按管理制度办事，提高执行力，电力安全生产都能有序进行，稳定、安全、可靠的局面就能得到保证。电力企业安全生产管理制度主要包括依据劳动法、安全生产法等法律法规制定的符合本行业、本企业实际的安全生产各种规章制度和各种安全活动，如安全生产责任制、安全生产管理制度、安全工作规程、事故调查处理"四不放过"制度等都属于安全生产的规章制度。安全活动则包括安全日活动、综合性安全评价、安全大检查、召开现场事故分析会、举办事故展览和典型事故分析、举办安全演讲和文艺演出、举办安全讲

117

座、开展安全竞赛活动等。通过规章制度来规范约束员工的行为，通过安全活动来教育员工增强安全意识、指导督促安全工作，保证安全生产。

电力企业安全生产现场作业行为标准化就是以电力企业现场生产、技术活动的全过程及其要素为重要内容，按照电力安全生产的客观规律和要求将作业工作过程以制度的形式制定标准，并严格按标准执行的组织活动。它包括运行、检修、基建及物资供应、现场监督等全过程的宏观安全控制；以及每项专门作业从计划到作业指导书的制定，从工作准备到办理工作票、以及具体作业操作与安全检查监督等全过程的微观安全控制。实施现场作业行为标准化的目的是通过科学的标准化管理将作业过程的安全、技术、质量措施细化和量化，并固定下来。要求不管是谁，只要是工作内容相同，则都应遵循同一工作方法，同时规范作业人员的行为和作业现场物件、环境的状态，保证现场每一位作业人员与作业对象与环境的安全，以做好每一项现场工作来保障电力企业的安全生产。

电力企业安全方面的组织体系是指安全生产保证体系和安全生产监督体系。包括：思想保证系统（党、政、工、团组织贯彻"人民电业为人民"宗旨、"安全第一"方针）；组织保证系统（落实安全生产责任制、安全监督制、三级安全网工作制）；教育保证系统（人员安全教育技能培训、安全素质考核、安全日活动管理等）；管理保证系统（完善会议汇报制度、规程及其管理制度、安全检查制度、信息反馈及管理等）；激励系统（包括安全目标管理，各种指标管理、安全竞赛、安全奖惩、违章违制处罚等）。

（三）企业安全文化的物质层文化

企业在安全生产经营过程中，逐步形成的作为安全生产观念载体和安全生产外部形象的那部分物质，叫做物质层文化。其中安全生产观念载体由电力企业安全标志和安全警示线组成。电力企业安全标志是在电力生产作业场所或电力设施保护区域内显示安全的某种特征的记号。通常包括："禁止合闸，线路有人工作"、"禁止使用无线电通信"等禁止或制止人们可能诱发事故行为的禁止性标志牌；"止步，高压危险"、"当心坠落"等提高人们警惕存在危险的警告性标示牌；"必须戴安全帽"、"必须戴防护帽"等强制人们必须作出可以防止事故或减小损失行动的指令性标示牌；以及"在此工作"等提供状态之类信息的指示性标示牌组成。电力企业安全警示线是表示在地面、警醒或提示人们采取某种行为的安全标识，主要有禁止阻塞线、减速提示线、安全警戒线、防止踏空线、防止碰头线、防止绊跤线等（详见《电力生产企业安全设施规范手册》）安全标准色。电力行业一般用红色警示注意安全。

对电力企业来说，良好的安全生产形象有利于电力企业改善外部环境和服务安全生产。它包括电力产品和文明生产。如果能向客户提供稳定、合格、连续不断的可靠电力，客户就会对电力产品与服务感到满意，满意的客户往往会加倍的爱护提供电力的各种设施，改善电力设施的状态，有利于电力安全生产良好局面的持续稳定，这就是良好电力代表电力企业的形象的魅力所在。而文明生产是指生产发展到较高阶段和具有较高文化的生产。文明生产的企业一定是个厂容厂貌整洁规范、员工服饰现代且符合安规要求、生产环境干净舒适安全的企业，它们直接反映了企业的安全文化，因此它是电力企业安全文化的主要外在表现形式。同时，良好的安全文明生产氛围既能减少噪声、振动、空气中的粉尘等有害物质对员工的危害，防止诱发职业病，从而保障员工身体健康；又能唤醒员工的安全意识，促使员工遵章守信，按制度办事，减少违章行为的发生。此外，安全文明生产使作业场所的物流清楚、道路畅通，应急求生路线明确，安全器具放置定位，从而有效地保障现场的安全生产；还能使员工身心愉快，精力集中，提高工作效率，减少失误。因此，它又是电力企业现场安全生产管理的主要内容。对电力企业言，文明生产主要有以下四项基本内容：

（1）要求在岗职工服装符合安全规程的规定，佩戴标志，坚守岗位，秩序井然。

（2）对设备要求标志齐全、清晰、介质流向清楚；设备见本色，安全防护设施符合要求，管道保温良好、规范，电源、仪表控制盘柜内外干净整洁，电缆沟内无积水、杂物，孔洞盖板完好，遮拦、栏杆齐全，主要设备无严重漏水等。

（3）对生产管理的台账、记录和各种数据准确、及时、完整，文字公正。班容班貌好，办公室、休息室、更衣室干净整齐。

（4）要积极开展作业现场5S管理，它由日文SEIRI（整理）、SEITON（整顿）、SEISO（清扫）、SEIKETSU（清洁）和SHITSUKE（修养）五个单词中首个字母组成。它们的含义如下：

1）整理。即将现场的各种物品区分为必要和不必要两类后，把不必要的物品从工作现场彻底清除，废弃或放置在别处保管。

2）整顿。对必要的物品分门别类，按照规定的位置，摆放整齐，并加上标识，以便在作业时方便使用的地方进行标准化管理。

3）清扫。清除工作场所内的脏污，并防止脏污的发生，保持工作场所的干净。让良好的环境带来良好的心情，以减少甚至可能杜绝事故和废品的发生。

4）清洁（保持）。清洁是指把上述3S实施的做法制度化、规范化，并贯彻执行及维护，使作业现场维持长期的卫生。

5）修养（也称素养或教养）。修养是指培育员工养成遵章守信、讲究卫生、规范作业的良好习惯，营造团队精神。

三、电力企业安全文化建设

目前电力企业安全管理已经达到较高的水平，要依靠传统的管理方法来提高安全生产的绩效非常困难。随着企业的改革和发展，许多深层次矛盾的解决已迫在眉睫，不能等待企业安全文化自然而缓慢的演进。因此，当务之急的是必须加速电力企业安全文化的建设。

电力企业安全文化源于电力企业几十年的电力生产实践，已经基本形成比较完善的安全生产管理、观念与行为模式，并在电力企业安全生产中发挥了巨大的潜在的作用。尤其是20世纪末，我国电力企业运用系统工程学理论指导，将分散的观念进行客观地分析比较，继承弘扬其中积极的观念，改进甚至废弃不完善的、落后的观念，初步形成系统的理论性较强的电力企业安全文化，揭开电力企业安全文化建设萌芽期的序幕。因此，当前电力企业安全文化的建设是在一个已经存在某种思想观念及行为习惯的群体中进行，其实质是一个充满矛盾、冲突的新、旧两种思想观念及行为方式的痛苦斗争过程。要加速这个过程的首要条件是加强电力企业领导对安全文化的倡导；其次要从电力企业的安全生产实际出发，针对本企业的实际，继承和发扬对电力企业安全生产具有积极作用的安全生产价值观和新理念，纠正和完善那些对电力企业安全生产有不良和消极作用的陈旧观念与习俗，发挥电力企业安全文化力的作用，不断提高电力企业安全生产的绩效。其具体步骤如下。

1. 电力企业安全文化建设策划

策划是主意的设计。电力企业安全文化建设策划就是建设主意的设计。它通常分为企业安全生产观念状态的初始评估和安全文化内容确定两个过程。

（1）电力企业安全生产观念状态的初始评估。它首先组织专门的专家组收集近几年关于该企业制定的各类安全生产规章制度和广大职工的看法、目前企业的安全生产需要、安全生产环境状况、员工的安全生产行为等安全生产情况方面的资料，然后从企业观念层、制度层和物质层三个方面进行初始评估。目的是找出那些积极的，能界定、指导和解决电力企业安全生产过程中各种矛盾，能协调电力企业安全生产过程中各种关系所遵循的安全生产价值准则和理念；改进、完善甚至删除那些陈旧、落后的价值理念，从而为安全文化内容确定提供科学、准确的资料。

（2）电力企业安全文化内容的确定。它是在上述初始评估的基础上根据电力企业安全生产的需要，领导者要实现的安全管理意图决定。并要求在确定中遵循符合法律法规要求，具有本企业特色，能调动员工安全生产工作积极性的基本原则。当前，电力企业确定的安全文化内容应该具有以下内涵：

1）处理和协调电力企业安全生产工作与其他工作关系的价值准则，"安全第一、预防为主、综合治理"的电力安全生产方针。

2）处理和协调企业安全生产与员工的利益关系时的价值准则，在管理上风险与利益共享，在体制构筑上实行共赢平台。

3）在落实安全生产责任制价值准则上，实行责权利匹配。

4）在管理主体上，实行人本管理，在生产指挥体制上构筑等级差别。

5）在员工素质培养上实行管理者与被管理者互动，在体制构筑上实行敬业进取。

6）处理和协调相互之间的关系时建立契约体系，强调制度至上，倡导团队精神。

7）在保证安全生产、控制发生生产事故方面要以预防为主，实行科学管理，建立先进的安全生产管理体系，完善安全生产长效机制，健全安全生产应急救援机制。建立安全生产风险评估体系的事故预警机制。

8）在安全生产工作作风上倡导求真务实。

9）在安全生产工作行为上，实行决策行为科学化准则，管理行为制度化准则，现场作业行为标准化准则。

10）安全物质文化上，营造安全生产氛围。树立良好的安全生产形象，建设舒适的安全生产环境。

2. 电力企业文化的实施

电力企业安全文化是一种新型的柔性管理模式。它与传统纯制度式刚性管理的主要差别是具有三个突出的作用，即提供正确安全生产价值观、信念、情感、道德、行为准则等健康精神气氛的导向作用；增强员工认同感、归属感和安全感的激励作用；以及促进员工自觉行动，达到自我控制、自我协调的内部粘接作用。因此，电力企业安全文化实施就是指为了促进企业广大员工接受并自觉运用安全文化做好本职工作，充分发挥电力安全文化的三大作用，保证企业安全生产取得更佳绩效所开展的形式多样、生动活泼的宣传教育，耐心检查指导，严格考核奖惩等一系列活动。在这种活动中，应该注意以下几点：

（1）同步进行电力企业文化建设与企业体制改革，做到体制改革的同时及时地更新员工的价值理念。

（2）采用召开研讨会、提合理化建议、利用报刊杂志及网络等加大安全文化的宣传力度，充分调动广大员工参与的积极性，营造电力企业建设安全文化的氛围，加速员工价值理念和行为准则的更新。

（3）要从电力企业安全生产目标、体制设计、安全生产的有效投入及员工利益的分配等全面地贯彻执行企业安全文化，做到严格要求，坚持贯彻，信守承诺，避免使企业安全文化成为空洞的口号。

（4）企业各级领导都应亲自实践自己赞同培植的那些安全生产价值观和行为准则，带领员工积极参与和努力探索，持之以恒地献身于电力企业安全文化的建设之中。

3. 电力企业安全文化的完善

电力企业安全文化建设是一个复杂的系统工程，由于受时间、人员、资金、环境等诸多因素的影响，其建立之初就必然存在一定的不足之处，加上人们对文化的认识过程以及安全生产环境的客观变化，都会迫切要求企业安全文化的价值理念和行为准则做出相应的调整。因此，要保持企业安全文化的先进性，就必须对原有企业安全文化的不足进行不断改进，加以完善。其主要步骤如下：

（1）电力企业安全文化评估。要改进电力企业安全文化，必须采用评估的方法找出电力企业安全文化存在的不足。它通常是请企业高管或专家实施，主要从观念层、制度层和物质层进行评估，评估安全生产活动和绩效是否符合安全生产制度的安排；安排是否得到有效实施；实施的安全文化是否被大多数职工所接受；职工的安全意识是否得到加强，能否变要我安全为我要安全，企业员工的安全生产行为是否满足安全生产的要求。

（2）电力企业安全文化改进。改进就是电力企业对评估发现的问题提出解决措施，然后按定人、定质、定时、定成本的要求处理问题的过程。

电力企业就是这样通过定期或专门的评估——改进过程来实现安全文化完善的，同时又以持续不断的完善来保证企业安全文化更好地适应企业安全生产不断发展的需要。

本章重点提示

一、安全系统工程

安全系统工程是采用系统工程的方法通过分析、评价系统安全状态，通过调整工艺、设备、操作、管理、生产周期和费用投资等因素，控制系统中的不安全因素，使系统发生的事故减少到最低限度，达到最佳安全状态的一门学科。

1. 安全系统工程学应用的基本程序

确定系统、明确范围→调查、收集资料→分析系统的单元划分→分析、辨识、评价危险性→确定危险性等级→制定安全技术措施。

2. 危险因素产生的根本原因

危险因素产生的根本原因是能量、有害物质的失控。这些失控主要体现在设备缺陷与故障（含计算机软件缺陷与故障）、人员失误、环境恶劣和管理缺陷等四个方面。辨识它们的基本依据是能量平衡式，即输入能 = 有用功 + 正常耗损能 + 逸散能。式中逸散能不为零的情况称为能量失控。

3. 系统安全性定量评价方法

（1）危险环境诱发事故可能性预测公式： $L_e = L/P$

（2）作业条件危险性评价公式： $D = LEC$

4. 危险、有害因素的预防和控制

主要应该预防和控制能量的集中、蓄积与释放，隔离能量，采取防止人的失误，降低损失程度的措施以及其他预控的技术和管理措施。

二、安全心理学

安全心理学是以研究如何保证人身安全、减少生产事故、不患职业病为目的的心理活动规律的科学。

1. 心理学基本知识

人在劳动、工作、学习、交往等活动中，都会表现出自己的需要、动机、意识、性格、气质和能力等特点，这些就是心理现象，常用个性予以描述。所谓个性是指个体经常而稳定地表现出来的意识倾向性与心理特征的总和。其中个性倾向性是个性中最活跃的成分，是起主导作用的因素。个性心理特征是一个人的类型特征，是决定一个人各种活动的效果、风格和行为方式的个性因素。

（1）个性倾向性：

1）需要：个体在生活中感到某种欠缺，而力求获得满足的一种内心状态，它是机体自身或外部生产条件的要求在头脑中的反映。

员工最需要的因素可通过以"双因素理论"为指导的问卷法确定。

2）动机：是一种内部的、驱使人活动行为的原因。其主要形式有：

——兴趣：指人们力求探索某种事物和从事某项活动的认识倾向。它具有激励、开眼界、影响情操、适应环境、缓解心理疲劳等作用。

——信念：是人的行为稳定的、核心的动机。

——意图：是人对生存和发展条件需要的体现。

3）意识：是个人心理发展到一定阶段才出现的人对物质世界的映象。意识是人所特有的一种高级反映形式，是人脑的机能，社会的产物。意识的两种表现方式是：

——情感：是反映人对客观事物与人的需要（包括生理和社会需要）之间关系的心理现象。它是人的意识的一种表现方式。按情感发生的速度、强度和持续时间等特点可分为激情、心境、热情和应急状态。在生产中，班组长应了解组员的情感状态，加以疏通思想、采取措施，避免情感波动而产生不安全行为。

——态度：是人对客观事物所持的评价与行为倾向。态度的基本成分为认知成分、情感成分及行为成分。安全态度是人对安全生产所持的评价与行为倾向。它是以人的安全认知因素为基础、安全情感因素为核心和安全行为倾向因素为表现来构成的。形成正确的安全态度，就能稳定、有效地调节人的安全行为。而形成与转变的主要方法是培训、沟通、建设团队、学用态度改变理论等。

4）注意：是人们对一定对象的指向和集中的心理活动。它由无意和有意注意之分。

注意有集中性、稳定性、范围、分配与转移等主要特征。在生产中，应合理分配、准确及时转移注意，同时要避免注意过于集中和范围过窄。

（2）个性心理特征：

1）气质是一个人心理活动动力特点的总和，也就是日常生活中所谓的"脾气"、"性情"、"禀性"。传统的气质分为胆汁质、多血质、黏液质、抑郁质四种基本类型。但是，实际生活中多数人的气质是介于四种基本类型之间，只有少数人是属于这四种气质类型的一种。

气质对职工的工作和管理活动具有的意义：一是可以根据不同的气质特征安排适宜的工作，提高员工的工作效率。二是在安排工作时，还可以根据班组成员中各种气质类型的适当搭配、相容与互补，形成相融互补型的气质结构，有利于和谐班组的建设。三是可以针对气质类型做好职工思想教育工作。

2）性格是人们对待客观事物的态度和社会行为方式中，区别于他人的所表现出来的那些比较稳定的心理特征的总和。性格的类型：敏感型、感情型、思考型、想象型。性格在班组管理中的作用：根据性格特征合理地使用班员，可以提高工作效率，有利于班组安全生产；有利于因人施治地做好班组安全管理工作。

2. 能力

能力是人完成某种活动所必需的心理特征的总和，或者说是完成一定任务或做好一件事情的本领。

班组长熟知员工能力的意义：合理分配员工任务，提高工作效率和安全水平；可以做到能力互补，提高班组的功能与和谐。

3. 安全心理学的应用

可以在电力安全生产中了解员工的意识倾向性，培养员工具有高尚的职业道德、良好的作风和控制自己情感的能力，使员工的个性心态服从于安全生产，做到心境良好、精力充沛、责任心强，杜绝违章、减少错误、增强工作或作业效率，保证电力安全生产。

可以使班组长在繁忙的工作中抓准以人为本的管理理念，通过测评掌握员工的个人心理特性，并采取针对性较强的科学的工作方法，做好心理疏导工作，化解影响安全的各种矛盾和不良心态；合情合理地分配员工工作以及分析和处理各类生产事故，使员工心悦诚服地安全生产，把班组安全工作做得更好。

三、安全人机工程学

1. 安全人机工程学的定义和任务

（1）安全人机工程学是运用人机工程学的理论、观点和方法去解决人机结合面（即人机界面，就是人机间信息传递控制系统）安全问题的一门学科。

1）安全人机工程学的研究主要任务：建立合理而可行的人机系统，更好地实施人机功能分配。更有效地发挥人的主体作用，并为劳动者创造安全、舒适的环境，实现人机系统"安全、高效、经济"的综合效能。

2）安全人机工程学研究的主要内容：

主要研究人体特性、人机功能的合理分配，人机界面，作业方法和负荷，作业空间分析，事故及其预防等方个方面。

（2）"人—机器—环境系统"及任务：它可简称为"工作系统"，是指人们在生产和生活活动中，为达到一定目标，完成某项任务（或功能）而进行各项作业（或活动）时，由"人"、"机器"、"环境"、"作业"四个子系统所构成的一种组合。其任务是从关注人的工作条件和效绩出发，不断提高人的工作效绩，从而实现工作系统各要素间默切匹配，达到系统整体性能的优化和协调。

2. 工作系统中的人机关系及其分工

（1）人机联系的形式有三种：即人与机具的直接联系，人通过显示器、控制器或控制台间接地与机具联系。

（2）人与机器的分工。应以人为主，考虑人与机器能力、特点等方面的不同进行分工，把要求快速、精确、过于简单、过于复杂、过于单调、长时间不间断的工作，笨重、危险、操作环境不利于人的工作交给机器去做；将那些机器无法完成的工作，如构思、判断、预测、系统监控、应急处理、排除故障、编写程序和指令等留给人去做。

3. 人的生理和心理特性及其对工作绩效或失误的影响

（1）进行产品设计及空间布置时，都要考虑人体尺度（人体所占的三维空间的尺寸及体重）特征，使操作者尽可能地处于舒适、安全的环境中实施操作，否则将造成操作者过度疲劳，甚至操作失误。

（2）人的感知特征。感知是感觉和知觉的综合反映，常将两者合称为感知。在生产活动中正确调解人的生理机能并注意培养和发挥员工的感知能力，对减少和预防事故具有十分重要的意义。反之，如果调解不当就会事故频发。人的感知特征常包括以下几点：

1）视觉特征：感光范围、视力、视野、视觉适应、视错觉。

2）听觉特征：听声范围、分辨能力、声音响度的感觉。另外，听觉还会受到思维的影响。尤其是当人们面对事故的临界状态时，常常由于思维的参与使人的心理状态就变得比较复杂，听觉、知觉、思维易发生扭曲，本来听不清的声音，可能会听清了，似是而非的信号也肯定以为"是"了，从而引发事故。

3）触觉：其主要感觉器官是皮肤及皮下组织。

4）人的反应时间特征。反应时间 t_f 等于知觉时间 t_z 与动作时间 t_d 之和。

简单反应时间 $t_{f(简)}$ 的特征是其大小随着感觉通道、刺激数、年龄及人体劳动强度等因素的变化而变化。它的长短，不仅可以说明操作者反应灵敏度的大小和变化趋势，还可以作为测定疲劳程度的指标之一。

（3）人的节律周期学说。人从出生的那一天起，直到生命终止，都存在着体力、情绪和智力都以正弦波曲线形式由零点开始运行，运行都按照"高潮期—临界期—低潮期—上升临界期—高潮期……"的顺序，呈周期性变化的规律，叫做生物节律，国际上称之为 PSI 周期学说。

生物节律理论的应用：

1）通过生物节律的计算，人们可以进行事故多发时间的预测。即

第一步，先用公式 $N = 365 \times A + B \pm C$ 计算出从公历出生年月日到你想要了解的那天总共有多少天，以 N 表示；第二步，用生物节律指数 $P_{体力} = 23$；$P_{情绪} = 28$；$P_{智力} = 33$ 分别除总天数 N 所得的余数查生物节律曲线或人体三大节律所处时期的对应关系表 2-12，就可以判断你在那一天的体力、情绪和智力的盛衰情况。若余数在上、下临界区内，则此人在该计算日有可能出现事故。

2）班组每个人都很有必要根据生物节律理论编制"安全预测月历表"、"年

历表"，进行自我了解，自我调节，自我控制，做到心中有数，提高警惕，预防事故。

3）班组长也可将全班生物节律列表上墙，以便班组长尽可能按组员的生物节律情况适当安排工作，班内人员也可以互相提醒，互相照顾，将以人为本的安全管理理念落到实处，努力实现减少失误，事故为零的安全目标。

（4）作业疲劳。

1）疲劳是人们经常会出现的一种生理和心理状态。它主要表现为瞌睡、工作质量下降或程序混乱、生理和心理功能出现变化，自我感觉筋疲力尽的身心状态。这种心理和生理的疲劳是一种保护性反应，是由于刺激量超过大脑所能承受的程度而引起的超限抑制。作业中人体疲劳后，各种机能全面降低，尤其是感觉功能和手脚动作机能变得反应迟钝、动作不准，容易发生不安全行为，引发事故。因此，掌握作业疲劳的机理和因素，积极预防疲劳，有利于安全生产和保障劳动者的身心健康。

2）产生疲劳的因素。产生疲劳的因素主要是人、机和环境三方面，如表2-13、表2-14所示。

3）防止过度疲劳的措施。注意劳逸结合；劳动组织合理调配；全面改善劳动环境和卫生条件；改善工作体位；重视劳动者的心理因素。

（5）人的作业能力—即在人机系统中，机械设备通过显示装置，经人机界面将信息传递给人的感觉器官，经过人的中枢神经系统对信息进行处理后，再指挥运动系统去操纵控制器，实现人机配合的能力，其实质上是人的生理和心理特征的综合反映。它的大小取决于：人对信息的处理能力、人的作业施力能力、人体动作的速度与频率。

4. 影响人机系统运行功能的五大因素

参与作业的人本身的素质、作业中人和机器的分工和相互适应、作业中的人机界面、人对作业环境条件的生理（生物节律）、心理反应及适应、作业组织与管理等五个方面，这也是人机工程学的五个研究领域。

5. 安全人机工程学的应用

（1）在工程开发中的应用：

1）作业空间的设计中的应用。作业空间设计应按这些基本原则进行布置，即按操纵控制设备的使用频率和操作顺序；设备的功能；人体生物力学、解剖学和运动学的特征；设备控制器的重要程度；机器设备的平面布置，除方便操作外，还要注意安全及人流、物质流、能源流等交通组织；以人为中心的理念。

作业空间设计必须考虑的主要因素：

——人体因素。作业空间设计时，人体的尺度、肢体运动范围、视力、听力、作业能力等生理特征是非常重要的依据。最佳的作业空间等于人体参数加上功能修正量再加上心理修正量。这种心理修正量主要考虑：人类的"个人空间"行为特征，人的侧重行为，人的捷径反应和躲避行为。

——工作场所的性质。如选择楼梯和斜坡道的主要依据是结构的倾角。办公室根据管理工作的性质和有关人员的主要心理特性与行为方式和作业环境影响布置，要求有利于管理人员安心工作和适当的相互交流。又如设计室应该提供更好的作业环境，极力避免他人的干扰或碰撞。

2）安全防护空间距离确定中的应用。安全防护空间距离（简称安全距离）是保证设备上危险部位不被人体触及的最小尺寸间隔。它是贯彻国标 GB 5083—1999《生产设备安全卫生设计总则》规定，首先采用直接安全技术措施，把生产设备设计成不存在任何危险隐患的一种既经济又有效的预防保障措施。

机械防护安全距离的通用计算公式为

$$S_d = (1 \pm K)L \ \text{或} \ S_d = (1 + K)R_m$$

式中　S_d——安全距离，mm；

　　　L——人体尺寸，mm；

　　　R_m——最大可及范围，mm；

　　　K——附加量系数。

公式使用注意点：在人体尺寸和最大可及范围的选取时，应采用第 99 百分位上男女二者中较大的数值作为最小安全距离的设计依据。采用第 1 百分位上男女二者中较小的数值作为最大安全空隙的设计依据。在计算不允许身体触及的最小安全距离时用加号，在计算限制身体通过的最大安全间歇时用减号，附加量的大小还需考虑经济因素，参照国内外研究资料，附加量系数 K 可以按照表 2 - 18 选取。

人体与带电导体间的安全距离视电压的高低和操作条件而定，也可在有关手册中查取。

3）作业环境设计中的应用。照明与工作效率、事故发生率有着直接关系。研究表面，当照明不良时，因反复努力辨认，易使视觉疲劳，工作不能持久。眼睛疲劳还会引起视力下降、眼球发胀、头痛以及其他疾病而影响健康，降低工作效率，容易造成工作失误或事故。

另外，人眼在亮度对比过大或物体及其周围背景发出刺目和耀眼光线时，视觉会模糊和疲劳，极易造成事故。因此，在工作场所我们经常根据工作性质不同参照表 2 – 19 来确定照明的照度。

颜色是一种可以利用的管理手段。好的颜色环境有助于提高工作效率，减少或避免差错，提高人对信号、标志的辨别速度，并且可以恢复人的视觉能力，减少疲劳。日常生活中我们常见到红色用来表示危险、禁止等；黄色表示小心、注意等，为了醒目也常和黑色一起使用；橙黄色用于防护罩的旋转部分，防轧伤；绿色用于表示安全、正常；蓝色常用于做标志说明等。

温度环境是决定人的作业效能和健康的重要影响因素。人所处的温度环境主要包括空气的温度、湿度、气流速度（风速）和热辐射等四种物理因素，一般又称微小气候。在作业过程中，不适当的气候条件会直接影响人的工作情绪、疲劳程度与健康，从而使工作效率降低，造成工作失误和发生事故。因此，应尽可能进行人工调节温度环境，使作业场所的有效温度（人在不同温度、湿度和风速的综合作用下所产生的热感觉指标）符合表 2 – 20 所示的规定范围。

（2）在电力企业班组中的应用。即学会用表 2 – 22 检查单，检查、分析寻找本班组存在的人机工程学问题，提出措施，加以改进。

四、现代企业安全文化

企业安全文化是指企业在长期的安全生产经营过程中逐步形成的，占据主导地位并为全体员工认可和恪守的共同价值观念和行为准则。

1. 电力企业安全文化的结构

电力企业安全文化的结构是以企业的安全生产经营活动为中心，由观念层、制度层、物质层等三个层次组成。它们的含义分别是指企业在安全生产经营过程中，逐步形成的反映企业安全方面的共同价值观念，其主要内容有

"人民电业为人民"的经营宗旨；"安全第一、预防为主、综合治理"、"努力超越、追求卓越"的电力的企业精神。以及"三全综合治理"、"法规制度化"、"以人为本"等。

电力企业制度层文化的具体内容是实现安全生产的决策科学化、管理制度化、现场作业标准化和组织系统化，以及建立与完善安全生产保证体系和安全生产监督体系。

企业安全文化的物质层文化是指企业在安全生产经营过程中，逐步形成的作为安全生产观念载体和安全生产外部形象的那部分物质。其中安全生产观念载体由电力企业安全标志和安全警示线组成。对电力企业来说，良好的安全生产形象，包括提供稳定、合格、连续不断的可靠电力产品和包含 5s 现场管理等内容的文明生产。

2. 电力企业安全文化建设

（1）电力企业安全文化建设策划。它包括电力企业安全生产观念状态的初始评估和电力企业安全文化内容的确定。

（2）电力企业文化的实施。它是一种新型的柔性管理模式，与传统纯制度式刚性管理的主要差别是具有健康精神气氛的导向作用，增强员工认同感、归属感和安全感的激励作用，以及促进员工自觉行动，达到自我控制、自我协调的内部粘接作用。因此，电力企业安全文化实施就是指为了促进企业广大员工接受并自觉运用安全文化做好本职工作，充分发挥电力安全文化的三大作用所开展的宣传教育、检查指导、考核奖惩等活动。

（3）电力企业安全文化的完善。就是要根据时间、人员、资金、环境的客观变化，及时调整企业安全文化的价值理念和行为准则，始终保持企业安全文化的先进性。其主要步骤如下：

1）定期或根据需要开展电力企业安全文化评估。

2）根据评估结果加以改进。

想想做做

1. 危险因素和有害因素来源于哪几个方面？如何进行识别？

2. 参照案例2.3，预测本班组生产现场诱发事故可能性的大小，并提出优化措施。

3. 用格雷厄姆—金尼公式评价本班进行某项重要作业时危险性的大小，并说明采取相应的预防措施是什么。

4. 结合本班组的实际，说明预防和控制危险、有害因素的措施有哪些？

5. 何谓安全心理学？它在电力企业中的基本作用是什么？

6. 解释个性倾向性、意识、兴趣、能力等名词的涵义。

7. 测试本人或他人的工作需要或气质或性格的类型。

8. 举例说明何谓安全人机工程学和工作（人、机、环境）系统，其研究的目的和人机分工的基本要求各是什么？

9. 举例说明影响工作绩效或失误的生理和心理特征有哪些。

10. 写出本人出生的年月日，计算在2008年8月13日这天，自己的体力、情绪、智力各处在什么时期。

11. 何谓过度疲劳？如何防止过度疲劳？

12. 何谓作业能力？它的大小由哪些因素决定？

13. 何谓作业空间？举例说明作业空间设计时必须考虑哪些主要因素？

14. 用机械防护安全距离通用公式计算或查手册校核本班工作中的某个安全距离。

15. 举例说明安全人机工程学在作业环境设计中的应用。

16. 试用人机工程学评价检查单找出本班组所在工作系统中存在的人机工程学问题，并提出改进措施。

17. 举例说明本班组安全文化结构的优缺点，并提出改进措施。

第三章

班组安全管理工作

—— 学 习 目 标 ——

通过本章学习，你应该能够：

- 了解习惯性违章的类型；
- 了解危险点分析预控的重要性以及与有关制度、规范、安全评价的区别；
- 了解危险点分析预控方法的"五到位"、"三全推进"理念；
- 熟悉班组安全教育、安全工器具和劳动防护用品用具的管理；
- 熟悉危险点分析控制的注意点；
- 熟悉安全检查类型与方法；
- 熟悉安全检查的类型、要求及安全日活动的内容；
- 掌握班组贯彻执行安全法规制度的基本要求和安全目标管理法；
- 事故现场处理与调查分析上报管理；
- 掌握班前会、班中查和班后会的要领；
- 掌握开展班组反习惯性违章活动的基本要求；
- 掌握分析预控危险点的基本要求、方法、步骤和原则；
- 掌握分析预控危险点的具体措施；
- 掌握安全检查表的应用以及安全日活动的要求。

第一节　班组安全管理的关键工作

⚖ 自测

表 3-1　　　　　　　　　　　　自　测　表

序号	工作内容	评价（每行选打一个√）		
		好	中	差
1	熟悉本企业和车间制定的事故、障碍、异常调查规定			
2	带领本班组人员认真贯彻执行安全规程、制度			
3	带头并督促班组成员严格执行两票三制			
4	领导本班组成员坚持不懈地进行反违章活动			
5	开展班前"三交"和班后"三评"			
6	落实上级和本企业、本车间下达的反事故措施			
7	经常检查本班组作业场所（每天不少于一次）的工作环境、安全设施、设备工器具的安全状况，落实安全措施			
8	支持班组安全员履行自己的职责			
9	做好岗位安全技术培训、新入厂工人的第三级安全教育			
10	掌握本班组分工管辖的设备系统和工作的安全特点与特殊安全要求			

一、概述

　　班组安全管理的关键是必须以有关电力安全生产的法规制度为依据。俗话说，"没有规矩，不成方圆"，班组安全工作的规矩就是国家制定的有关安全生产的法律、法规；本行业、本企业制定的具体的安全规章、实施细则、实施办法；以及部门与班组根据不同专业或作业性质制定的针对性、可操作性更强的安全制度。班组长对法规制度一定要正确理解，充分认识到这些法规制度是生产活动客观规律的反映，是电力职工在生产实践中积累的经验总结归纳而成，其中有许多是用血的代价换来的，是确保安全的宝贵财富。首先，班组要具备这一系列严密、科学、完整的安全法规制度，以规范约束班组成员的工作行为，使班组成员的每一项工作及其行为都能做到有章可循，避免造成由于规章制度的不完善而导致安全措施的不完善，留下事故隐患。然后，班组长带领全班组

133

成员共同努力学习这些安全法规制度，从人人知道和懂得有关安全生产的法规制度开始，尽快做到事事处处自觉执行、遵守和查用这些法规制度，把班组安全管理工作纳入规范化、法制化的轨道，规范安全、文明、整洁的班组生产。因此，班组安全管理关键工作的实质就是建章立制、照章办事。

二、班组如何贯彻执行安全法规制度

（一）班组必需的各种安全法规制度

（1）国家和行业主管部门颁发的安全生产法规：《劳动法》、《安全生产法》、《电力法》等；《电力生产安全工作规定》、《电力建设安全施工管理规定》、《电力系统多种经营安全工作规定》、《电力安全监察规定》、《电力安全生产责任制》、《安全生产奖惩规定》、《电力安全工作规程》、《电力建设安全工作规程》、《电力设备典型消防规程》、《电力生产事故调查规程》、《防止电力生产重大事故的二十五项重点要求》、《班组安全工作条例》等。

（2）集团公司及本企业颁发的依据上述规章制度所作出的公司规定、实施细则：《安全工器具使用管理制度》、《厂区机动车管理制度》、《防火（动火）管理制度》、《危险品管理制度》、《脚手架搭建使用管理制度》、《电梯、起重机械安全管理制度》、《特殊作业工种管理制度》、《电缆防火封堵管理制度》、《违章违纪处理制度》、《临时施工用电管理》等。

（3）《电力安全工作规程》热力和机械分册、发电厂和变电所电气分册和电力线路分册或《电力建设安全工作规程》火力发电厂分册、架空电力线路分册。

（二）认真落实安全生产责任制

电力安全生产责任制是指为了实现企业安全生产目标，根据"管生产必须管安全"的原则，依据有关法律法规的要求，对从事电力生产全过程的所有岗位的员工在工作中应负的安全责任和相应的权限，做出明确、具体、制度化的规定。它的施行有利于企业各类人员之间的分工协作，有利于安全管理工作的领导、检查和监督；可以防止安全生产口号化、形式化以及相互推诿现象发生，有效地增强企业全体员工搞好安全生产的自觉性和责任感。对于班组来讲，实施安全生产责任制就是应根据级级有责、层层把关，人人有责、分兵把守的法定责任，明确班组每个岗位的"安全职责"，以保证实现班组安全生产目标。电力企业通常采用安全生产责任书来强化责任制的落实。

1. 安全生产责任书

安全生产责任书阐明本级安全生产目标，表明认真贯彻"安全第一，预防为主"的方针，牢固树立"安全就是效益"的思想，以高、严、实、细的态度，

落实安全生产责任制、强化安全生产"可控、在控"管理力度，确保目标实现，以及自愿接受上级奖惩规定决心的一种保证书（或誓言）的形式。

（1）班组安全生产责任书的基本要求：

1）明确本级安全目标（不发生障碍和轻伤）和控制责任（控制异常和未遂）；

2）高（标准）、严（照章实施）、实（保质保量）、细（措施全、程序正、工艺精）地做好安全控制工作。

（2）安全生产责任书样本的内容：

1）首先明确要实现本单位或本级的安全生产目标；

2）本级（或本部门、本岗位）认真力行"安全职责的誓言"；

3）高、严、细、实做好各项安全控制工作的承诺；

4）严格有效地执行"奖惩规定"的决心。

（3）安全生产责任书的样本如下所示。

（参考样本）

安全生产责任书

本人决心在任职期内带领本班组全体员工认真贯彻"安全第一、预防为主"的方针，牢固树立"安全就是效益"的思想，以"高、严、细、实"的工作态度，认真落实安全生产责任制，强化安全生产"可控、在控"管理力度，确保二零零×年度本班组零障碍、零轻伤安全目标的实现，届时如不能实现，本人愿意接受上级的考核及处罚。

监证人：　　　　　　　　　　　立状人：

主任（经理）：

党支部书记：

200×年××月××日　　　　　　200×年××月××日

---

2. 岗位安全生产职责

岗位安全生产职责就是把安全生产责任按不同职务级别、不同工作岗位落到实处的具体行动规则。其制定原则是：结合本职工作，订出岗位"安全生产职责"；严格遵守安全法律、法规、规程规定，订好"安全生产职责"；吸取事故教训（把预防同类事故重复发生的责任补充进去），加强"安全生产职责"。现以班组长的安全生产职责为例说明如下。

班组长是班组生产的直接指挥者，是班组安全生产工作第一责任人。班组长的安全生产职责主要是组织、发动班组每个成员认真学习、贯彻、执行上级颁布的有关安全生产指令和规定，更重要的是要以身作则，起模范带头作用，在整个生产过程中严格执行各项规定制度，不违章、不违纪，抓好班组安全管理工作。班组长的安全生产职责具体如下：

1）班组长是本班组的安全第一责任人，认真贯彻执行"安全第一，预防为主"的方针，对本班组成员在生产劳动过程中的安全和健康负责，对所管辖设备的安全运行负责。

2）负责制订和组织实施控制异常和未遂的安全目标，按设备系统（施工程序）进行安全技术分析预测，做到及时发现问题和异常，并进行有效的安全控制。

3）搞好生产设备、安全装备、消防设施和爆破物品等检查维护工作，使其经常保持完好和正常运行。

4）负责每班现场巡回安全检查，督促作业人员严格遵守安全生产制度、安全操作规程和正确使用个体防护用品。纠正违章作业和不安全行为，负责监督危险作业的实施，及时发现和消除事故隐患。

5）认真开展安全教育、纪律教育，不断增强全班人员的安全意识，带领本班组人员自觉、认真贯彻执行安全规程制度，及时制止违章违纪行为，及时学习事故通报，吸取教训，采取措施防止同类事故的重复发生。

在生产过程中，班组长必须以身作则，带头学习并组织贯彻安全工作规程和现场规程，带头并督促班组成员严格执行两票三制，制订结合班组实际、有针对性的《班组常见的习惯性违章事例》和《违章处罚规定》，认真分析本班组有哪些习惯性违章行为，并制订针对性防范措施，经常进行检查、严格考核；正确履行拒绝上级不符合安全生产的指令和意见的权利，领导本班组成员坚持不懈地进行反违章活动。

6）主持开好班前、班后会和每周一次或每个轮值一次的安全日活动，并做好安全活动记录。认真贯彻安全生产"五同时"（在计划、布置、检查、总结、考核生产工作的同时计划、布置、检查、总结、考核安全工作），做好班前"三交底"（交任务、交安全、交措施）、班中"三检查"（查进度、查质量、查安全措施）和班后"三评价"（评任务完成情况、评工作中安全情况、评安全措施执行情况）。

7）负责和督促工作负责人做好每项工作任务（倒闸操作、检修、施工、试验等）的事先技术交底和安全措施交底工作，并做好记录。

8）做好岗位安全技术培训、新入厂工人的第三级安全教育和全班成员（包括临时工）经常性的安全思想教育；积极组织班组成员参加急救培训，做到人人能进行现场急救。

9）开展好本班的定期安全检查、"安全生产周"、"安全生产月"等活动，抓好安全评价、预防和预测工作，落实上级和本企业、本车间下达的反事故措施。

10）抓好工器具（如电器、机械、起重等各种工器具）安全和劳动防护用品的管理工作，做到专人负责，定期检查、维修、试验，不合格的要及时更换，并做好记录；要及时监督检查本班组成员正确使用劳动防护用品，真正达到保管、使用、管理好，保障人身和设备安全的目的。

11）支持班组安全员履行自己的职责，对本班组发生的异常、障碍、未遂及事故要认真按"四不放过"（事故原因不清楚不放过，事故责任者和应受教育者没有受到教育不放过，没有采取防范措施不放过；事故责任人没有受到处罚不放过）原则处理，及时登记上报，保护好事故现场，并参与事故调查、分析原因，总结教训，提出和落实改进措施。

12）由于重进度、忽视安全和工艺质量，无故拖延或拒绝执行上级指示而造成后果，本人违章指挥，对重复发生各类异常以上不安全事件，或班内安全工作无人过问而发生各类异常以上不安全事件，班组长应负直接领导责任。

此外，对班组安全员以及班组成员均有具体的安全生产责任，可参见各单位制定的安全生产责任制规定，这里不再赘述。

（三）掌握执行安全法规制度的基本技巧

日本东京电力公司对我国考察后认为，我国的法规制度很齐全，现在存在的主要问题是执行。不认真执行，法规制度再齐全也等于没有。据统计资料表明，我国电力生产发生的事故中，有90%以上的事故是违章造成的。由此可以说明，谁不执行安全法规制度，谁就可能发生事故。在法规制度面前人人平等，绝不会因为你是有经验的老工人、老师傅或是领导，就会发生即使不执行法规制度也永远不会发生事故的奇迹。因此，落实好电力班组安全管理关键工作的关键就是努力掌握以下执行安全法规制度的基本技巧，不断提高执行力。

（1）抓好制度培训学习，强化制度意识，杜绝无知违法、违章、违纪。

（2）根据安全生产的要求和条件，既要突出法规制度的重点，又要全面融会贯彻，努力实现纲举目张的效果。

（3）做好班组安全台账。班组安全台账是班组安全管理，尤其是执行法规制度的依据和班组开展安全工作的实绩记录，查看安全台账记录可以了解、检查班组安全工作开展的情况。安全台账由班组安全员负责建立和管理。安全台账记录不搞形式、不能虚构，每个班组、每个成员都必须认真对待，并在实际管理工作中应该逐步完善充实。

安全台账主要内容有：① 安全生产计划、总结；② 安全日活动记录；③ 事故、障碍、异常情况讨论记录；④ 月度安全情况小结（安全评价分析、安全实绩记录、好人好事记录等）；⑤ 安全工器具检查登记表与特种安全设施管理；⑥ 安全检查及隐患项目整改记录；⑦ 安全培训与考核；⑧ 安全奖惩记录；⑨ "两措"计划，完成情况记录；⑩ 班长工作日志；⑪ 现场设备、安全设施巡查记录；⑫ 违章登记；⑬ 外来人员安全管理记录。

例如，某省电力集团公司为促进班组安全工作制度化、规范化，已统一设置班组安全管理台账："安全管理记录簿"和"安全活动记录簿"，在工作中，按台账有关内容，每进行一次活动或安全工作时，应详细如实地记录，对记录的基本要求是：内容详实、记录及时、字迹工整、保管良好。

（4）先严后宽原则。将法规制度说在前面，"循环往复"地执行遵守者奖励、违反者，惩罚的规定，使员工养成即使不再监督也能自觉遵守规章制度的习惯。

（5）对事不对人原则。即执行法规制度，坚持一视同仁，在组织内产生炉火效应，谁摸它都烫手，老总也不例外的做法。

（6）及时提出规章制度的修订建议——流程再造建议。随着改革的发展，组织机构的变更，使许多硬、软件也都发生变化，因此班组长必须做到与时俱进，及时提出修订班组有关规章制度的建议，争取得到批准执行，以保证它的适时、合理性。

规章制度修订一般应该采用以下流程再造的方法：

（1）清除。删除工作流程中出现虚耗、浪费、重复性劳动等使成本提高、缺陷处理不及时的环节。例如：不合理的等待时间、缺陷/事务等环节。

（2）简化。对工作流程中繁琐、经常出现问题的环节进行删改工作。例如：繁琐的表格、程序以及问题区域等。

（3）整合。对流程中相近环节进行科学、合理的合并工作。例如：两个人干的工作可以由一个人完成时，则应该整合。

（4）自动化。采用机器设备自动完成流程中脏、难、险、乏味环节活动的工作。例如：办公自动化、高压线路检修使用机器人等。

（四）提高"两票三制"的执行力

电力行业的"两票三制"即工作票、操作票、交接班制、巡回检查制、设备定期试验与轮换制的简称，它是电力安全生产的一项重要的组织措施。根据有关部门统计资料知，由于未严格执行"两票"管理制度而发生的误操作事故，约占总事故的1/4，占人身触电事故的1/2。因此，针对"两票三制"执行中的问题，规范填写、审批、使用程序，提高"两票三制"执行力，是当前供电企业一项迫切而主要的班组安全管理工作。由于《电力安全工作规程》中有关"两票三制"的内容已制订得十分明确，故这里仅就供电企业执行中存在的主要问题提出以下要求，以引起广大班组长的注意，坚持在工作中予以改进，不断地提高本班组"两票三制"的执行力。

1. 电气操作票

（1）接受任务，明确操作内容和目的。发令人下达任务的内容应准确、清晰，使用正确的统一操作术语，讲清设备名称和编号（双重命名），并做到互报姓名、录音、做好记录，接令人必须复诵等规定。

案例3.1　操作票复诵含糊的后果

某县局调度向某35kV变电站发令："桐乡321由运行改为冷备用"，正值接令后复诵为"乌镇321由运行改冷备用"。事后调对录音复听时，发现复诵速度快，口齿又不清，尤其"乌镇"二字说得含糊。发令调度未发觉出错，准予操作，当操作完毕汇报时才发现误拉了线路断路器。

案例3.2　操作票复诵漏项的后果

1998年7月21日14时52分，某市局配调发令给闸口电厂值长李某：将城东003线由断路器及线路检修改为冷备用，良山004线由线路检修改为冷备用。李某接令，记录后随后发令给电气主值王某："要操作了，城东线改为冷备用"（特意强调城东003线改冷备用而未提及良山004线改冷备用之操作主命令）。王某等人将城东003线由断路器及线路检修改为冷备用后，向值长汇报："李某，好了，改为冷备用了。"15时04分，李某汇报配调："城东003线由断路器及线路检修改为冷备用，良山004线由线路检修改为冷备用操作完毕"（实际良山004线未改冷备用）。造成15时04分配调向滨江变河坊130线送电时带地线合闸时断路器跳闸。

事故暴露问题：严重违反倒闸操作有关规定，倒闸操作应包括发令、发令

139

复诵、预演、操作、监护、汇报、汇报复诵等全过程，本次事故中，值长李某首先漏发"良山004线由线路检修改为冷备用"的操作命令。主值王某在受命时未执行复诵制度，操作结束后在向值长李某汇报时又不清晰、不明确。值长李某也未询问清楚具体操作项目向配调汇报全部操作完毕。在整个操作过程中，值长和主值均没有使用规范的操作术语及设备的双重名称，从而导致了带地线合闸事故的发生。

（2）检查核对模拟图，正确写票。监护人、操作人一起接受任务后，首先要共同到模拟图板前核对实际设备接线或二次保护状态，发现疑问立即汇报班长、值长或发令调度员，必要时查对现场设备状态，然后书写操作票。每张操作票（或典型操作卡批准单）只能填写一个操作任务，操作票上字迹应端正、清晰，如有涂改或写错时应视为作废，盖"作废"章，不准撕掉，并重填新票。

在实际执行中往往为了少写几项，不单独写出以下项目（安规要求写），导致事故发生。

1）检查断路器和隔离开关实际位置。

2）检查接地线是否拆除。

3）操作断路器前后检查负荷分配状况。

4）安装或拆除控制、合闸回路或电压互感器回路（一、二次电路）的熔断器。

5）检验切换保护回路连接片和电压、电流回路端子是否有电压。

6）单项装接地线或合接地闸刀前，应查明隔离开关、断路器在断开位置。

上述问题在某些地区普遍存在，其理由是单独填上述项目，一张票要多填许多项，太麻烦，故一般在操作后用打钩代替检查。对这种习惯性违章错误行为，应坚决纠正。

（3）逐级审核，签名批准。开好操作票后监护人、班长或值长到模拟图板前核对无误后，签上姓名，并由班长或值长正式向监护人、操作人发令，监护人复诵。如审票中发现有错误，应向操作人指出，并盖"作废"章，废票应保存，由操作人重填新票。审票不严，往往直接导致事故发生。

（4）正式操作前应当先在模拟板上预演，并带好安全工器具。正式接受任务后由监护人、操作人共同到模拟图板前进行核对性模拟预演，无误后再进行实际操作。由操作人带上必要的操作工具，户内设备现场应有橡皮绝缘垫；户外设备操作应穿绝缘靴，并戴上安全帽；电气一次设备操作应戴橡皮绝缘手套；电气二次回路连接片熔丝操作应戴纱手套。

（5）逐项唱票，先预演后执行。不认真执行逐项核对铭牌、唱票、复诵、预演逐项操作是导致误操作频发的又一个突出的问题。

案例3.3　220kV正母线为什么停电?

某220kV变电站在执行正母线电压互感器接线箱消缺任务时，在执行到第六项"在220kV正母线电压互感器高压侧验明无电"操作项时，认为"站内的220kV验电器已坏"未执行，跳项操作，进行第七项"合上220kV正母线电压互感器高压侧接地开关"操作，两人又没有执行核对铭牌唱票、复诵等规定，误将220kV正母线接地开关合上，正母线差动保护动作，断路器跳闸，造成母线停电。

（6）严禁任意解除闭锁。随意解除闭锁是电气误操作的又一频发原因。许多操作人一旦发现操作有问题时，不检查是否跑错间隔，闭锁有无问题，就任意解锁操作，从而导致事故的发生。

案例3.4　具有微机防误闭锁的变电站为什么发生误操作停电?

2004年4月6日11点15分，某供电公司220kV某变电站在220kV坊平Ⅰ线隔离开关大修、机构更换工作现场结束后，就地合闸验收正常，做远方合闸试验，在模拟屏上模拟合8312-1隔离开关时，误将8312-2隔离开关模拟，即用8312-2隔离开关电动合闸按钮（在控制屏上）合闸，造成带地线合闸，220kV母差保护动作，所有开关跳闸，全站失压。损失负荷7万kW，损失电量0.8万kWh，无重要用户。12时25分，某变电站Ⅱ母以及坊度线、坊平Ⅰ线全部恢复正常运行。

误操作过程：受微机防误闭锁程序限制，在检修过程中进行的远方设备传动、跳、合闸试验，需使用五防电脑钥匙，而操作8312-1隔离开关因两侧装设接地线违背固定的操作规则，模拟时需人为拆除部分模拟安全措施方能继续模拟，进行传动试验。在模拟220kV坊平Ⅰ线8312-1隔离开关进行合闸的过程中，需拆除模拟屏上8号、9号两组地线，方能进行验收合闸操作，因此在模拟屏上拆除了上述两组模拟地线，结果导致8312-1与8312-2隔离开关都满足分合闸条件。在紧接着的实际模拟过程中运行人员误将8312-2隔离开关认为8312-1隔离开关进行了模拟，模拟完后使用电脑钥匙将8312-2隔离开关合上，因此造成带地线合闸的恶性误操作事故。

案例分析

监护人陈××在进行8312－1隔离开关合闸试验时，违反《电力安全工作规程》"操作前认真核对设备编号和位置"以及使用解锁钥匙的规定，单凭熟悉变电站微机闭锁模拟屏经验，错误的采取拆除模拟接地线的解锁方法，且又记错应做拉合试验刀闸的编号，是事故发生的直接原因。

操作人张××对陈××的错误命令未提出疑义，违反《电力安全工作规程》"操作前认真核对设备编号和位置"以及使用解锁钥匙的规定，误合隔离开关，是事故发生的直接原因。

检修工作票签发人吴××，未认真履行《电力安全工作规程》"工作票上所填安全措施是否正确完备"的安全责任，工作票上未明确填写更换隔离开关操作机构应做传动拉合试验的工作任务，以及在控制屏电动操作按钮所采取的安全措施，是事故发生的间接原因。

防范措施

- 立即在全公司范围内开展"反违章安全生产整顿活动"，对这次事故进行层层分析，认真吸取教训，举一反三，深入查找"四类"违章，按照"四不放过"的原则，从安全思想、安全生产管理制度等方面查找存在的漏洞，进一步加大职工的安全教育和培训力度，杜绝人为责任事故的再次发生。
- 加强变电站运行人员对防误闭锁管理规定的学习，严格执行解锁操作程序和规定。变电站检修设备若需解除闭锁装置，必须经总工批准。
- 变电站检修中隔离开关的拉、合试验，一般应由检修人员就地进行。若需在控制屏做传动拉、合试验时，必须在第一种工作票终结后，由运行人员进行，操作中要严格执行操作票制度，严禁单人操作。
- 变电站检修中的隔离开关做拉、合试验前，应断开邻近隔离开关、接地开关的操作电源。
- 进一步规范操作票和操作监护制度管理，完善现场监督机制。在倒闸操作前，值班负责人应向值班员详细进行安全风险交底，详细交待安全注意事项，让值班员明确操作中的不安全因素，从而采取有针对性的防范措施。
- 各级领导、安全监督人员、生产专责人现场监督时，应认真履行安全监督职责，不得代替值班员进行倒闸操作，不得代替工作负责人指挥现场作业。

（7）认真执行监护制度。电气误操作事故中，多数存在监护不认真现象，这是一个比较普遍的问题。监护制度是为了让操作处于受控制状态的重要组织保护措施。统计资料表明，不执行监护是导致事故的主要原因之一。

（8）再次核对模拟图板，检查设备并汇报完成。综上所述可知，防止电气误操作事故的关键是能否认真执行操作票，而认真的核心是责任心。某区域电力集团公司近几年每年总要发生四五十次电气误操作事故，要防止这类事故发生，需要靠各级领导深入抓，认真抽查，但是，更主要的是要依靠班组长强化操作票执行意识和正确程序的培训，严格把好操作票的执行关，精心组织操作，认真加强监护，扎扎实实地提高操作票的执行力。

案例3.5　谁为27个变电站的停电负责？

某供电公司的一座220kV变电所进行倒母线操作，东母线停电备用，应在某线东隔离开关与东母线间装设接地线，但操作人员错误地在某线东隔离开关与断路器间装设接地线。当装设A相地线时，地线接近引线发生放电，一次母差保护动作跳闸。引起两台120MVA主变压器全停，波及27个变电站停电，损失电量5800kWh。事故直接原因是操作人员不认真执行操作票制度，监护人、操作人在操作中不唱票、不复诵、不核对设备。另外，执行该操作任务时是分组操作。值长在控制室执行操作票操作。当现场操作人汇报时各操作已完成，只剩挂地线。发生事故时，控制室已将挂地线的项目全打上已执行完的"√"，失去了现场操作监护作用。说明执行操作票流于形式，并没有真正认识到认真执行操作票制度是防止电气误操作的有效组织措施。

2. 电气工作票

（1）工作票中设备停电部位不清造成该隔绝的电源没有隔绝。

案例3.6　罗某登杆作业为什么会坠地死亡？

某供电所一条10kV线路第444～475号杆计划大修，因该线路第462～463号杆间电缆故障还未修复，故调度审批员在审批停役申请单时，只同意该线444～462号杆停电检修。由于工作票签发人没有理解调度员审批意图，仍按原停电申请范围签发了第一种工作票。线路检修班在不知462～463杆间电缆折断，也不知463～477线路由对侧供电的情况下，又未按规定在工作范围两端验电接地，仅在454号杆挂了接地线就布置开工。造成工作人员罗某（两个月前技校毕业）登上470号杆顶，在扣腰皮带时右臂与边相导线放电，从11m高处坠地死亡。

（2）不在现场进行工作许可、开工。制度中规定工作许可人在完成施工现场的安全措施后，必须会同工作负责人到现场再次检查所做安全措施，以手触试，证明检修设备确无电压，并指明带电设备的位置和注意事项。

案例 3.7　不怕麻烦的回报！

某电厂在进行某项检修工作前，工作许可人完成现场的安全措施后，怕麻烦，没有用手触试有无电压，就请工作负责人来会同检查。工作负责人首先提出按规定手试，许可人觉得没有把握，就改用验电器验一下，结果查出检修设备确实带电，从而避免了一起触电事故。

（3）不认真执行现场安全措施。现场执行安全技术措施中最突出的问题是不认真验电，不挂、少挂（三相只挂一相）工作接地线，不使用保障人身安全措施。

此类触电事例较多，接地线是电气检修人员的"保命线"，这个概念人人皆知，但在工作中往往图省事，三相只挂一相，甚至不挂；应当两端挂结果只挂中间（省却工作结束时跑回两端去拆）；验电器不定期检查以致失效的也使用；有的工作班出去工作"忘了"带验电器，拿错了验电器等。实际上这是一种极端不负责任的行为，必须作为反习惯性违章的重点问题来抓。

案例 3.8　为什么检修停电线路还会触电？

某供电所计划对某同杆双回线路停电检修，工作任务是为某厂接火、分路令克检修。分工是线路班负责接火，用电班长等 2 人负责检修分路令克。2 人按工作票要求在两条线路各挂一组接地，当用电班长检修至某（35 号杆）令克，突然线路来电导致触电，经抢救无效死亡。

事故直接原因：① 客户自备发电机反送电。② 虽有工作票，但保证人身安全的技术措施不齐全，没有断开向停电检修工作地点有可能反送电的分支线路令克；凡有可能送电到停电线路的分支线也未挂接地线，工作地段两端仅在电源侧一端挂地线，使工作人员在接地线保护不完备的情况下违章作业。

（4）不认真执行监护制。监护不到位是电气误操作的重要原因之一，也是造成触电事故频发的重要原因，这种事例举不胜举，当前最突出的两个问题，要求班组长在工作中注意并能坚决做到以下两点：

1）工作负责人只有符合安规规定条件，即工作有保障条件下，自己方能参加检修工作。各级领导、班组长一定要坚持这一条。监护人技术水平高、岗位高、责任心强，对可能发生的不安全行为较能识别，才被委派担任责任最重的监护工作。故而在发生事故后，一般首先要追查监护人是否有失职。班组成员，尤其是青工，更要对监护工作的重要性有正确认识，不应当存在"钱你拿得多，工作时站在一边看"的错误想法。监护人特别要把牢误登杆塔、误入带电间隔关，这是触电事故中最多的一种。

案例3.9　监护不到位的代价！

　　1997年11月5日上午，某供电公司高压修试工区开关班工作负责人牟某及另一名工作人员叶某到某220kV变电站处理垂泰1035线开关B相三角箱漏油缺陷。到达变电站后，叶某到控制室办理工作许可手续，牟某说自己到漏油断路器处再查看一下，就独自一人到110kV高压配电装置区，走错间隔到了与垂泰1035线间隔相邻的110kV旁路开关间隔（在代垂泰1035线断路器运行），并从断路器操动机构处往上爬。在10时28分左右，当牟某跨上开关底座，左手上举时，断路器三角箱对人体放电，110kV母差保护动作，跳开该母线上所有110kV断路器。牟某遭电击后，当即跌落地面，全身着火，变电站内人员闻声赶来，急送医院抢救。经医院初步诊断，烧伤面积在60%以上，其中大部分为重度烧伤。

　　事故暴露出的问题：

　　● 牟某身为工作负责人，习惯性违章严重，执行工作票制度流于形式，在未办理工作许可手续的情况下就擅自开始工作，导致自身触电重伤。

　　● 牟某自我保护意识和工作责任心极差，到工作现场后没有认真核对设备命名，也不认真检查安全措施，同时也不管是否有人监护，一系列的严重违章行为造成事故不可避免地发生。

　　2）做好对民工、外包工的监护工作。近年来大量触电伤亡事故发生在民工、外包工身上，约占触电事故的70%，这是经济体制改革中出现的新问题。民工、外包工不像电业人员那样经过长期电业生产劳动实践、安全技术教育培训、熟悉系统和了解设备。民工、外包工一般工作积极性都比较高，但也容易发生"越界飞行"而出事故，对他们的安全监护更要严格执行。由于监护人走开，民工、外包工触电的事故发生多起，故特别要做到监护人有事要离开时，必须叫他们停止工作，并集中到一起，指定专人把牢"不准工作"的关。

班组安全管理与培训管理

第三章　班组安全管理工作 ●

（5）工作终结问题。工作终结主要应注意以下问题：

1）凡向上级或调度汇报工作结束，但发现尚有某件事要做时，必须重新办理手续；或者虽然未汇报工作结束，但地线已拆除时，则应重新验电接地后方能工作。

案例3.10 为什么他在工作票终结后工伤身亡？

某变电所某日停电检修，当天在加高安全遮拦工作没有全部完成、地面未清扫的情况下，工作负责人和值班员办理了工作终结手续。值班员拆除了35kV开关室的安全措施，锁上网门后，工作票终结。次日未重新履行工作票手续，工作负责人带临时工未经许可，无工作票进入35kV开关室继续开关网门加封板工作。下午检修结束后，工作负责人带领3名非当值运行人员清扫现场，自己又进入35kV开关室，打开并进入运行的35kV母线避雷器间隔，被电击倒地，经抢救无效死亡。

2）不许约时送电，这方面以往曾有许多事故教训，随着通信手段改善，最近有所好转，但对一些作业点偏远的山区检修，仍应加以注意。

3）工作结束后要检查清理现场，防止有遗留物件导致事故发生，尤其电缆检修时曾发生过这类事故多次，主要是忘了拆短接线。

3. 交接班制度

认真执行交接班有利于安全生产和预防事故。每个值班人员都必须以严肃认真、积极负责的态度来对待这项工作。在接班前，首先要认真检查了解上一班的设备和系统运行方式、操作情况；设备异常、事故处理、缺陷处理情况、倒闸操作及未完成的操作指令；设备检修、试验情况、安全措施的布置、地线组数编号、位置和使用中的工作票及其他情况，然后进行现场巡回检查。交班方应实事求是把情况交待准确。交接双方加强互相监督的意识，促进交接班制度的落实。

4. 巡回检查制度

巡回检查制度是及时发现运行设备缺陷、设备异常运行的有效手段。许多运行、检修人员认真地进行巡查，及时发现问题，确保设备安全运行，各生产企业都已积累了许多好的经验。结合当前情况，应做好下列工作。

（1）设备巡视要到位。老的发电厂热机运行人员有一个好的巡回检查习惯，随身带电筒、听棒、一团回丝，对转动机械和汽水管道阀门听听有无异常声音，摸摸轴承振动和温度有无异常，看看是否有不正常漏泄、冒汽、冒烟，凡有滴油、挂油渍都用回丝擦净仔细检查。华东电力系统内曾有几次汽轮机高压缸导汽管漏汽，被巡回检查人员发现后停机，打开保温查出焊口裂纹已达 1/3 左右，避免了发生主汽管爆管而导致严重设备事故的事例。班组长应带头做好巡回检查，并对青工示范，把这一好的传统传下去。

案例 3.11　值班员综合素质高，夜巡灭事故

某变电所值班员王某灭灯对全所设备夜巡，当寻到 10kV 开关间时，听到附近发出细微的放电声，他寻声追查，发现 681 号断路器出线杆电缆头严重发红，烧落的铁屑不停地散落于地面。王某立即返回主控室，将情况向值班调度进行了详细汇报，并马上将该断路器断开隔离，从而避免一起电缆爆炸和断线事故的发生。

（2）巡回检查时不仅要查设备，也要查安全设施是否完整齐全，尤其是检修后对临时拆除的栏杆、平台盖板、格栅、防护罩等要恢复，防止发生高处坠落、机械卷轧事故和人身触电事故。

5. 设备定期试验和轮换制度

对于备用设备、系统是否随时处于可靠的备用状态，应按规定定期检查或轮换。它们的一些保护装置也应根据规定按时进行试验，加以检查、确认。班组长应根据规定周期进行切换，并做好记录。

定期试验工作在管理上主要以生技部门和车间为主组织试验或切换，一般由班组执行。某些试验项目需要其他专业执行时，班组应做好配合工作。试验时应有必要的预防事故措施，试验后要将系统恢复正常。

案例 3.12　试验为什么也出伤亡事故？

某电业局高压公司高试班在 220kV 某变电站进行新建 2386 线断路器均压电容电容量试验，工作负责人为高试班班长郑某（死者，男，43 岁），工作班成员四人均为高试班职工。8 时 55 分，郑某随同 5 月 8 日晚刚从杭州运回来的 TGWH—IA 介质损耗测定仪到达变电站，同已在变电站的工作班其他成员一起将新介损仪抬上开关检修平台后，放在 B、C 相开关间的平台处，与工作班成员王某一起按仪器使用说明书要求进行接线，并在现场做了工作分工，由周某负责高压倒接、拆试验接线，王某操作仪器及记录试验数据，潘某负责设备外壳接地，黄某在地面做辅助工作，郑某负责指挥、协调、指导王某操作仪器和监

147

护，同时简单交待了安全注意事项。试验从 B 相开始，当做到 B 相断路器线路侧第二只均压电容时，负责高压倒接、拆试验引线的周某被引线上的感应电麻了一下，向工作负责人提出"有感应电"，郑某就叫周某去帮王某记录数据，由自己去拆、接试验引线，由此以后的工作过程失去试验指挥和监护人。B 相断路器 4 只均压电容试验做好后，紧接着做 A 相断路器线路侧第一只均压电容，都很顺利，试验过程中加压、变电试验接线等环节都进行呼唱，但变更试验接线时都未按《电力安全工作规程》及反措要求做到高压设备放电、接地，试验电源回路中也未使用专用电源控制箱。接着做 A 相断路器线路侧第二只均压电容试验，9 时 30 分左右，王某加压记录下数据后，未呼唱试验结束，也未告知其他人员想再复测一次数据，又按下了仪器上的自动加压按钮，而此时郑某自认为试验已完成，仪器自动将电压回零（仪器上的蜂鸣声停止），没有联系试验电源是否断开，也未得到操作人呼唱许可，就擅自去拆除试验接线，导致触电，当即跌坐在检修平台上，随后瘫倒。在场的人员立即对其进行触电急救，并呼叫 120 急救车到现场。由医生接替急救随即送医院抢救，经过 7 个多小时的全力抢救，于 17 时 35 分抢救无效死亡。

案例分析

事故暴露出的根本问题是，安全意识薄弱，不仅疏于事故的预防，反而不断发生违章。具体有以下几点：

（1）作为此项工作负责人的郑某，在工作中擅离监护人职守，替代他人从事具体工作，致使在以后的工作中无人指挥、协调、监护，这种严重的管理性违章作业导致触电死亡。

（2）在拆、接高压试验接线前，均未按规定进行放电、接地，操作人再次加压前不进行呼唱，变更试验接线未得到许可等行为性违章连续发生，发生人身触电事故是必然的。

（3）装置性违章突出，试验中未使用高试专用电源控制箱，试验仪器中的过载自动掉闸装置的定值不能保证在试验人员触电时动作掉闸。

（4）新试验仪器在使用前未认真组织培训，造成现场使用中操作人员不熟悉新仪器性能、使用方法和安全注意事项，也是事故的隐患之一。

（5）工作现场安全管理薄弱，工作班成员安全意识淡薄，对这次试验中的各种违章现象，视而不见，无人制止，使事故不可避免地发生。

第二节 班组安全管理的主要工作

一、班组安全目标管理

（一）安全目标管理的概念

目标管理是电力企业推行的一种现代化管理方法，广泛应用于安全生产的数量、质量、成本和安全等方面的管理，安全目标管理就是它在安全工作中的具体应用。这种管理是首先调动全体员工共同将一定时期内应该完成的安全工作任务转化为安全总目标，并将其分解为各部门、各工区、各班组和每位职工的分目标，以明确彼此的安全工作成果、责任和职权。每个人根据确定的目标、自觉工作、自我控制，管理者依靠这些目标来计划、指导、协调和控制安全工作，定期进行考核评价，实行目标信息反馈，从而确保安全工作任务顺利完成。因为在由总目标与各层次分目标组成的体系中，组织总目标是依靠每个人完成自己的分目标来实现的，这种体系能使员工清楚自己对组织的贡献，引起员工的工作动机和兴趣，发现工作的价值，使员工个人在享受工作满足感和成就感的同时圆满地完成组织总目标。在这种管理中，上级对下级的关系是平等、尊重、依赖和支持，下级在承诺目标和被授权之后是自觉、自主和自治工作的。因此，这种管理的实质是一种参与的、民主的、自我控制的管理制度，也是一种把个人需求与组织目标结合起来的管理制度。

通常电力安全目标管理是依据实际情况制定年度安全总目标，并合理地层层分解、最后落实到每个班组以至每个成员工作上。因此，班组长必须充分认识班组在企业安全目标管理中的重要作用，自觉按照目标管理的要求制定明确、科学的目标，提出具体、可行的措施，依靠目标指挥、指导、检查、控制和评价班组及其成员的安全工作，不断提高班组安全的管理水平。

（二）班组安全目标管理的步骤和要求

安全目标管理遵循闭环原则，用螺旋上升式循环的 PDCA 四个步骤进行善始善终的管理。具体如下：

1. 安全目标的制定（P阶段）

（1）企业年度安全管理的总目标是制订班组安全管理目标的基本依据。即班组安全目标管理的分目标必须服从企业安全管理的总目标。

（2）确定的班组安全目标要符合实际。安全目标值是班组技术水平与管理水平的综合反映，应从班组的实际出发，恰如其分地确定。可由班组长和安全员根据班组专业性质和近年安全实绩、安全管理基础、人员素质、电网、设备状况拟订班组安全目标初步设想，将控制要求分解，具体列出目标限额。例如：确定不发生的差错及违章和以安全目标同期内总计违章扣分的控制指标；确定"两票"合格率；确定班组分管的主要送变电设备对安全有影响的指标控制；运行班组缺陷上报率、定期巡视检查到位率、线路跳闸率、配电线路非计划停电次数时间等；检修班组的消缺率、检修率、送变电设备可靠性等；施工班组的设备、材料、机具、仪器、千元以上经济损失事件的控制，安全施工作业票的合格率等；安全工器具的数量、配套率及完好率；全年度的安全活动、运行分析、反事故演习、消防、急救培训的目标次数等，交给班组全体成员讨论并订出本班组安全目标，书写上墙。如，某班组 1998 年的安全目标：① 全年不发生人身伤害事故，努力做到人身无轻伤；② 全年不发生人为原因引起的设备损坏事故或责任性障碍；③ 全年不发生火灾事故；④ 全年不发生责任性交通事故；⑤ 杜绝习惯性违章，不发生恶性未遂事故；⑥ 不发生特大、重大责任性设备损坏事故，包括做到班组设备无异常；⑦"工作票"合格率和"两措"完成率均达100%。

（3）在班组安全目标的基础上，班组成员应制订出自己的年度安全目标和措施。制订中，应根据每个成员的实际情况，如安全意识、业务技术水平、工种、制度熟悉情况、实际工作中的安全状况、所管辖设备的实际状况等，提出问题，加以解决。

2. 安全目标的实施（D 阶段）

要保证安全管理目标的实现，必须有相应的实施措施计划，具体解决"人、物、环境"三者之间存在的问题，即提出问题和解决问题。

（1）"人"的方面。如何提高班组成员安全意识、工作责任心和业务技术水平；如何落实"三不伤害"；如何减少违章；在安全管理上如何提高两票合格率，做好开工安全交底，中期安全检查和收工安全小结；如何抓好班组安全评价，计分考核等。

（2）"物"的方面。如何提高设备安全可靠性，如何落实"工艺质量标准"和加强设备巡回检查、加强工器具使用管理、提高设备消缺率，认真制定安、反措计划并及时上报，对已批准的安、反措计划立即着手实现。安措即是安全技术劳动保护措施计划，是电力企业为消除生产过程中的不安全因素、防止伤害和职业危害、改善劳动条件和保证生产安全所采取的技术组织措施。反措即是反事故技术措施计划，是企业以防止设备事故发生及由此诱发的人身事故，保证设备安全可靠运行为目的所采取的技术组织措施。

（3）"环境"方面。如何加强现场安全和文明生产管理；如何提高现场安全设施可靠性；做到现场不留隐患等。

3. 安全目标实施中的检查（C阶段）

目标实施中应定期或不定期地进行自我检查和指导性检查，畅通信息反馈渠道，及时纠正不当措施，协调工作接口关系，必要时可按规定提出修正目标方案等具体做法，对实现目标的过程加以控制，确保目标的最终实现。

4. 安全目标成果的评估（D阶段）

这是目标管理的最后阶段，应该依据上级批准颁发的目标，对班组及其成员实现的目标进行全面检查、比较、分析、总结，找出经验，找出不足，将成功的经验和惨痛的教训均纳入标准或规程中，使经验标准化、制度化，以便在下一个循环中执行和完善；引教训为戒，避免在下个循环中再犯错误。与此同时，还要把安全管理目标的执行情况与奖惩挂钩，更好地激励全班成员参与安全目标管理的积极性，不断提高班组安全目标管理水平。

案例 3.13　张强的难题　（一）

今年初，张强刚刚担任班长，当时正赶上实行班组计划管理，制订班组年度安全管理目标。于是，他冥思苦想了好几天，准备了个初步意见，交给大家讨论。大家却说："这目标定得太高，无法实现。"张强只好做了修改。可大家又说："目标定得太低，现在就已经达到了。"折腾来折腾去，张强感觉自己是黔驴技穷了。请你帮他出出主意，究竟怎样才能制订出比较合乎实际的班组安全管理目标呢？

案例分析

实行安全目标管理，是在传统安全管理的基础上开拓和发展起来的，是加强班组安全管理的有效措施。安全目标管理可分为两个阶段，即目标的确定与目标的实现。这两个阶段紧密联系，缺一不可。只有制订出切实可行的目标，才能把大家的积极性和创造性调动起来，同心协力地争取目标的实现。同时，也只有扎扎实实地开展工作，保证目标的实现，才能把预定的目标变为现实。班组制订安全管理目标，应注意把握这样一些环节：

（1）企业年度安全管理的总目标，是制订班组安全管理目标的基本依据。也就是说，企业安全管理总目标与班组安全管理子目标，是全局与局部的关系，局部必须服从全局，班组安全管理的子目标必须服从企业安全管理的总目标。所以，班组在制订安全管理目标时，首先应了解企业安全管理总目标是什么，有哪些要求，然后，再规划班组安全管理子目标。

（2）确定安全目标值要符合实际。安全目标值是班组技术水平与管理水平的综合反映，应从班组的实际出发，恰如其分地确定。如果定低了，不费力气即可以达到，便失去鼓舞作用，唤不起为之奋斗的激情；定得太高了，则会脱离实际，无法实现，也容易使大家失去信心。比如，有一个班组 1999 年提出的目标值是"0004"（即人身伤害事故、设备事故和火灾事故三者为零，实现第四个班组安全年），他们所以敢于提出这样的目标值，是因为该班组技术熟练的工人多，并且已有连续 3 个安全年的基础。他们经过努力这个目标值实现了。

（3）既要确定合理的安全管理目标，又要分析有利因素和不利因素，提出保证目标实现的各种措施。

（4）要发动群众来制订安全管理目标。能否做到这一点，不仅是个方法问题，而且是个根本态度问题，即是否尊重职工的主人翁地位。安全管理是群众的事业，制订安全目标，必须发动和依靠群众；实现安全目标，也必须发动和依靠群众。

（5）要对安全管理目标进行分析，落实到每个人。要使每个人都明确自己在目标体系中所处的地位和作用，以及为实现班组集体目标所承担的责任。

案例 3.14　张强的难题　（二）

在第二节的案例中，班长张强最终是在领导的帮助下，在收集大家意见的基础上，制订出了比较合乎实际的班组安全目标。然后，又根据每个工人的实际情况，把班组目标分解到个人头上。但是，新的问题又出现了：安全管理的子目标有了，张强却不知道如何围绕目标的实现开展工作。想来想去，张强决定求助于安监处的宋处长。假如你是宋处长，你会给张强提出哪些建议？

案例分析

安全管理目标确定之后，关键在于抓好落实。所以，确定好安全管理目标只是万里长征走完了第一步，大量的工作还在后面。如果不付出艰苦的努力，安全管理目标就有落空的危险。从一些班组的经验教训来看，要保证安全管理目标的实现，主要应抓好以下几方面的工作：

（1）把思想教育工作跟上去。在争取年度安全管理目标实现的过程中，由于各种因素的影响，职工很可能产生这样或那样的思想波动，放松对实现安全管理目标的努力。比如，有的职工发生了不安全行为，甚至造成事故，思想情绪消沉，认为"再努力也白搭"，干脆破罐子破摔。有的职工做出成绩受到奖

152

励，可能滋长骄傲自满情绪，止步不前。班组长应摸清职工的思想情况，有针对性地开展工作，引导他们克服消极心理，激发奋勇进取的精神。

（2）要把做好每一项工作都与实现年度安全管理目标联系起来。实现年度安全管理的目标，不是一朝一夕的事，而要通过一步步的努力，一步一步地靠近，抓好每个阶段或各项工作任务的安全管理工作，实际上就等于向年度安全管理目标靠近了一步。所以，班组长必须通过高标准地抓好安全管理工作，来保证年度安全管理目标的实现。

（3）要搞好目标成果的评估。年度安全管理目标是否达到了，当然应在年终时来评估，但定期检查实现目标的情况，总结经验，找出不足，明确继续努力的方向也很必要。班组应坚持每月、每季和每半年对目标成果进行评估，看哪些方面达到了，经验是什么，哪些方面还没有达到，教训是什么，并制订出具体的整改措施，作为下一步的工作重点和努力方向。

（4）要把安全管理目标的执行情况与奖惩挂钩。奖励先进，鞭策后进，也是保证年度安全管理目标实现的一种激励，并大力宣扬优胜者的先进事迹，号召大家向他们学习。对发生事故、未完成目标任务者，应视具体情况给予相应的处罚。经常进行表扬与批评，把外在压力变为职工的内在动力，对实现年度安全目标具有相当大的促进作用。

二、安全教育

《劳动法》规定企业必须对员工进行安全教育，它是职工培训的重要内容，也是安全管理的主要工作之一。因为人的意识、情绪态度、心理素质和行为具有一定的可塑性，能够通过适当的教育和训练来改变，使其符合安全生产客观规律。所以，班组安全教育和训练是提高班组全体人员安全理念，强化安全意识，具体贯彻"安全第一，预防为主"方针的需要；是养成组员正确的安全行为和作业习惯，提高组员掌握安全操作能力、专业安全技术和降低事故发生率的需要；是完成生产任务和确保安全生产的需要。

（一）按安全教育内容的分类

1. 安全思想教育

思想是指人们受外界的某种刺激，为了对此做出反应而考虑和判断应如何行动的心理活动。它受人们生活和社会环境，以及知识和经验的影响。因此，安全思想教育的实质是用新的理论和观念更换人们头脑中那些早已形成的不正确理论和观念，使组员脑中形成安全行动的愿望，在思想上充分认识到安全工作的重要性，牢固树立高度的安全意识，端正安全态度，建立良好的安全风气，从而在生产中自觉形成认真执行安全法规制度、学习安全知识、掌握安全技术的安全习惯。所以，安全思想教育是安全教育的核心、基础，是最根本的安全教育。它主要包括安全方针、政策、纪律教育、法规制度教育、职业道德教育、安全生产先进经验教育和管理教育等内容。

2. 安全知识教育

安全知识教育主要包括一般生产技术知识、工业卫生知识、一般安全技术、专业安全技术知识和现代安全管理知识等内容。安全知识是生产技术知识的组成部分，因而需要掌握与安全知识相应的生产技术知识。例如，企业基本生产概况，本班组生产技术过程、作业方法及工艺流程，所用各种机具设备的构造、原理和性能，操作技能和经验，以及产品构造、质量和规格等知识。

一般工业卫生和安全技术是员工必须具备的、最基本的应知应会的安全常识。主要包括企业内的危险源及安全防护基本知识和注意事项；生产中使用的有毒有害原材料或可能散发有毒有害物质的安全防护基本知识；企业中一般消防制度和规则；个体防护用品的正确使用等。

专业安全技术教育是不同专业、不同工种员工必须具备的专业安全知识，主要是指本专业和相关专业的安全技术知识、工业卫生技术知识以及根据这些知识和经验制定的各种安全技术操作规程等的教育。其内容广泛，包括电气安全知识、防火、防爆、防尘、防毒、噪声控制、起重、焊接、转动机械设备的安全知识，登高作业和其他各种危险作业的安全知识等。

与此同时，还需要不断进行安全系统工程、安全行为科学、事故模式理论等现代安全管理知识的教育，不断更新职工的安全理念，推进新的安全管理方法，不断提升班组安全管理水平。

3. 安全技能教育

安全技能教育主要是通过示范教学和多次反复指导学习者进行同样动作的训练或模拟训练，使其在生理上形成一种条件反射，一旦出现某种情况，便本能地产生某种反应的教学活动，主要包括安全操作技能、安全防护技能、安全避险技能、安全救护技能及安全应急技能等。

（二）班组级安全教育的分类

班组级安全教育是企业三级安全教育中最具体的、最重要的、内容最有操作性的、实践最需要的一种教育。它常分为两类：① 对新员工的安全教育，主要内容是介绍本班组的概况、生产特点、作业环境、危险区域、设备状况、安全（消防）设施等；讲解本工种安全工作规程和岗位职责、安全生产责任制，指出危险作业地点的安全注意事项；讲解正确使用防护用品和文明生产的要求；

学习掌握必要的安全技术、工业卫生知识和伤亡事故发生的原因，教训和预防的基本知识，安全防护设施的性能和作用；组织重视安全、技术熟练、富有经验的老员工进行安全作业示范，并讲解安全操作要领，说明怎样操作是危险的，怎样操作是安全的；强调不遵守操作规程将会带来的危害性；强调不违章冒险，不擅自单独操作，并辅以实例说明。② 贯穿于生产活动之中的日常安全教育，主要包括安全思想教育、安全纪律教育、安全法制教育、新员工班组安全教育、复工安全教育、"调岗"安全教育、经常性安全教育、对外包人员的安全教育等。日常安全教育尤其应该注意根据事故发生规律进行。例如：老员工容易凭经验办事，产生麻痹思想；新员工容易冒险作业；节假日前后，员工情绪易产生波动，月末、季末、年末、周末、收工时易出现抢任务、忽视安全等。掌握这些规律，及时地把思想教育工作和安全措施做在前面，就可以取得安全生产的主动权，真正做到防患于未然。

班组安全教育的方法与步骤可参见班组教育培训篇的有关内容。

三、安全教育中必须注意的心理效应

国内外事故统计表明，引起事故的原因是很多的，其中有设备的因素、环境的因素、规章制度的因素、人的因素等。人的因素除了生理因素还有心理因素。而人的心理因素往往是造成事故的主要原因。所谓心理效应是指由于心理作用而产生的效果。在进行安全教育中有如下几种心理效应必须引起特别注意。

（1）优先效应，也称第一印象。在实际生活中，人们初次接触所形成的印象、情景总是难以遗忘的。因此，班组长要抓好新人员的安全教育。因为这时他们的注意力比较集中，观察比较细致，留下的印象比较深刻。

（2）近因效应。指最近给人留下的印象往往比较强烈。这与优先效应的作用有所不同，前者在陌生情况下起作用，后者在熟悉情况下起作用，对员工经常性的安全教育，尤其是要抓住现实的、影响大的案例，结合班组生产实际和人员的心理状况进行，做到警钟长鸣。

（3）心理暗示。即用含蓄的、间接的手法，对别人的心理和行为产生影响的一种作用。暗示需讲究艺术性。因此，在安全教育中，要特别注意方式，运用现实中的典型和艺术中的典型感染力，使受教育的人获得现实真切的认识和感受。

案例 3.15　心理暗示的力量

英国心理学家哈德飞曾经给两组志愿者进行过不同的催眠。他对第一组人

155

说："你现在身体非常虚弱，你已经变成婴儿了，你全身都很瘦小，你的手指像小鸟爪子那么瘦……"慢慢地，这些人真的相信了。这时，给他们一个握力器，受测者的平均握力是29磅。然后，他又对第二组人进行了催眠，并说："我现在往你们口中滴的是营养液，是泰森服用的那种，所以，你会像泰森一样强壮，越来越强壮。"此时，他又让这些人去握握力器，结果，平均握力是142磅。而事实上，这两组人在清醒状态下的正常平均握力皆是101磅。

这个实验让我们清楚地看到了心理暗示的强大力量。而这种力量既可能是正面的，也可能是负面的。

（4）逆反心理。即在一定条件下，对方产生和当事人意志及愿望背道而驰的一种心理行为。逆反心理往往是由自我为中心、厌倦、对立等原因所形成的。在安全教育中，要掌握具有逆反心理者的特点，引导他们认清自我，进行自我教育。同时注意教育方式和方法，减少产生逆反心理的外界因素。可以在对方情绪不佳时，主动从行动上予以关怀，或干脆不理他，别唠唠叨叨，防止因心烦而产生逆反心理，继而产生逆反行为。

心理学认为，人的行为是受其心理因素支配的，人的心理问题已成为一种不可忽视的社会现象。一般说来，人总是处于某种心理状态下的，在生产过程中，当心境不佳时进行操作和作业，常不能集中注意力，违章行为增多而导致事故的发生。可见，人的不良心理状态对安全生产工作的影响是比较大的，即心理因素在事故致因中占有重要地位。为了减少事故，保证安全生产，需要研究班组成员的心理特点，有针对性地开展安全思想教育是极其重要的。

四、安全工器具、劳动防护用品用具管理

工器具是重要的劳动手段，其先进程度是保证企业生产正常安全进行、提高产品质量和劳动生产率的一个重要因素。工器具的质量也标志着一个企业、一个国家科学技术水平和工业发达的程度。安全工器具和劳动防护用品用具质量的可靠性还关系到劳动者的生命安全和设备安全问题。因此，强化安全工器具和劳动防护用品用具管理已成为企业管理的一个重要内容。

电力企业班组生产通常都需要使用大量的安全工器具，但是，常常因管理不善，造成积压、丢失、失效、损坏，乃至直接伤人，酿成事故的也不鲜见。因此，班组应根据专业、工种等生产实际情况，按规定和需要配备足够的、合格的安全工器具、劳动防护用品用具，并按有关规定进行管理、使用、检查和维修，要定期试验，不合格的要及时报修或更换。班组长和班组安全员应教会班组成员如何正确使用安全工器具，讲解其原理和性能，使安全工器具发挥应

有的作用。

（一）班组工器具管理的基本要求

由于各班组专业、特点不同，所采用的工器具也不同，所以管理的要求也不同，一般应做到以下几点：

（1）大型工器具、专用工器具、精密工器具等，一般都集中管理。要根据企业有关制度分层次保管的原则，该由班组管理的工具，应由班组长指定专人负责保管或兼管，要有领取制度，检查制度，并有适当的存放地点。

（2）零星工器具由个人保管，放入个人工具箱内，要求摆放整齐、清洁，丢失和损坏要赔偿。

（3）班组所有工器具，不论个人保管还是集中保管，都要建立台账，做到账物相符。

（4）做好工器具的检查、维护、保养工作，以防变形、锈蚀或损坏。

（5）定期做好工器具的送检工作，以保证使用精度和安全性。不合格的要及时报修或更换。

（二）常用安全工器具的管理要求

1. 绝缘安全工器具

绝缘安全工器具是指用以防止触电或被电弧灼伤的事故发生，保障工作人员人身安全的各种专用工具和器具，包括绝缘手套、绝缘靴（鞋）、绝缘胶垫、绝缘棒、绝缘钳、绝缘隔板、绝缘罩、核相器、高压验电器、验电笔、携带式接地线、携带式行灯变压器、接线盘（包括漏电保护器）等。对这类工器具的管理应做到以下几点：

（1）必须存放在干燥通风的室内场所，并有专门的钩、架、橱柜或专用的箱、袋等，用于安放各种绝缘安全工器具、防护用品用具和警告安全工器具等。

（2）同类型的安全工器具（如漏电保安器、行灯变压器、接地线、绝缘靴等）应实行全厂统一顺序编号，按号入座。

（3）每次使用前，必须进行下列检查：是否清洁、完好；连接部分可靠紧固、无锈蚀、断裂；无机械损伤、变形、老化、炭化等现象；是否符合设备的电压等级；是否在有效期内。

（4）按规定定期进行交流耐压、泄漏电流试验，不合格的应作明显的标志，严禁使用。

（5）发现有明显的缺陷时，应做出标志，停止使用，并上交车间或厂部按规定处理。

（6）新购置（含新领用）、检修过或更换零部件后的安全工器具，均应由企

157

业指定的"安全工器具检验部门"或电气试验部门进行检验，合格后方可使用。

2. 登高作业安全工器具

登高安全工器具是登高往返过程中的专用工器具，或高处作业时为防止高处坠落的防护用品用具，如竹（木）梯、软梯、升降板、脚扣、安全帽、安全带、安全绳、安全网、铝合金梯等。对这类工器具的管理一般应做到以下几点：

（1）安放于室内干燥通风场所，不能日晒夜露或受潮。

（2）同一类型的要统一编号。

（3）定期做静荷载试验。

（4）每次使用前进行外表检查。竹木梯有防滑措施，牢固无松散、无裂断、无虫蛀；金属梯各部铆接牢固、无裂纹、无严重变形、有完好绝缘垫；人字梯腿间固定牢固、无松股、木档无裂纹；安全带各部接口及铆接处完整牢固、金属卡子和挂钩保险牢固、无锈蚀；尼龙绳无磨损、脆裂、断股；安全帽外观无破损，并有四种永久标记：制造厂名称、商标、制造年、月、生产合格证、生产许可证编号。

3. 手持式电动工器具

（1）手持式电动工器具（如电钻、冲击钻、电锤、电锯、手提砂轮、角向砂轮等）应根据不同工作场所，合理选用。

（2）由于电动工器具的保管和使用条件比较严格，故一般不宜由班组自行保管，多数企业均由车间一级工器具库保管，并统一登记造册，进行定期测试，贴上标签。

（3）手持式电动工器具的定期检查，至少应包括以下项目：外壳、手柄有无裂缝和破损；保护接地或接零线是否正确、牢固可靠；软电缆或软线是否完好无损；插头是否完整无损；断路器动作是否正常、灵活，有无缺陷、破损；电气保护装置是否良好；机械装置是否完好；工器具转动部分是否转动灵活，无障碍；是否接在漏电保护器后，漏电保护器动作是否良好。

4. 常用起重工器具

常用起重工器具包括手拉链条葫芦、千斤顶、白棕绳、钢丝绳、绳卡、滑轮等。管理这类工器具主要做到以下几点：

（1）定期检查。

（2）手拉链条葫芦、千斤顶等应统一编号。

（3）领用起重工器具，必须进行外观检查，应无裂纹、破损、锈蚀、严重变形；转动部分应转动灵活，无障碍；保险牢固；绳索类应无磨损、脆裂、断股；并核对起重量与工器具是否匹配。

5. 个人防护用品

这类防护用品包括安全帽、安全带、防紫外线眼镜、防护眼镜、绝缘电工鞋、登高作业鞋等。它们的特点是按工种发放给个人保管使用。对这类防护用品的管理要做到以下几点：

（1）建立个人账卡，按规定期限发新换旧。

（2）核对安全带等编号，并定期试验。

（3）使用前要按上述有关要求进行检查，是否完好。

（三）个人劳动防护用品管理要求

劳动保护是依据国家劳动法规，从技术上、组织上采取各种措施，改善员工的劳动条件，减轻劳动强度，预防各种事故、职业中毒和职业病，保护员工在生产劳动中的安全和健康。

个人劳动防护用品主要有工作服、工作帽、手套、口罩、耳塞等，有些特殊工种还要用帆布工作服。

班组成员是劳动防护用品直接使用者，管好、用好个人劳动防护用品是班组劳动保护的一项重要具体内容。班组长在领导生产的同时，要抓好劳动保护和安全工作，要教育员工正确使用符合规定的个人劳动防护用品，班组长要注意以下几点：

（1）根据劳动者从事的工种、作业条件和接触有毒物质的情况，按企业管理部门的规定，领取所需劳动防护用品用具，要防止将劳动防护用品变相成为人人都有福利待遇。

（2）供应的个人防护用品要在生产中使用，实现它的效用，并做好督促检查。

（3）为在有毒、有害、高温作业场所工作的班组成员领取保健食品。

五、事故现场处理与调查分析上报管理

由于人、物、环境和管理四种因素中始终潜藏着不安全因素，尽管从上到下都在抓安全，但事故（包括障碍、异常和人身轻伤等）仍然有可能发生。一旦发生事故，班组长应做好以下工作：

（1）在做好人员抢救、事故处理的同时立即向上级汇报，并按规定做好事故现场的保护工作。

（2）立即布置有关人员分别写出书面汇报，内容包括事故过程、有关人员工作内容、设备和器材当时状态等。在做这项工作时，切忌预先相互统一口径，将事故调查引入歧途。

（3）接受事故调查组调查，一般规定当事人不得参加事故调查组。

对于班组成员人身擦伤、扭伤等尚未构成轻伤及以上的事故和班组工作中发生的异常、差错，则由班组长自己组织调查分析。

凡本班组发生有上述事故和一般伤害、异常、差错等，班组长作为安全第一责任人，必须按"四不放过"原则对有关人员（包括本人）进行教育，按规定进行考核，并做好记录。

案例3.16　出事后，班长该做些什么？

蔡处长：

前天，我们班发生了一起重伤事故。说起来很蹊跷，当时我正在锅炉零米处，猛一抬头，看见空中有一个像棉袄似的东西坠落下来，落到冷灰斗内。我赶紧跑过去，坏了，我们班工人李×躺在隔离层跳板处，不能动弹，腿骨骨折，住院治疗。难过之余，我向几个在场者了解情况，他们都说："李×是在机组大修时不慎从4m高处平台上坠落的。"当天，厂事故调查组来了，让我汇报事故经过，我把亲眼看见的事讲了，别的事再也谈不出来了。他们又问我："什么原因造成的事故？"我说："大概是不慎坠落的。"又问事故责任，我回答说："你们看着办吧。"调查组很不满意，说："你这个班长白当了，连本班工人怎么出事的都不知道。"我承认我未能及时进行调查了解，但话又得说回来，我没有遇到过这种事，根本不晓得怎么去做呀？蔡处长，你能告诉我吗？

班长：韩×

×月×日

韩班长：

不客气地讲，你确实缺乏责任感，但这与你不懂不会有直接关系。在生产中，不安全的现象时常发生，但伤亡事故并不多见。而一旦发生事故，班组长应该沉着冷静，遇变不惊，组织在场人员抢救受伤者和国家财产，并要注意保护好现场。还要会同安全员、技术员组成调查组，抓紧对事故进行调查和分析，尽快弄清事实真相，并向上级报告。调查处理事故，应按以下几个步骤进行：

（1）要进行周密细致的调查，了解和掌握真实的情况；班组发生了事故，班组长可能不在场，即使在场也不可能目睹全过程和每一个细节。要弄清事故的始末，只能依靠周密细致的调查工作。这种调查应围绕以下方面进行：① 事故发生的时间和地点；② 事故的经过；③ 事故的原因；④ 事故的主要责任者和直接责任者；⑤ 事故的后果。其中的重点是事故经过，只有把事故的经过搞清楚了，其他问题也就迎刃而解了。从调查的对象来看，主要是作业现场和在场的知情者。调查方法可根据实际需要，既可召开座谈会，让大家提供情况；也可进行个别交谈；既可到现场考察，也可对悬而不解的疑难之处做模拟试验。

（2）依据有关的安全规程，对事故进行具体分析。这步是关键，只有搞好分析，才能弄清原因，明确责任。可采取召开讨论会或班组事故分析会的方法实施。在分析中，要注意掌握依据，以事论理，切合实际。比如，你在信中谈到的那起坠落事故，上级已形成了调查报告。他们是从主客观两个方面来分析原因和责任的。从客观原因看，一是岗位培训有死角，李×在岗位培训期间，请假回家护理患病住院的父亲，回来后又未补训，致使他缺乏相应的防护知识；二是组长吕×要求不严，上班时明明发现李×未扎安全带，只是提醒而已，并未督促他扎上。从主观原因来看，李×自我防护意识淡薄，高空作业未能扎好安全带。经过分析，得出的结论是：李×是这起事故的主要责任者，坠落重伤属违章所致；组长吕×明知李×未参加岗位培训和考试不合格，仍让他从事高处作业，并且要求不严，乃是工作失职，应负直接责任。我认为，上级的分析是恰如其分的。

（3）要坚持实事求是，积极稳妥地进行事故处理。它包括两个方面，一是对责任者的处理，对因事故给国家财产和生命与健康造成损害者，必须承担责任，接受处理。处罚程度应根据各级有关处罚的规定和责任者行为及造成的后果来衡量。对行为特别恶劣、造成严重后果、触犯法律的应移交司法机关追究其刑事责任。属于班组惩处范围内的，班组要负责实施，并报到上级备案；不属于班组惩处范围内的，则应提出意见，请示上级批准。二是要发动大家联系事故和教训，查找事故的隐患和漏洞，制订相应的整改措施。我想，你按照上述方法亲自调查和处理一起事故后，经验一定能够丰富起来。不过，还是以不发生事故为好！

附上一份事故调查报告，供你参考。

安监处：蔡×
×月×日

附：

关于起重班张××坠落死亡事故的调查处理报告

工程处：我们班发生一起人身坠落死亡事故，现将事故情况和处理意见报告如下：

时间：1986年5月20日午夜1时52分。

死者：张××，男，37岁，铆工四级，受过三级安全教育。

事故经过：5月20日0时，张××上班后，开始吊装就位BC排煤仓间42m层梁（代号I42-4，长9m，高1m，厚0.3m，重约3t）。由于当时梁的位置不到位，卜×指挥吊车把梁吊起0.15m左右，就位后仍不正。张××站在BC间0.5m宽的端梁处，拿一根用螺纹钢做的撬棍（长1.2m，直径0.03m）抠了几下，但插不进去，便说："我这边没靠严，还得起点。"于是，卜×指挥吊车第二次抬钩，把梁吊起0.15m。张××将撬棍插入梁的东端下部，用双手把着撬棍另一头，脸朝西北方向。卜×说："不用撬，我给你转转杆。"张××未吱声，用力撬着架并告诉卜×"回钩"。当吊车落钩时，只听见张××"唉哟"一声，从41.4m高处坠落至10m高处平台上，颅骨、左肋骨、左臂小骨多处骨折。2时45分，张××被送往医院抢救，但因伤势过重于3时35分死亡。

事故原因：

一是思想麻痹，防护措施不落实。8个人在高处作业，其中有6个人（含死者）未扎安全带；对张××的违章作业无一人制止；起吊作业开始前，负责人也未交代安全注意事项。

二是有章不循，违章操作。死者张××使用不符合要求的撬棍，且操作不当（插入过长）。当吊物就位时，撬棍受力变向而导致事故。此外，指挥信号欠妥。吊物下落时应缓慢轻放，但指挥者却发出一次到位信号。

根据以上分析，对此起事故，张××应负主要责任，卜×应负直接责任。

处理意见：张××已经死亡，故不做具体处理。建议给卜×行政记过处分，停发半年奖金，并处以罚款。

第三节　班组日常安全管理工作

一、班前会、班中查和班后会

班组生产贯彻落实"安全第一、预防为主"方针的基本做法，就是在一日工作的布置阶段、实施阶段、结束总结阶段，自始至终地认真贯彻"五同时"，即同时计划、布置、检查、总结、考核生产工作和安全工作，同时进行安全指标与生产指标的检查与考核。

据统计资料可知，电力生产中大量人身和设备事故的深层次原因是人员的安全意识和自我防护意识缺乏，他们在工作、作业中的行为不符合安全要求，从而导致事故的发生，有些甚至是重复发生。因此，认真开好班前、班后会，做好班中（即上班期间）的巡检工作，做到一日安全工作程序化，把安全工作也列入程序，使每一个职工按标准化的工作程序进行工作，事事、处处严格执行已有的安全法规制度，那么就能够有效地防止班组事故的发生，确保班组安全生产。

1. 班前会（或称开工会）

班前会是班组长根据当天的工作任务，联系本班组的人员（人数、各人的安全水平、安全思想深度和稳定性）、物力（原材料、现场设备、施工机具、安全用具）和现场条件、工作环境、当日气候，系统接线和运行方式在工作（上岗）前召开的班组会。其特点是时间短（一般为 15min 左右）、内容集中、针对性强。

运行班在接班前，首先要认真检查了解上一班（必要时查阅本班前一次交班以来）的设备和系统运行方式、操作情况、有无检修工作、有无设备异常和缺陷存在，然后进行现场巡回检查。班组长要根据当天气象情况、负荷潮流情况、设备状态变化、系统运行方式等特点有针对性地提出安全注意事项及发生异常时相应的操作要求等。

检修班组和施工班组班前会上，班组长首先应对当天检修工作任务及相应的安全措施、使用的安全工器具等做到正确无误的了解，对担任工作的人员技术能力、安全思想、责任心、工作地点环境（如同杆架设或附近有相同电压线路平行架空等）、当天气象情况等应足够了解，重点突出"三交、三查"（即交任务、交安全、交措施，查工作着装、查精神状态、查个人安全用具），不同的工种对此可有一定的侧重。其主要内容是：

（1）交工作任务、内容和控制进度。

（2）交清现场条件、作业环境、系统接线、设备状态、"两票"或施工作业票的使用和执行情况。

（3）交代使用的机械设备和工器具的性能、操作技术。

（4）交清工作（操作）设备的名称和编号、位置、隔绝要求。

（5）做出合理分工，指派合格的工作负责人或监护人。

（6）工作中应采取的安全措施（含组织、技术措施）、安全注意事项。

（7）工作人员的工作着装应正确穿戴，符合劳动保护要求。

（8）检查人员的精神状态，凡不佳者，班组长和安全员均应引起足够的重视，对其的工作安排要有所考虑和另作调整使用。

（9）提示和检查工作人员完备佩带和正确使用合格的安全工器具。

（10）文明生产要求，做到工完料尽场地清，安全设施恢复原状。

个别班组成员因故没有参加班前会，班组长事后对此人应补课交底，防止发生意外。

对复杂的工作，班组长应该给工作人员发工序卡（或作业指导书等），其内容应包括操作步骤、质量要求、工艺要求、安全注意事项等等。

班前会是一种分析预测活动，要使之符合实际，具有针对性和预见性，在会前要下工夫准备，有关安全事项要在实际作业中验证总结。

2. 班中查（即班长上班期间的巡视检查）

班前会后，班长（以及班组安全员）的一项重要工作就是到班组工作现场进行安全巡检工作。其内容是：督促落实各种安全措施，检查员工防护用品的正确使用，查作业行为是否安全，机械设备是否正常，及时消灭事故苗子。检查重点是那些工作繁重、危险的项目，关心、指导那些因各种原因而思想波动的人，以及平时安全意识薄弱的人，及时发现、纠正违章现象；要发挥班组技术员、安全员和全体人员的积极作用，实行互相监督；遇有重大的事故隐患，应停止工作，及时向上级报告，认真整改，坚持在隐患消除、确认安全的情况下才能重新作业的原则，真正把"安全第一，预防为主"的方针落实在班组生产的现场。

另外，班组长在作业前交代的有关安全注意事项是否正确，必须在作业中加以考察验证。符合实际的，要坚持下去；不符合实际的，要适时纠正；没有考虑到的，要重新考虑进去。还要注意每次班会的联系与区别，尤其是长期从事同一项作业，环境又比较固定时，更应注意各次会议内容的连续性和针对性，不断提高班组会议的效率和效果。

案例 3.17　工作负责人为什么倒在开关柜内？

某热电厂 2 号机组（25MW）经调度批准于 1994 年 9 月 19～26 日进行计划小修，电机二班班长 A 在周一的安全活动会上布置了小修任务，要求全体人员在小修工作中注意人身、设备安全，严格按检修工艺要求进行。19 日下午 A 随一工作小组去 6kV 六—Ⅱ段开关室检查工作，该工作小组的工作内容是：2 号炉甲、乙送风机，甲、乙排粉机，乙磨煤机电机开关小修，工作负责人是 B，当来到六—Ⅱ段开关室的现场，A 发现开关柜门全锁着，便叫 B 喊运行人员来开锁（上午去主控室办理工作票许可手续时，工作票许可人和工作票负责人仅在栏内签了名字，双方都没有提出到现场办理工作票许可交底）B 对 A 讲：这个程序锁是我们装的，自己开就是了。就这样，A 和 B 用电工笔和螺丝刀拨开了 2 号炉乙吸，甲、乙排，乙磨，甲、乙送的开关柜上、下柜门的防误程序锁。同时，A 布置其他 3 位工作成员进行停电开关的接触器调整、清擦工作，A 和 B 分别对其他停电开关进行清擦及操作机构的检查和调整工作。过了一段时间，在场的工作人员听到放电声，随即"轰"一声响，发现 B 趴在 2 号炉甲吸开关柜内（上柜门已打开，下柜门仍锁着，为了锅炉的通风冷却，甲吸风机仍在运行，开关柜内带电），弧光引起衣服等燃烧，故障造成六—Ⅱ段电源断路器跳闸，备用电源自投后又跳闸，在紧急隔离电源后，将 B 从 2 号炉甲吸开关柜内抬出，平放于地进行人工呼吸，并送医院急救，因伤势过重，经抢救无效死亡。

案例分析

（1）事故直接原因是工作负责人 B（死者）穿了他人的工作服（工作票放在原来衣服的口袋里），因此，既不清楚工作的具体内容，又没有要求许可人到现场交底；进入现场后，见开关柜门关闭又没有主动联系运行人员来开锁，也不按工作票要求检查安全措施、检查隔板，更没有向其他工作人员交代工作中注意事项；在部分停电的开关室内进行检修工作，没有负起监护的职责，且直接参与了工作，在工作过程中，跑错位置（仓位），误入正在运行的 2 号炉甲吸开关柜间隔而触电。

（2）班长 A 到现场的目的是检查工作。但是，到现场后见工作人员少，便协助 B 安排工作人员的工作，客观上造成了 B 的依赖心理。当发现检修设备开关门全部锁上时，没有坚持要求运行人员前来开启，而是认可提出的我们自己开锁的习惯性违章做法，用螺丝刀拨开开关柜门的防误程序锁，作为班长带头违章作业是诱发这起事故的重要原因。

（3）工作票许可人对安规执行不严，未会同工作票负责人到现场检查所做的安全措施，交代注意事项，没有打开检修设备的开关柜防误程序锁等，给这起事故的发生留下了隐患。

3. 班后会

班后会是每天下班前由班组长主持召开的一次班组全体会。班后会以讲评方式为主，在总结、检查（某种意义上也是一次小的评价）生产任务的同时，总结、检查安全工作，并提出整改意见。班前会是班后会的前提和基础，班后会是班前会的检查和小结。班后会的主要内容是：

（1）简明扼要地小结完成当天生产任务和执行安全规程的情况，既要肯定好的方面，又要找出存在的问题和不足。

（2）对工作中认真执行规程制度、表现突出的职工进行表扬；对违章指挥、违章作业的职工视情节轻重和造成后果的大小，提出批评或考核处罚。

（3）对人员安排、作业（操作）方法、安全事项提出改进意见，对企业

165

（操作）中发生的不安全因素、现象提出防范措施。

（4）要全面、准确地了解实际情况，以取得的第一手材料作为基本依据进行讲评，使总结讲评具有说服力。讲评的重点应该是现场发现的不安全现象，分析时既要弄清现象的始末、原因，又要分清责任、提出防止对策；讲评的内容应在征求有关人员意见的基础上，归纳出要点，形成清晰思路，力求切合实际。班后会要结合实际进行安全思想教育并提高作业技术水平，要能发现问题和解决问题，针对性强，有实效。

（5）注意工作方法，做好"人"的思想工作。以灵活机动的方式，激励职工安全工作的积极性，增强自我保护意识和能力，帮助他们提高认识，端正态度，克服消极情绪，以达到安全生产的共同目的。

二、开展反习惯性违章活动

习惯性违章是指固守旧有的不良作业传统和工作习惯，违反国家和上级制定的有关规章制度，违反本单位制定的现场规程、操作规程、操作方法等进行工作，不论是否造成后果，统称为习惯性违章；或虽在上述规章制度中没有明确的条文规定，但其行为明显威胁安全或不利于安全生产，也称之为违章作业。

反习惯性违章是 1994 年提出的，当时电力行业的安全专家根据多年事故统计分析结果得知：90% 以上的事故是由于直接违章所造成的，尤其突出的是这些违章大都是频发或重复地发生在班组。如在《电力安全工作规程》（发电厂和变电所部分，电力线路部分与热力和机械部分）共 1258 条，经常违反造成事故的有 200 条左右。因此，分析研究习惯性违章的性质类型、采取有效措施，消除班组习惯性违章行为，抓好班组反习惯性违章活动，是当前班组安全管理中事事处处都要进行的一项很重要、很有效、很具体的工作，对确保电力企业安全生产有着很大的作用。

（一）习惯性违章分类

习惯性违章按性质分为以下三类。

1. 作业性违章

职工工作中的行为违反规章制度和其他有关规定，称作业性违章。例如：进入生产现场不戴或未戴好安全帽、高处作业不系或不合格使用安全带；不验电就挂接地线、挂接地线时不用绝缘棒、不戴绝缘手套、不先挂接地端后挂导线侧、接地线没有接好就接触导电体；操作前不认真核对设备的名称、编号和应处的位置，操作后不仔细检查设备状态、表计指示；未得到工作负责人许可工作的命令就擅自工作；转动设备检修时不按安规规定分别挂警告牌等。

案例 3.18　工作服的责任吗？

1991 年 10 月 10 日，某市城关变电站户内 35kV Ⅰ段母线的设备检修，运行人员结合母线停电，对开关室进行清扫。当运行值班员用拖把拖地面，接近线路侧带电铝排时，发生放电、拉弧，脸、右手、右脚趾遭电击，电弧烧伤严重。值班员穿锦纶毛衣去清扫，触电后扩大了烧伤面积。

1992 年某供电局一工作人员在变电所测绝缘子绝缘转移时触电，人被安全带吊住，但由于穿化纤服而严重烧伤，抢救无效死亡。

为此，网局、省市局三令五申要求职工穿纯棉工作服。但 1994 年、1995 年仍有人因穿化纤工作服，甚至赤膊工作，造成触电后严重烧伤、导致死亡的事例。

2. 装置性违章

设备、设施、工作现场作业条件不符合安规、规章制度和其他有关规定，称装置性违章。如厂区道路、厂房通道无标示牌、警告牌，设备无标示牌，井、坑、孔、洞的盖板、围栏、遮栏没有或不齐全，脚手架不验收挂牌，电缆不封堵，照明不符合要求，转动机械对轮不加罩等。

案例 3.19　为什么他挂安全带还坠亡？

某供电局 330kV 变电站值班员，清扫悬式绝缘子串时，安全绳的长度不够，自己便临时加了一段延长绳，挂在龙门构架上，在清扫过程中，绝缘子串从第 10 片外突然脱串，由于安全带加长绳强度不够，受人体坠落冲击力的作用破断，致使人从 14m 高处坠落致死。

3. 指挥性违章

指挥性违章是指各级领导、工作票签发人、工作负责人、工作许可人等，违反劳动安全卫生法规、《电力安全工作规程》等法规、规程、规定、制度，以及违反为保证人身设备安全而制订的安全组织措施和安全技术措施所进行的指挥行为。

案例 3.20　指挥违章　员工身亡

1997 年 11 月，某供电所为解决部分 10kV 线路超载问题，需进行负荷调整、分流，计划在 11 月 11 日至 12 日对部分 10kV 线路停电进行调整。11 日工作顺利结束后，12 日开出 3 张工作票，停 5 条 10kV 线路，分 9 个作业点进行工作，至 15 时左右工作基本结束。供电所工作总负责人柳某带几个临时工沿线对各作业点进行检查，在人民 525 线 15 号杆（15m 杆）处，发现该杆另一 10kV 线路已无用户，且跨越多处，为今年检修减少停电面积，需将此线路搭头解开，柳某在无工作票的情况下，擅自指派随行的临时工余某、洪某（死者，男，38 岁）上杆拆搭头线，并且未对两名临时工详细交待应注意的安全事项及必须采取的措施，想当然地认为 10kV 线路已停电，同杆架设的 380V 线路当然无电，仅放下接地线、登高板、断线钳等工具，就离开去其他地方检查。余某、洪某在没有任何措施下，没有验电、没有分层次三相短路接地即上杆工作，剪下搭头线，16 时左右，在下杆至 8.2m 处，触及下层由金钗变送电的 380V 带电导线，触电坠落，经现场急救并送医院抢救无效死亡。

事故暴露出的问题：

（1）在人民 525 线 15 号杆拆搭头线，不属于当日工作票的工作范围，因此是无票工作的严重违章行为。

（2）严重违反《安规》电力线路部分 4.3.2 条"同杆搭架设的多层电力线路挂接地线时应先挂低压，后挂高压，先挂下层，后挂上层"的规定和 4.2.1 条"在停电线路工作地段装设接地线前，要先验电，验明线路确无电压"及 4.2.2 条"对同杆架设的多层电力线路进行验电时，先验低压，后验高压，先验下层，后验上层"的规定，实际上既不验电，也未接地，是严重的违章行为。

（3）工作负责人和工作人员安全意识极差，工作前工作负责人没有交代应注意的安全事项和应采取的安全措施，也不在场认真监护，却叫不能担任工作监护人的临时工进行监护；工作人员应知道是违章作业，却因自我保护意识不强，仍然违章作业，导致事故的发生。

（4）装置性违章问题突出，供电局未认真执行省局《防止电力线路人身触电事故的补充规定的通知》的有关规定，未在不同电源的高低压同杆并架线路上悬挂"高、低压不同电源"的永久性标志牌。

全国电力行业的统计表明，习惯性违章作业、违章指挥是造成人身伤亡事故和误操作事故的主要原因。电力企业安全生产的基点在班组，要加强班组管理，夯实班组安全工作的基础，加大力度开展反习惯性违章工作。同时还应看到习惯性违章的顽固性和反复性，要事事处处常抓不懈。违章现象在日常工作中的表现是无组织、无纪律，其思想根源是主、客观相脱离，在认识上是缺乏对事故特性的理解。目前，许多电力企业为了实现人身死亡零目标这项艰巨和长期的工作，已根据上述分类，制订出班组反习惯违章细则，具体指导班组开展这项活动。

（二）反习惯性违章工作目的和要求

反习惯性违章工作的主要目的是杜绝人身死亡、重伤和误操作事故的发生，大幅度地减少人身轻伤，要从挖掘不安全的苗子着手，抓异常、抓未遂。

（三）如何开展班组反习惯性违章活动

（1）更新理念，提高认识。由安全心理学可知，员工习惯性违章的不良行为是头脑中不重视安全思想支配的结果。因此，结合已经发生过的事故案例，上级颁发的安全通报和安全简报，运用现代安全管理理论，积极开展员工安全教育，让员工从思想上真正树立起牢固的"安全第一，预防为主"、"安全法规制度化""安全以人为本管理"等理念，铲除日常习惯性违章的恶劣思想的根源，从思想深处认清习惯性违章的实质就是违反安全工作规程，其结果是偶然违章虽然不一定出事故，但是，事故风险急剧增高，极易发生事故。由事故三角形法则可知，习惯性违章早晚是会出事故的，其后果是害己、害人、害企业，甚至会危害社会，从而在行动上要严格要求自己，去掉不良习惯，自觉遵守安全工作规程等安全法规制度。

（2）认真排查本班组习惯性违章行为并制订反习惯性违章措施。对本班组存在的习惯性违章行为，进行认真细致排查。特别要防止走过场，只将上级要求重点消除的习惯性违章行为贴在墙上，应付上级检查；实际工作中却没有认真结合自己班组的问题排查；既查不到这方面材料，班组成员也讲不清反违章有哪些内容。吸取兄弟厂局、兄弟班组事故教训排查本班有无类似习惯性违章。

（3）认真监护，不走过场。工作安全监护是防止习惯性违章最有效的方式。供电企业无论是运行操作，还是检修工作，都规定有专责安全监护人。但在实际工作中，安全监护人从思想中或多或少地轻视监护的重要性，无意或有意地去做操作人的工作，忘记了自己的责任，失去了安全监护的作用。这种现象在生产实际中普遍存在，影响了安全监护的质量，是一种潜在的不安全因素，也是一种习惯性违章。所以，必须加强安全监护制，提高员工的安全意识，切实履行安全监护责任，纠正监护中的不良行为，更有效地防止作业性违章。

（4）开展标准化作业和科技进步活动，防止和抵制习惯性违章。发生违章，大多是员工在具体操作过程中，随意性比较大，凭着经验甚至感觉去干，这样必然会挂一漏万，发生差错。开展标准化作业，就是把所从事的作业任务，从计划、准备、实施直到结束，操作的每一步骤、每个环节都以规程的形式把它规定下来；制定具体的、标准的操作程序，在生产中执行。这种操作的规范化、标准化、程序化，可以减少人员工作上的随意性、盲目性，防止习惯性违章的发生。另一方面，还要运用人机工程学理论积极开展改革落后的操作机构或简化操作程序，加设防误动装置等创新活动，用科技进步抵制习惯性违章的发生。

（5）班组长对习惯性违章严格考核。积数十年安全生产的经验，安全工作中"严"是爱，"松"是害。《关于安全工作的决定》和《电力生产安全工作规定》中，都要求对发生责任性事故的单位和个人实行重罚，通过惩处少数人起到教育大多数的作用。同时，必要的处罚是保障安全规章制度实施，建立安全生产秩序的重要手段。严重违章导致有后果的予以行政处分，应由厂级有关部门执行，班组一级主要是对一般违章违纪行为按厂纪厂规给予恰当的处理。作为班组主要应做到两个百分之百，即对违章百分之百登记并上报，对违章者百分之百按规定扣奖金或罚款，并要做到公正公开、不偏不袒，即使被罚的是班组长本人或生产骨干，也应照规定办。还要对长期遵章守纪，督促别人认真反习惯性违章，消除事故隐患，避免事故发生的班组成员，应提请上级表彰奖励，做到赏罚分明。

三、危险点的分析与预控法

（一）概述

1. 危险点与危险源

所谓危险点就是事故的易发点、多发点、设备隐患的所在点和人易出不安全行为的状态。在生产作业中，危险点是指在作业中事故风险较大的地点、部位、场所、设备、工器具和人的状态等。而危险源是指可能造成人员伤害、职业病、设备损坏、作业环境破坏和人处不安全行为状态的根源。显然，点的危险来自于源，故点与源之间存在着相互依存的关系。即有危险点就一定有源，反之有危险源也必然有点。例如，与低压电源相接的导线，危险点是导线的裸露部分，其危险源是低压电源。若切断导线与电源的连接，则即使导线裸露也不存在引发触电的危险点。两者的区别是：点是指危险的具体地方或是具体人的状态，源则是指危险的最根本原因。因此，要实现安全生产的目的，就必须追寻危险根源，控制和治理危险点，否则，在一定条件下它们就有可能演变为事故。

危险点存在于以下三个方面：

一是在作业环境中。如作业环境中存在着危险源为有毒物质时，它将可能直接或间接地影响进入作业场所人员的身体健康，诱发职业病。因此，该作业场所就是危险点。

二是在机器、设备、工器具等物中。如作业机器、设备没有安全防护罩，其转动部分裸露在外，与人体接触就会输出动能造成伤害；带电的裸露电源线，如果人与之接触就会输出电能发生触电事故。因此，这些裸露部分就是危险点。

三是作业人员在作业中违反《电力安全工作规程》，随心所欲地操作。如有的作业人员安全意识薄弱，在高处作业不系安全带，即使系了安全带也不按规定系牢等，使自己处在高位能的不安全状态。此时，危险源是该作业人员的不正常的心理状态和作业位置的高位能，而这种状态下的作业人员就是该作业中的危险点。

由于人类从事的每一项生产活动都存在着包括劳动者本身、工具设备、劳动对象、作业环境等方面不同程度的危险性和不安全因素，故危险点虽然各种各样，但总是发生在环境、物和人三个方面。

2. 危险点分析预控法

危险点分析预控法是一种对危险点进行提前预测和预防的理性思维方法。它要求各级管理人员和作业人员进行有目的地运用相关科学技术知识，对电网系统生产中的每项工作，根据过去和现在已知的作业内容、工作方法、系统、设备、环境、人员素质、事故案例等情况，超前查找和辨识危险点、危险源，预测它们可能发生事故风险的类别、发生条件、发展趋势和后果等情况，最后依据有关安全法规制度，研究、制订可靠的安全防范措施等一系列思维活动。其目的就是确定未来作业中有可能存在的危险点，找出其危险源，为控制危险点提供依据，把"安全第一，预防为主、综合治理"的方针贯穿于整个生产经营活动之中，把"安全生产，人人有责"落到实处，实现安全工作的"三同时"和"五同时"，把可能发生事故的人、物、事、时等诸多因素处于受控状态，变事故的事后处理为事先把关，使安全工作成为企业内激的和自发的行为，将安全管理变为动态的、主动的、超前的现代安全管理，确保企业安全生产。

3. 危险点的特性

案例3.21　想当然带来的悲剧

在一次停电作业中，某变电站切断了一条支线的电源，并在邻近的1号杆处挂上一组接地线后，便通知作业人员登杆作业。两名作业人员想当然地认为同杆相近的另一条支线也是停电线路了，故没对其验电、挂地线就急于登杆作业。其中一人登到横担处，将脱下的脚扣伸进横担两侧，正待继续往上攀登时，左手碰到架在同杆的下挂导线上触电坠亡。后经查证，这根下挂导线是从另条线路引来的，同杆共架带电线。因此，这根下挂线是该杆上作业的危险点。忽视它的存在，则早晚要造成悲剧。

上述案例虽然是从无数事故实例中任选出来的，但是，它们对无视危险点的客观存在，不考虑它的复杂性，不主动分析和预控危险点的教训却是具有普遍意义的。由此也可帮助理解危险点的以下三个主要特性：

（1）危险点具有客观实在性。生产实践活动中的危险点，是客观存在的。它存在于我们意识之外，不以人的主观意识为转移。不论我们是否愿意承认它，它都会实实在在的存在着，如果无视危险点的客观实在性，对它视而不见，不做预防，盲目侥幸地作业，那么，一旦主客观条件具备，危险点就会由危险突变为事故。因此，我们在分析作业前，一定要从客观实际出发，主动、全面、正确地辨识全部危险点，进而研究和采取行之有效的安全措施加以防范，绝不能采取回避态度，甚至以侥幸心理对待危险点。

（2）危险点具有复杂多变性。在作业中存在的危险点本身含有许多不确定因素，是复杂多变的，其复杂的程度由作业实际情况的复杂性决定。因为实际作业过程中有许多因素是随机的，它们受设备、环境的影响，特别是受人在作业或指挥中的心理和精神状态的影响。每次作业尽管作业任务相同，但由于参加作业的人员、作业的场合地点、使用的工具以至所采取的作业方式各异，可能存在的危险点也会不同，而相同的危险点也有可能存在于不同的作业过程中。即使是相同情况的作业，所存在的危险点也不是固定不变，旧的危险点消除了，新的危险点又会出现，所以分析预控危险点的工作不能一劳永逸。危险点的复杂多变性告诫我们：在分析预控危险点时，一定要坚持进行动态分析，做到具体情况具体分析，按照实际情况决定应取的防范措施和方法。

（3）危险点具有可知可防性。因为危险点是一种客观存在的事物，由辩证唯物论原理可知，一切客观存在的事物都是可知的，所以危险点是能够被我们认识和防范的。为此，在电网系统生产作业中，只要思想重视、措施得力，危险点是完全可以预先认识、提前发现、超前预防的。

4. 开展危险点分析控制的重要性

案例3.22　解码圆满完成登杆清扫任务的秘诀

某班在10kV线路停电清扫之前，吸取以往一些单位发生事故的教训，首先对将要清扫的线路进行考察和登记，结果发现一个基杆已改为双电源杆，消除一起有可能导致人员触电的事故。其次，鉴于参加此次作业的人员工作经验较少，对登杆清扫作业不够熟悉的实际情况，利用半天时间进行培训，着重讲解清扫作业的要领，应注意的安全事项和防范措施，并带领他们现场演练，一人作业，大家观看。由于大家熟悉了这项作业技术，知道了危险点，采取了防范措施，使这次登杆清扫任务圆满完成。

案例3.23　孙某触电身亡谁之过？

某班在一次10kV变压器台上更换避雷器时，由于操作人员张某停完两相跌落开关后，便以为"电已停完"，将操拉杆竖在墙上。作业人员孙某手持只填写了"注意扎好安全绳子"字样的工作票走到现场，并立即登上变压器台，结果只听一声巨响，孙某触电后坠落到地面，抢救无效死亡。

案例分析

造成这次事故的原因有以下两点：

（1）张某漏停变压器的A相高压跌落开关，变压器仍然有电。

（2）工作负责人、许可人、孙某均未开展危险点分析预控活动。如果在填写、审批工作票时，认真开展危险点分析与预控，针对危险点填写应注意的安全事项和应采取的措施，就能防患于未然。

由上述案例可知，在进行任何作业之前，千万不可忽视危险点的分析和预控，要在思想上充分认识危险点分析预控的重要性。

（1）危险点分析控制方法就是引导每位职工对电力生产中的每项工作，根据作业内容、工作方法、环境、人员状况等全面、全过程地去辨识危险的地方，分析可能产生危及人身或设备安全的危险因素，也就是不安全因素；再依据规程规定，采取可靠的防范措施，以达到防止事故发生的目的。这是一种以工作危险预想方式，针对作业实际情况，由领导、他人、和自己多方提醒作业人员注意危险点，采取措施防止可能发生事故的有效方法。它易学、易懂、易用的特点，能引起员工学习、掌握的兴趣，有利于它的推广应用，从而可以促进以人为本、全面、全员、全过程的安全管理活动的深入开展，大幅度地提高全员、特别是一线人员的安全管理水平，将事故防线牢牢地设在生产的最前线，有力地巩固了安全生产的基础。

（2）完整规范的危险点分析预控方法，其实施的程序、内容、各级人员安全责任、检查重点等内容明确，同时还具有一系列应用现代科学预测理论和方法建立的多种安全预测和预防的方法，使危险点分析和预控在有序、规范、受控的状态下实施。它尤其强调《电力安全工作规程》和"两票三制"在分析和预控中的指导性和权威性作用，有利于员工对规程的理解和接受，有利于纠正习惯性违章。因此，这种方法可以强化《电力安全工作规程》和"两票三制"的执行力，深化反违章工作，进一步做实、做细、做严班组、部门、企业的安全管理工作。

（3）通过实施危险点分析预控，使员工认识到在生产过程中危险存在的必然性，培养、树立了职工以预控危险点来保证安全生产的思维方式，更新了安全理念，提高了安全意识，增强了安全素质及其自我防护能力。与此同时，它还能使员工较快地掌握危险点的特性，摸清各种事故发生的规律，通过采取有针对性的预控措施，使危险点无所遁形，减少各类事故发生。

（4）危险点分析控制可以明确安全培训教育的针对性，提高学员学习兴趣和自觉性，有利于理论与实际的结合，从而增强安全培训教育效果，提高安全培训教育水平。

1）可以提高员工学习法规制度的兴趣，增强安全培训效果，提高安全教育水平。心理学认为，现实的危险性能够激发人的安全需要，而安全需要又能引发人的安全动机，产生安全行为指向安全目标。由存在决定意识的原理可知，只有人们真正意识到现实危险性的时候，才能产生强烈的安全欲望，进而采取保护措施，化险为夷。以往一些安全教育所以引不起多大震动，一个重要原因就是有的职工总以为那些危险点引发的事故发生在其他企业，离自己的身边遥远；那些危险因素并没有对自己构成现实的威胁；安全规章制度好是好，究竟对自己起到什么样的保护作用却看不出。这样，安全教育对他们来说，如同"敲山震虎"或"隔靴搔痒"，不能直接地引发他们的安全动机。危险性教育必须把在作业中可能存在的危险点和有可能造成的事故后果告诉作业人员，这就会使他们感受到现实存在的危险性，如不设防，势必会危及生命安全和身体健康，既能激发他们维护有机体生存的自然的安全需要，又能引发他们为他人的生命安全和身体健康负责，为企业的生存和发展负责，为国家和社会稳定负责的社会需要。因此，危险性教育能够更直接、更有刺激性地引发安全动机。

2）危险点分析预控可以使安全教育指向明确，从而保证安全目标的实现。安全教育作为一种手段或形式，所要达到的根本目的是增强职工群众的安全意识，并在这种安全意识支配下去自觉地做好各项安全工作。但是要使安全教育获得理想的效果，必须讲究针对性，即要紧紧围绕职工群众最迫切需要解决的思想和实际问题来进行。这就要求安全教育必须结合作业一起进行，恰当地渗透和贯穿到作业之中。危险分析与预控教育则最能体现教育目的和为安全生产服务的保证作用。

某局发生 66kV 线路单相接地、两相运行，上级要求紧急巡线。某局接受任务后，首先进行危险点预测：第一，该设备两相运行，接地点有电，有可能触电；第二，当时正值秋后庄稼茬口都留在地里，有可能造成摔跌伤害。然后，他们有针对性地进行安全教育，要求作业人员无论是发现导线落地或其他问题，都必须按照《电力安全工作规程》的有关要求与接地点保持一定的距离，行走时必须避开导线正下方，设专人看守，以免他人或牲畜误碰导线，夜间在收割后的庄稼地里巡视时要加倍小心。两人一组行走时应相互提醒，采取多组人员巡视，以减少每一组的巡视长度。这样，教育内容贴向实际，要求明确，作业人员在很短时间内便发现和处理了故障点，恢复了设备的正常运行。

3）危险点分析预控有助于安全培训教育的理论与实际相结合。以往，一些单位在组织学习安全工作规程时，往往要求职工死记硬背条款。从理论到理论，不但激发不起职工的学习兴趣，而且记不住，更谈不上在实际作业中加以熟练地运用了。危险性教育能改变这种现象，增强学习效果。如：某局针对冰雪天变电运行巡视设备的实际，找出有可能存在的五个危险点。其一，端子箱、机构箱内进雪融化受潮，直流接地或保护误动，应采取的措施是检查箱门关闭是否良好，如其受潮，要立即用热风机干燥处理。其二，蓄电池室内温度过低，不能正常工作，应采取的措施是封闭门窗，温度不低于规定值。其三，巡视路滑，易摔跤，易误入覆雪坑内，应采取的措施是穿绝缘鞋、慢行、及时清雪。其四，设备覆冰雪脱落伤人，应采取的措施是戴棉安全帽。其五，上下室外楼梯踏空，易发生滑跌，应采取的措施是及时清雪，抓住扶手慢行。实际上，各类作业的安全工作规程所归纳的经验和技术措施，都有很强的针对性的可操作性，换句话说，它系统地阐述了控制各类危险点的理论和方法。结合作业中有可能存在的危险点学习安全工作规程的有关内容，既能加深对安全工作规程基本内容的理解，又能发挥安全工作规程的指导作用，加强对危险点的有效控制。对职工来说，这样的学习和教育不但能够增强安全意识，而且能掌握控制危险点的防护技术知识。

4）危险性教育是一种群众性的自我教育方式，最能动员职工群众参与教育的积极性。能否控制作业中有可能存在的危险点，保证安全，这直接关系到参加作业的人员的生命安全与身体健康，关系到他们是否安全准时地完成工作任务，获得更多的经济效益，因而这类教育最能吸引职工群众。从危险性教育的

175

过程来看，不论是危险点或制订防护措施等环节，都是依靠职工的聪明智慧来完成的。这样每个职工不仅是受教育者，也是在进行自我和相互教育的教育者，从而改变了以往有些安全教育"你讲我听"，职工群众始终处于被动地位的状况，使教育效果明显增强。

（二）分析预控危险点的基本要求、方法与步骤

1. 分析预控危险点基本要求

危险点分析预控是一种理性思维活动，开展分析和预控时应该做到以下几点。

（1）点清源明，把握正确。分析危险点要求在了解该设备系统的功能、结构以及运行情况，并且明确工作任务、检修项目或操作目的的基础上，在安全科学理论指导下，以安全工作规程为指南，做到辨识的危险点位置具体、数量、范围清晰，危险源及其数量明确，危险因素的个数、类型、危险等级及发展趋势分析正确。

（2）善于总结，加强预见。分析危险点必然要借助于过去和现在的安全情况，但它绝不仅仅是对过去和现在的经验教训作出总结，而是把分析的对象指向即将开始的作业实践，对其没有显露却有可能存在的危险点进行推测。它不能停留在对即将开始的作业中存在哪些危险点，每处危险点有可能造成哪些危害等一般认识上，更重要的是，分清危险点的主与次，加大管理力度，投入可靠的设施，使主要的危险点得到有效的控制，次要的危险点得到可靠的监视。否则，就会处于低级的循环状态，就会背离做好预控工作为作业顺利进行提供安全保障的初衷。

（3）认真辨识，区别同异。在开展危险点的分析活动中，人们注重把即将展开的作业与以往的同类作业相比较，从以往作业的经验教训中找出即将展开的作业有可能存在的危险点。这是因为即将展开的作业与以前完成的作业情况极其相似，所用的机械设备、作业过程、作业环境、甚至参加作业的人员等基本相同。这样，以前完成的作业存在的危险点，就有可能在即将展开的作业中重复出现，给作业人员或设备造成损害。但另一方面，由于客观存在的危险点是复杂的、变化的，因而，在开展危险点分析活动时，还必须注意根据不同的工作进度，针对不同的情况进行动态的、新的危险点分析，做到具体情况具体分析。特别要注意分析同类作业或相同操作的危险点，要分析和把握有可能出现的新的危险因素。严格地讲，某作业情形再类似，也必然存在时间、地点、操作要领、工器具、作业人员等差异。在预控危险点时，必须把这些差异考虑进去。

从时间来说，有白天作业与夜间作业、晴天作业与阴、雨、雪、风天作业等区别。

从场所来看，有不同作业场所区别，即使是同一个作业场所，不同时期的人、设备、环境，也会发生变化。

从使用的工器具来看，不同的作业对象需要不同的工器具。即使相似的作业对象，使用相同的工器具，工器具本身的完好率也需要认真检验。有些工器具本身存在缺陷，这便是个危险点。

从作业人员来看，每次参加作业的人员也不可能是完全相同的。即使是同一人员从事同一作业，其思想状况、情绪心理、技术状况等也会有变化。再者，从事群体作业，工作组成员年龄不一，技术素质有高低，反应能力有快慢，如果组织协调不力，也会埋下事故苗头。

（4）循规蹈矩，切实可行。控制危险点必须在安全法规制度的指导下，遵循危险点的控制原则，提出目标明确、符合规定、切实可行的控制措施。

（5）突出安全工作规程的指导和指南作用。因为安全工作规程是前人血和生命教训及预防事故经验的总结，又是被实践检验证明的科学真理，故它是分析和预控危险点的行为指南。只有以安全工作规程为指导，分析预控危险点，所得出的预控结论才具有更高的可靠性；也只有以安全工作规程为指导研究制定安全措施，并落到实处，才能更加卓有成效。安规的这种作用具体表现在以下几个方面：

1）它指明了各类作业中存在的常见危险点。各类安全工作规程都有针对具体危险点而言的"不得"、"禁止"、"防止"等方面表述，比如《起重运输作业安全操作规程》规定："吊钩上的缺陷不得焊补"，如果吊钩上存有焊补之处就应视为危险点；滑轮槽"不准许有损伤钢丝绳的缺陷"，如果滑轮槽存有这种缺陷，将会发生损伤钢丝绳的危险等。因此，在危险点分析预控中，首先要认真学习安全工作规程里有关的全部内容，并以此为指导分析作业的实际情况，这样就不难寻找出一切可能存在的危险点。有的时候，完成一项较大的作业需要各工种密切配合，这就应该学习与各工种作业有关的安全工作规程，把有可能存在的危险点都预测出来，防止因考虑不周出现遗漏而埋下隐患。还应注意的是安全工作规程只是为了寻找危险点提供了一般的指导性的依据，不可能把所有的危险点都列举出来。在开展危险点预控活动中，我们要坚持以安全工作规程为指导，又应坚持从实际出发，从对实际情况的分析预测中得出科学的结论。

2）它指明了各类作业中危险点的预控措施。安全工作规程中关于应该怎么做、不应该怎么做，以及一些标准界限划定等表述，实际上，都是预控危险点的基本措施，对同一类作业具有普遍的适用性和可操作性。《电力安全工作规程》（电力线路部分）第 57 条规定："在停电线路工作地段装接地线前，要先验电，验明线路确无电压。"在停电线路工作，先验明是否有电，如果有电即停止作业，这样就能防止被实际存在的电流伤害。第 59 条规定："线路经过验明确无电压后，各工作班（组）应立即在工作地段两端挂接地线。"挂接地线后，当线路意外带电时，电流便会经过地线流入大地。因此，挂接地线是防止人身触电和设备损坏的有效措施。第 121 条规定："在配电变压器台（架、室）上进行工作，不论线路是否已停电，必须先拉开低压隔离开关，后拉开高压隔离开关，在停电的高压引线上接地。"落实了这些安全措施，即使在作业中万一误送电，作业人员也能避免受到伤害。第 126 条规定："在带电线路杆塔上（60～100kV）查看金具、绝缘子等工作时，作业人员活动范围及其所携带的工具、材料等，与带电导线最小距离不得小于 1.5m。"保持 1.5m 最小的安全距离，就能预防触电危险。反之，就会被电流伤害等等。由此可以说明安全工作规程指明的方法和措施是分析预控危险点的"法宝"。吃透和遵守安全工作规程，就能找对措施，遏制危险点的生成、扩大和突变。

3）安全工作规程还指明了发生危险后，应采取哪些措施把损失减少到最低限度。安全工作规程的一些条款中，对如何处理机械设备故障或其他险情，均作出了明确规定。按照规定去做，就能有效地控制危险点。

案例 3.25　某水电站的事故教训

某水电站在维修高压开关柜下设备时，运行班长看完工作票后，就叫某值班员去操作，还慎重地说了一声注意安全，就去干别的工作了。结果运行操作人员误拉隔离开关，导致开关爆炸，烧伤 7 人，全站停电。连续抢修后并网发电时，2 号机在升压过程中冒烟着火。面对事故，运行人员不是果断停机，而是跑去找领导汇报，使事故后果扩大，定子线棒被烧损。

案例分析

（1）违反安全工作规程的规定：停运电气设备，必须办理操作票，设有监护人，唱票操作；本例中既没有办理操作票，又没有明确监护人，更没有唱票操作。如果有关人员严格按照安全工作规程办事，坚持执行各项工作制度，这起事故绝然不会发生。

（2）对操作危险性认识不足，未能结合实际项目进行危险点分析，操作时未能要求无关人员退场，因而造成事故伤害扩大。

（3）发生事故后未按安全工作规程的规定，没有果断停机并启动灭火装置，而是跑去找领导汇报，使事故后果扩大。

2. 分析预控危险点的基本方法

（1）归纳分析预控危险点法。它是从已知的一些具体的事实中，分析推断出即将开始作业中也会存在的危险点的一种方法。这些已知的具体事实，既可以是本单位过去经历过的经验教训，也可以是本单位在同类作业中曾经发生过的事故。如某单位在输电线路工程施工展开前，为分析预控此次工程中有可能存在的危险点，首先对本单位历史上发生的 58 起事故进行分析。这些事故的致因均属施工人员作业时，自觉或不自觉地诱发了已经潜在的危险点。被诱发的危险点释放出危害能量，又促使事态进一步发展或扩大，从而使人员受到伤害。在杆塔竖立阶段发生事故 30 起（其中高处坠落 11 起、物体打击 10 起、机具伤害 4 起、触电 1 起、其他事故 4 起）；在放紧线阶段发生事故 28 起（其中高处坠落 9 起、物体打击 8 起、机具伤害 7 起、触电 2 起、其他事故 2 起）。然后根据事故类别和事故诱因经过，结合此次工程施工的实际，找出各类危险点 150 个，重点加以防范。该单位针对存在的危险点，制订的预控措施是：

1）加强危险性教育，增强职工安全意识和遵章操作的自觉性，预控职工不安全行为。

2）采用先进的安全工器具，如使用速差自锁器、漏电保护器等。

3）在制订施工技术措施时，考虑足够的安全系数，即使出现意外情况也能保证不发生事故。

4）设置后保护措施，防止危险点的危险能量进一步扩大，如紧线时在容易滑动的紧线器后面加装一个元宝螺栓，紧线施工采取地面划印法以减少高处作业量等。

5）针对作业环境中存在的危险点，加大防范措施，如：平行靠近运行线路的架线施工做好接地；地形复杂的桩位、起吊作业等，适当提高工器具的安全系数。

6）提高现场指挥者的综合组织能力，防止出现违章指挥。

（2）演绎分析预控危险点法。它是从危险点存在的一般规律，分析推断即将开始的作业中存在危险点的一种方法。在电网系统生产作业中，虽然每次作业种类、时间、场合、人员不同，但同类作业中容易引发事故的危险点却往往相似。除了高处作业易于引起坠落之外，其他如使用机械易引起机械伤害，接触电源易引起触电，起吊作业易引发起重伤，夏季作业易引起中暑等。了解这些基本的常识，就可用来分析预控即将开始的同类作业中有可能存在的危险点。安全心理学认为，在接近中午或下午下班时间，职工经过几小时作业后，身体出现疲劳，导致精力分散，并且急于下班吃饭休息，往往图省事而随意作业。某线路班维修班长掌握这一结论后，即把接近中午或下午下班时间作为一个易于引发事故的"危险期"，从而加强了管理。一是增加一次工间休息，使职工有足够的时间恢复体力和精力；二是加强监护，唤起职工的安全注意力；三是保证车接车送，使职工准时进餐。由于措施得当，某线路维修班在这一"危险期"没有发生过违章现象。

（3）调查分析预控危险点法。它是通过考察，多方了解情况，分析推断即将开始的作业存在危险点的一种方法。也就是在了解即将开始作业中存在的危险点前，首先进行调查研究，以便在掌握大量情况的基础上，进行去伪存真，去粗取精，由表及里地分析加工，正确地找出危险点。至于调查的方法很多，既可以到作业现场考察，了解那里的作业环境，工作对象；也可以向有过此类作业经验的内行请教，了解他们的意见和看法；还可以发动作业人员展开讨论，群策群力地分析预控危险点。在调查中，不仅要了解危险点有哪些，以及它的发展趋势和有可能造成的危害，而且要了解应该采取哪些预控措施。这样，才能提高分析预控危险点的可靠程度。

3. 分析预控危险点的基本步骤

（1）根据过去的经验教训，以及本次作业的任务、人、物、环境等实际情况，应用安全系统工程学方法，绘制事故树或鱼刺图、危险分析预测图等安全先进的方法进行分析、预测、辨识危险点。

（2）查清危险源，找全危险因素。

（3）识别转化条件，即研究危险因素转变为危险状态的触发条件和危险状态转变为事故的必要条件，这是关键。

（4）划分危险等级，排列出先后顺序和重点，以便突出重点、照顾一般地加以分级"控制"或"处理"。

（5）有的放矢预防控制危险点，制定作业危险点控制对策表。制定控制事故预防措施。指定负责落实控制措施的单位和人员，并且必须监督到位。

（6）作业中按照作业危险点控制对策表的要求，严、实、细地认真实施危险点的控制。

（7）作业完成后，因对本次危险点分析控制情况进行客观地总结，以便正确掌握和不断完善这种安全管理方法。

4. 预控危险点的原则

危险点分析预控方法是电网系统许多企业在安全生产工作中，注重现代安全管理理论同企业安全生产实际情况相结合而形成，并在实施过程中不断加以总结和完善的一个完整规范的安全管理方法。它在研究和借鉴轨迹交叉论、多米诺骨牌原理、事故形成多种原因论和能量转移论等事故理论的基础上，提出四个新论点：一是人与物之间并非出现轨迹交叉就一定会造成事故。只有人与物本身存在的危险部位接触，而又失去有效的自我防护手段时，才会造成伤亡事故。二是只要营造安全的作业环境，使用保险的生产工具，事故就能大大减少。因此，预防事故的重点应该在及时发现和有效控制客观存在的危险点上。这样，即使人发生不安全行为，也不会出现什么不良后果。三是在事故形成的多重原因中，起主导作用的原因是危险点。因此，有效地控制事故的关键是不能平分兵力，不分主次控制一切因素，而应集中优势兵力，形成拳头去控制作业中的危险点。四是认为事故是因为存在不希望有的能量转移造成，要有效地预防事故，就必须采取控制不希望有的能量转移措施。由于这些事故理论和现代安全管理理论的指导，危险点分析预控的实践中，又进一步总结得出以下几条预控危险点的原则：

（1）本质安全原则。本质安全是指设备、设施或技术工艺含有内在的能够从根本上防止发生事故功能的安全。这种安全具有自动防止人不安全行为的失误—安全功能，以及发生故障或损坏时，还能暂时维持正常工作或自动转变为安全状态的故障—安全功能。这两种功能通常是设备、设施和技术工艺本身固有的，是在它们设计、选型、制造、安装、验收各个环节中，采用各种技术手段来实现的。对于已经存在的危险点，应结合大修进行技术改造彻底消除，力争实现系统的本质安全。这样即使有人操作失误或个别部件发生故障时，都会因有完善的本质安全装置而避免伤亡事故发生。如多氯联苯电容器有剧毒，则可以更换改用别的无毒电容器；防误闭锁装置不完善，则加装微机防误装置等，以彻底根除危险。

（2）屏护、屏蔽原则。屏护是指采用绝缘材料、设置现场警告牌、加装围栏、隔离档板、遮栏、护罩、护盖、箱匣等方法，把危险点与外界隔绝开来，以防止人体触及或接近而造成危害。如：为避免机器飞出的碎片伤人或人接触机器的运动部位受到伤害，诸多机器的传动装置的各个部位都有固定防护装置。又如在10kV开关柜上面加装隔离封板，防止工作人员作业时误碰带电母线等。

屏蔽是把危险点与人或物体之间像屏风似的遮挡起来。安全帽便是运用屏蔽安全防护技术原理制作的用品，小小的安全帽，不仅具有防止物体打击或撞击的作用，而且还有防止触电和电弧灼伤的作用。某变电所在倒闸操作中，造成带地线合闸事故，弧光把操作人员的手、脸和胸部灼伤，而头部有安全帽的保护才防止了"灭顶之灾"。又如对放射性物品可采用铅屏蔽，以免辐射伤人等。

（3）降低危害程度原则。对于无法隔离的危险点，又无法采用其他方法预防时，应设法使危险点产生的危害程度降低到人可以接受的水平。如在有毒有害物质泄漏的场所工作时，除了增加必要的通风设施外，工作人员都应戴防毒面具和呼吸器；又如使员工处于噪声超标准环境中的时间尽量缩短在国家规定的范围之内。

（4）取代、停用原则。对于一些从技术上难以改造或从经济上考虑不值得改造的危险点，可以采用自动控制机器人代替取代操作，或者停用设备的安全措施加以防范。如进行同杆架设和交叉跨越的带电线路作业时，采取停电作业是最可靠的防触电措施；又如在开关室过道上更换照明灯时，应考虑万一人在梯子上站立不稳而倒在带电母线上的后果，必要时应将相关母线停电；再如有些二次系统上的工作，如校验或更换保护装置，需要倒换或停用电流互感器TA、电压互感器TV或直流电源时，必须考虑可能造成误动或拒动对其他运行设备（如母线保护等）的影响。因此，必须采取调整或改变设备系统的运行方式等可靠的技术措施加以防止。

（5）以人为本原则。据资料统计，电力系统90%以上的事故是由于人的习惯性违章造成的。因此，实施控制危险点时必须高度重视人的因素，坚持以人为本的原则。也就是生产中，应该根据员工的生理、心理、素质、技能等实际情况，合理安排他们的工作。防止由于人员分配不当，在施工中产生危险点，如对于技术比较复杂或难度较大的工作必须由能胜任的人员担任。对出现过习惯性违章的人员应加强监护；对有危险的工作，除了采取可靠的安全措施外，还必须由有经验的职工带领和监护，严禁临时工参与此类工作；对体质不适或精神状态不佳或生物节律处于临界期的人员，适当安排从事比较简单的工作或暂停其工作等。

（6）提高执行力原则。我国电力的法规制度齐全，完善机制运转正常，目前存在的主要问题是执行不够认真。据统计表明，电力系统90%以上的事故是违章造成的。因此，提高法规制度的执行力是预控危险点成功与否的关键之一。在生产中，既要强调依法办事，落实安全责任制，更要突出抓好《电力安全工作规程》和"两票三制"的严格执行。对在施工或操作过程中可能产生工作人员行为不当的危险点，必须以安全法规制度为指南和依据，从强化执行力着手加以防止。要结合本单位习惯性违章的特点，用法规制度指导和规范员工的行为，有针对性地采取严密的安全措施。如为了防止用户倒送电事故，除了要求多电源或有自备发电机的用户必须装设可靠的联锁装置外，还应规范员工的行为，严格执行停送电管理制度，在对用户停电作业前采取可靠的隔离措施；为了防止误登带电杆塔、误入带电间隔，防止在邻近带电设备工作时造成触电事故，防止运行人员在倒闸操作时误拉合开关、带电挂接地线、带接地线合隔离开关或强送电，必须严格执行工作票和操作票制度，必须有具有一定实践经验的人员进行监护等。又如安全工作规程规定，在带电线路杆塔上工作的安全距离，电压等级10kV及以下，安全距离为0.7m；电压等级60～100kV，安全距离为1.5m。等于或大于这样的安全距离，就能保证安全；反之小于安全距离，就会发生危险。

（7）多种或补充防护原则。对登高作业需要从无护笼的钢直梯攀登的工作，要求工作人员使用安全带等补充安全措施消除危险点。对于一些短时间尚未改造和消除的危险点，在开工前应根据现场实际情况采取切实可靠的安全措施。如：施工现场照明不足，应加装临时照明设施；通风不良，应增加临时通风设施；施工电源没有漏电保护，可采用带有漏电保安器的接线盘等。

（8）能量控、释原则。因为危险点是极可能发生不希望的能量转移，从而造成事故的地方，所以控制危险点，就必须根据实际需要科学地控制或释放能量。

所谓控制能量，就是通过规定和实施极限量，把能量的增长或释放控制在允许的安全范围内，以避免造成伤害的过程。如在具有易爆气体的场所，应该使用密闭防爆型照明灯，其电压不应超过安全电压，工作行灯不应超过12V。

而释放能量，就是采取一定的技术手段，把物质能量释放出来，从而使人员避免伤害的过程。比如：电能有通过人体流入大地而使人遭受电击的潜在危险。为此，人们经常采取保护接地等措施，把电气设备运行时不带电的金属外壳与接地装置之间做好良好的连接。实行保护接地后，当生发漏电或碰壳时，对中性点直接接地的电网系统来说，就会形成单相接地短路电流。1kV以上的高压系统，如果接地电阻很小，接地短路电流就会很大，足以使系统的短路保护装置动作，切断故障设备的电源；对中性点非直接接地的电网系统，经接地装置流入大地的电流会通过线路对地绝缘阻抗构成电流回路。这样，就有可能把漏电或碰壳设备的电压限制在安全电压之下，从而避免人体接触设备外壳时发生触电。

5. 预控危险点的措施

（1）预控危险点的技术措施有围板、栅栏、护罩、隔离、遥控、加自动装置、安全闭锁装置、紧急停止、夹具、非手动装置、双手操作、断路、绝缘、接地、增加强度、遮光、改造、加固、变更、防护用品、警告标志、通风换气、照明、封闭（堵）等。

（2）预控危险点的管理措施有：强化现场监视，建立安全流动岗哨；严格执行安全法规制度，认真落实安全责任制坚持安全呼应确认制，如"操作前确认"，"开工前确认"，"联系呼应确认"，"危险作业安全确认"等制度；积极实行标准化作业，规范作业者的安全行为；对"事故责任者"实施心理治疗和技能强化训练；奖优罚责（事故责任者）；推广安全文化，提高安全意识，加大安全技能、事故演习等训练力度；积极开展危险点分析预控法、安全工作规程等安全教育培训活动等。

（3）预控危险点的教育措施是积极开展全员参与的辨识与预控危险点活动。其具体要求如下：

1）集中员工智慧，人人动脑、动手，将每次作业中实际存在的一切显在或潜在危险点都辨识出来，加以整改。要求班组的每一个成员，都必须明确本班组有哪些危险点、有些什么消除和控制危险点的措施。

2）培养全体人员自觉地遵守安全规程和按标准进行操作的良好习惯，提高班组辨识、控制和排除危险点的整体能力。

3）组织全体人员学习辨识、控制和排除危险点的基础知识。针对本单位存在的危险点特点，利用各种宣传、教育手段，普及安全知识和开展安全技能训练。有条件的班组可以模拟可能发生事故的实况，组织救火等事故演习。

4）在班组建立起正常的危险点查找、登记和汇报制度。

5）为开展好这一活动，各企业应该定期对班组长和班组安全员进行培训，结合本单位实际进行讲解和布置。

（4）预控危险点的个人措施主要是操作者在作业前进行自我安全检查，也就是要求每一个操作者在进入现场工作前，首先进行自我安全提问、自我安全思考、自我应急思考。

1）自我提问思考之一：作业过程中，危险点在哪里？比如什么物会发生移动、回转、弹起、坠落、滑落、折断、倾斜、倒塌、滑坡、燃烧、泄漏等。

2）自我提问思考之二：作业过程中，危险点被控制情况如何？它们会不会使自己受到被夹住、烫伤、辐射、被卷入、被物打击、溺水、坠落、反弹、掩埋、跌倒、刺伤、触电、压伤、烧伤、窒息、中毒、倾覆等伤害。

3）自我提问思考之三：万一发生危险点转变为事故时，"应该怎样做？"、"应该这样做……"。

a. 危险应急对策。迅速地反应和采取正确的措施，是转危为安的关键。通常的应急对策是：早期发现异常征兆，赢得时间；迅速查明隐患点和原因；立即报告、报警、挂警告牌；如果判断事故即将发生，来不及上报，要当机立断切断机器设备电源、关闭阀门（汽源、气流、水源）；当事故（如火灾）局部发生时，要立即采取相应的扑救措施，防止事故蔓延和二次事故发生；组织人员撤离或躲避。

b. 转危为安的法宝。危险应急的根本要求就是转危为安。其法宝就是使自己掌握正确、及时判断与见机行事，具体情况具体处理危险的技能，具有果断、机敏的心理和生理素质。获得这个法宝的途径一是注意在实际工作中的学习与积累经验；二是靠平时对现代管理理论、法规制度和事故案例等有关知识的研读和应用；三是通过事故预想、演习等能力培训练习来得到。

（三）关于危险点分析控制措施的注意点

（1）提出作业中危险因素控制措施，完全是对现行工作票制度必要的补充和加强，不能取而代之。其目的是弥补现行工作票制度中所列安全措施在作业全过程各个环节的不足之处，以及作业中动态变化的安全要求。

（2）为达到控制作业中危险因素的目的，应熟悉和掌握作业项目危险点的分析和确认。做到危险点分析准确，措施严密，职责明确，并不断提高现场作业标准化、规范化的管理水平。

（3）制定的危险因素控制措施必须符合安全规程、现场规程、专业技术工艺规程及反事故措施等有关规定，并要符合现场实际，做到针对性和可操作性强。

（4）为使作业危险因素控制措施能认真贯彻执行，防止走过场，班长工作负责人、工作班成员和措施审批人员、措施执行人、监护人都必须认真履行"安全职责"，做到责任到位，以确保作业全过程安全地进行。

（5）参加作业的人员应持有安全资格证，实习人员和临时工必须经安全教育和安规学习考试合格，否则不得参加作业工作。对实习人员、临时工的现场作业要加强监护和指导。

（6）参加作业的人员在工作中应严格遵守安全规程、专业规程的有关规定，认真执行危险因素控制措施的各项要求，规范作业行为，做到标准化作业，确保人身、设备安全。

（7）要做到"五不"：

1）不造假。每一个操作任务，每一个施工现场，都有不同特征的作业危险点。如果不调查、不研究、不分析，只是照抄搬上一次或事后补填分析结果，弄虚作假，应付检查。一两次可能会侥幸闯过关，但久而久之必出大事故。

2）不空洞。作业危险点控制措施的制定，应深入现场实地调查。根据作业任务，对照有关规程条款和"事故通报"有关防范措施，结合工段地理、气候、现场条件、交通状况、工器具、二次回路带电作业、高低压施工交叉跨越邻近带电部位和人员素质等情况，认真分析研究，做到内容具体，便于操作，尽量避免泛泛而谈的原则性语言和模棱两可的字句。

3）不片面。要有"全过程"控制措施，不能顾头不顾脚，重视一部分，忽视另一部分，更不能见物不见人。要从明显的、隐蔽的、内部的、外围的、工前的准备、作业中和完工的检查清扫各个环节，组织班组人员进行全面的分析讨论。

4）不鲁莽。制定作业危险点控制措施，必须在工前班会上向作业人员宣读，交代清楚，并指定专人落实；必须实行全过程专人监控，及时纠正和查处违章行为，千万不能为赶工期而鲁莽从事。

5）不零碎。对已执行的作业危险点控制措施，要认真总结经验，查找不足和隐患，以利下次执行得更好。不能把它们只放在档案盒内不闻不问，要善于归并积累，并作为安全知识培训考试的重要内容。

（8）做到"五到位"，三全推进。开展危险点分析预控，首先要从整治思想上的危险点入手，克服思想上麻痹和行动上的习惯性违章，做到"五到位"，即安全思想教育到位、岗位安全职责履行到位、实施措施到位、具体行动到位、事前预防到位。然后，采取发动群众，自下而上、上下结合、专业把关的原则进行。全班人员要同落实安全生产责任制一样找准自己在开展危险点分析活动中的位置和应负的责任，在统一目标、统一步调、统一要求下，充分发挥全班安全员、项目负责人以及组员的主人翁作用，抓好班组工作的方方面面以及工作全过程中危险点的分析和预控，力争把事故消灭在萌芽状态。

（四）危险点分析预控与有关制度、规范、安全评价的区别

1. 危险点预控与严格贯彻规程制度的区别

规程制度是作业人员的工作准则，有的还是前人血的教训总结，每个人必须严格遵守。虽然现场规程中（包括安全工作规程、运行规程、检修规程和管理制度等），绝大部分规定都与安全有关，但结合各个单位、各时期的人员素质、安全思想水平和设备状况等，具体引发事故成因与规程制度有关的危险点不会很多。此外，规程制度条文数以千计，如果把执行每一条规程制度都当成是危险点，要求作业人员都加以预控，实际上就是轻重不分，

眉毛胡子一把抓，现场作业人员反而搞不清楚哪些是当前必须控制的真正危险点。

2. 危险点预控与规范管理的区别

危险点预控是根据施工和操作中可能引发事故的问题提出的，方向明确、针对性、可操作性强，与技术管理中要求的规范化和标准化不同，前者是点上的工作，后者是面上的工作，应区别对待。例如，倒闸操作"十二步"是防止误操作的管理规范，操作人员必须认真执行，但不能把它作为倒闸操作普遍危险点来对待，否则容易造成操作人员心理负担过大，反而容易引起误操作。面面俱到的预控反而削弱了危险点预控的作用。

3. 危险点预控与设备缺陷管理的区别

危险点预控的重点是防止人为失误而引起的事故。设备发生缺陷时，大多数情况下仍能继续运行。设备缺陷一般分为紧急、重要和一般三大类。只有那些紧急缺陷和主设备的重要缺陷才能纳入危险点预控范畴，其他一般缺陷或对经济效益有影响的缺陷，都属于生产技术管理范围，两者不可混淆。

4. 安全性评价与危险点分析预控的区别

"安全性评价"和"危险点分析"是20世纪90年代以来我国电网各企业创造性地运用于安全管理实践，取得了极大成效的现代安全管理办法。积极推广、综合运用"安全性评价"和"危险点分析"等方法有利于辨识和治理事故隐患，有利于把"安全第一，预防为主、综合治理"的方针落到实处，从而提高企业的安全生产水平。

"预防为主"是现代安全管理的基本原则。现代安全管理理论认为，生产事故的发生虽然有其突发性和偶然性，但事故是可以预测、预防和控制的。"预防为主"是现代安全管理的基本原则。国家电网公司"安全责任书"中就明确指出："我们相信，除人力不可抗拒的自然灾害外，通过我们的努力，所有事故都应当可以预防；任何隐患都应当可以控制。"对长期以来存在的"事故难免论"的否定，是人们安全思想认识的飞跃，其意义是不可低估的。

危险辨识和评价是事故预防的重要手段。要预防和控制工业事故的发生，首先必须发现和辨识生产过程中的危险和隐患，然后再采取措施加以消除或防范。危险辨识和评价是提高企业安全管理水平和事故预防技术水平的有效措施，也是许多先进工业国家的成功经验。

很多国家根据自己的国情制订了用于风险评估和危险辨识的法规和标准。英国标准BS8800"职业卫生与安全管理体系"就规定"所有雇主和自谋职业者对其业务活动中的风险评估负有法律义务"。因此，大小工程的设立和开工，特

187

别是一些危险性较大的工程都必须先进行风险评估，生产过程中也必须进行这方面的工作，否则就是违法。"安全性评价"和"危险点分析"都属于风险评价的理论范畴，而且是预防和控制事故行之有效的方法。

安全性评价的定义是：综合运用安全系统工程的方法对系统的安全性进行度量和预测，通过对系统存在的危险性进行定性和定量的分析，确认系统发生危险的可能性及其严重程度，提出必要的措施，以寻求最低的事故率、最小的事故损失和最优的安全投资效益。

危险点是指在作业过程中可能发生事故的地点、部位、场所、工器具或行为等，危险源是指可能造成人员伤害、职业病、设备损坏、作业环境破坏的根源的状态。工作前经过认真分析，充分认识危险点和危险源之所在，工作中采取隔离、警示、个人防护等有力措施加以防范，达到超前控制和预防事故的目的。

（1）相同点：

1）理论上都源于"风险评估"中工业事故隐患"辨识—评价—控制"体系。

2）实践上都是贯彻"安全第一，预防为主、综合治理"的方针，超前控制事前事故发生的有效方法。

3）管理上都是企业安全生产自我约束，自我发展的良好机制。

4）国家电网公司的《安全生产工作规定》同时将"安全性评价"和"危险点分析"列入了公司系统各企业安全管理例行工作的范畴。

（2）不同点：

1）防范重点不同。安全性评价以控制"物的不安全状态"为主；危险点分析以控制"人的不安全行为"为主。

2）应用范围不同。安全性评价应用于一个企业全局的宏观的评价上；危险点分析则是应用在局部的微观的具体作业现场。

3）所需时间不同。安全性评价的评价和整改需要一个较长的时间；危险点分析用于一项具体工作中，所需时间较短。

4）工作量不同。安全性评价是一项全局性的工作，工作量大；危险点分析视现场具体工作而定，一般工作量较小。

5）思维方式不同。安全性评价用一定的安全标准去衡量评价对象，发现隐患加以控制，是一种正向思维；危险点分析则是首先找可能发生的危险，再加以防范，是一种反向思维。

（3）安全性评价和危险点分析应该同时开展。从上述分析中可知，安全性评价和危险点分析理论上是一致的，但各有特点，各有所长，互不矛盾也不可替代，应该同时开展。

例如，某电厂输煤车间运行人员在更换桥型抓煤机（俗称桥吊）抓斗钢丝绳过程中，发生一次桥吊滚筒将2人挤死的人身事故。事故发生在夜间零点左右，司机张某在操作时不慎将4根钢线绳全部拉断，桥吊电源跳闸，照明电源同时失去，要求电气值班人员送电。同时，司机和另一值班员杨某自己动手更换钢丝绳。约40分钟后副班长听到滚筒已经转动，感觉不对，喊了两声无人应答，立即上桥吊切断电源，到操作室发现司机张某和值班员杨某已经被绞到滚筒下面，经抢救无效死亡。此次事故原因是：

1）司机操作不当，使桥吊抓斗冒顶将4根钢丝绳全部拉断。

2）司机离开桥吊时未将操作把手放在中间位置，切断电源。违反《安全生产规定》第119条和第124条。

3）运行和检修职责不清，且未开工作票。违反《安全生产规定》第78条。

4）设备存在重大隐患，桥吊没有限位保护，操作室门电气闭锁失灵，滚筒安全栏杆损坏等。

上述原因前两项属于人的不安全行为，如果深入开展危险点分析工作则完全可以防范。后两项属于管理和设备问题，在《火力发电厂安全性评价》中都有明确的评价条目，尤其是桥吊的设备问题，都能在"燃煤贮运系统"和"劳动安全与作业环境"两个章节中分别查到。只要认真开展安全性评价，设备的不安全状态是完全可以消除的。但是，安全性评价对前两项操作失误、未切断电源等人的不安全行为的发现和克服鞭长莫及，同样，危险点分析对后两项日常生产管理缺陷和设备隐患的消除也无能为力。可见，同时开展安全性评价和危险点分析，才能全面堵塞漏洞，彻底消除隐患，预防事故发生。

（4）结论：

1）依据安全系统工程的观点，发生事故的基本原因可以归纳为人的不安全行为、机（物）的不安全状态和管理上的缺陷。预防事故应从这两方面入手，进行风险评估是预防和控制事故发生的有效手段。

2）安全性评价和危险点分析都源于风险评价理论，都是预防事故的现代安全管理方法，但各有特点，各有所长，对预防人身和设备事故都能起到良好的作用。但实践证明，安全性评价在控制物的不安全状态方面成效显著，危险点分析在控制人的不安全行为方面效果更佳。

3）安全性评价和危险点分析应同时开展，才能全面堵塞漏洞，彻底消除隐患，实现人机环境系统的本质安全化，有效预防事故发生。

四、安全检查

安全检查是日常安全工作的重要部分，是通过系统地、有组织的、有步骤、不同形式的各种检查有效地发现各类事故隐患和不安全因素的重要手段，是广泛动员和组织班组成员搞好安全工作的有效方法。安全检查是项专业性、技术性较强又非常细致的工作，切忌形式主义走过场。它的基本任务和目的是检查人、设备、工具在生产运转过程中的安全状况，检查各项管理制度在生产过程中的贯彻执行情况。对查出的问题要贯彻"边检查、边整改"的原则，一般问题应立即整改，限期、定专人解决。对发现的重大及以上隐患，领导要组织评估并尽快决定治理方案和应急措施。最终实现消除事故隐患，完善各项规章制度，提高安全管理水平的目的。

（一）安全检查主要内容

（1）查思想。首先查各级领导对安全生产的认识态度，可根据本班组生产实际主要指出领导的不足和缺点，当然也可谈领导重视生产的事例，激励领导继续重视安全。在指出领导安全思想优缺点的同时，认真开展自查，查"安全生产、人人有责"、"预防为主、综合治理、本质安全"等思想是否真正落实。

（2）查规章制度。首先查管账制度是否健全。再查"五同时"是否认真执行；查新改建、技改工程是否贯彻"三同时"原则；查"两票三制"；查防火、动火、搭拆脚手架等各种制度是否认真执行；查"两措"是否认真执行；查事故"四不放过"；查安全信息是否能迅速传达到班组。通过检查评价规章制度是否有效执行。

（3）查生产设备、设施和安全工器具。首先查一、二次设备、线路、设施有无安全隐患，查主要设备安全装置是否齐全、是否投用或正常工作，必要的预试和校验是否如期进行。同时，检查劳动条件、作业环境等，如：设备器材堆放是否整齐，通道是否畅通；查防尘、除灰、通风设备是否有效和投用；查电源、照明是否符合要求；查易燃易爆、有毒有害物质及防护措施是否符合安规要求；查压力容器、气瓶是否按监察规程执行；查孔洞、楼梯、平台扶梯、走道、杆塔是否符合要求；查消防器材是否按规定放置并定期检查更换；查安全工器具定期检查试验登记制度是否执行等。

（4）查安全教育。主要查新进人员、实习人员、调岗人员的三级教育和特殊工种专门培训是否执行；查参加班组工作的民工、合同工、临时工的安全教育是否进行；查安规考试是否认真、是否人人持证（安全合格证、特殊工种操作证）上岗；必要时进行抽考抽查。

（5）查劳动防护用品的发放使用。查劳动防护用品使用情况；查采购用品是否有劳动保护监察部门鉴定合格证书；查特殊防护用品是否齐全；查防护面罩、呼吸面具、防紫外线眼镜、耳塞等的配置发放使用情况。

（6）查遵章守纪，开展反习惯性违章活动情况。主要查违章违纪是否做到两个百分之百；查有无隐瞒事故、障碍、异常情况；查人身受到伤害后是否到医护部门医治并到安监部门和工会登记等。

（二）安全检查类型与方法

1. 季节性安全检查

季节性安全检查根据电力行业特点，一年查两次，分为春季安全检查和冬季安全检查，其重点内容如下。

（1）春季安全检查内容除上述（一）提到的六方面安全检查主要内容外，还应结合迎峰度夏的安全特点，查防雷、防暑降温、防电气绝缘受潮发霉、防洪、防汛、防台；查低频减载、五防闭锁装置投入情况。

（2）冬季安全检查内容除上述（一）提到的六方面安全检查主要内容外，还应结合季节特点，查防火、防小动物事故，查设备设施防寒防冻、防滑跌、防卷轧、防污染事故，查外力破坏的宣传教育等。

2. 季节性安全检查的方法

季节性安全检查以厂（局）领导组成安全检查组，做到领导与群众相结合进行全面检查。班组为被查对象，接受上级检查，同时也要按前面要求事先进行自查，因为最了解实际、最了解生产现场、最了解规章制度执行情况的是班组，安全检查的最大受益者是广大班组成员。

3. 日常安全检查

它以车间（工区）为主组织班组进行，按上述（一）提到的六方面安全检查内容滚动检查。为了使检查内容不遗漏，建议每月查六方面中的一至两个方面，由班组结合自己管辖的设备、设施、专责区域编出安全检查表格，列出检查栏目、合格标准和要求，每个方面指定专人，逐项检查。格式固定后可交厂部审查并编印成册，一式两份，其中一份检查后报车间（工区）。对检查出的问题要有整改措施，限期完成，并由班组长或上级检查验收。

值得注意的是，以往安全检查大致也按上述方法进行，但往往一个单位每次季节性安全检查（一般叫×季安全大检查）总能查出上百条问题，整改率也往往很高。但忽视了一个重要的问题，就是如何来评价这查出的上百条问题，有的人认为这是发动面广、检查深入的表现。但这不完全恰当，如果每次大检查能查出大量隐患，这是否可以认为日常安全管理日常安全检查存在问题呢？为什么一些问题要领导（厂、局长）亲自检查才能发现呢？一年365天，天天进行生产，那么多隐患在威胁着大家，这个安全基础怎么可能牢固呢？因此正确的做法应当是班组坚持每天巡回，发现隐患及时解决。每周一小查，每月一次专项检查，做到厂局组织的安全大检查中本班组安全责任区内无隐患、职工日常生产无违章违纪，这时才可以说该班组长是个称职的班组安全第一责任人。

以线路作业班为例，所检查的主要内容见表3-2。

表3-2　　　　　　　　　　安全检查表

序号	检查内容	打√评价	
		是	否
1	工作票是否正确、手续是否完备		
2	工作内容是否清楚		
3	安全措施是否已完成		
4	工作是否已得到许可		
5	工作班成员数量是否足够		
6	本工作班中学过紧急救护法的人员是否超过两人		
7	各作业组分工是否明确		
8	安全交底是否人人参加		
9	监护人是否明确		
10	工艺质量标准是否清楚		
11	每个人安全帽是否戴好		
12	工作服是否全棉		
13	登高者鞋子是否符合要求		
14	现场环境是否安全		
15	工艺标准、记录表卡是否带好		
16	验电器是否在试验有效期内		
17	验电器电压与作业电压是否匹配		
18	绝缘棒是否在试验有效期内		
19	接地线是否按工作票要求如数带好		
20	接地线是否完好无损		
21	接地线编号是否与工作票一致		
22	个人保安线（等电位线）是否带全		
23	安全带是否带齐		
24	安全带是否在试验有效期内		
25	脚扣（或三角踏板）是否完好		
26	竹梯子是否符合要求		

序号	检查内容	打√评价	
		是	否
27	吊工具袋绳子是否带好		
28	安全警戒围栏是否带好		
29	与工区的联络通信手段是否良好（有无报话机）		
30	工作班是否知道附近医院名称、地址和电话号码		
31	该带的设备、器材、起重工器具等是否带全		

五、安全日活动

安全日活动是班组安全管理工作的一项重要内容，它不仅是企业安全的有机组成部分，亦是班组开展安全分析的基本形式；不仅是学习上级有关安全生产、劳动保护各类文件、加强法制观念、增强责任感、提高职工安全生产自觉性和自我保护意识教育的好机会，亦是培养职工安全生产自觉性和自我保护意识教育的好机会，更是培养职工遵纪守法，相互交流安全工作经验，提高安全意识的极好教育形式。

（一）安全日活动内容

（1）学习上级和本单位的安全文件、事故报表、快报、安全简报，联系单位实际，提出防范措施。

（2）学习本单位专业安全规章制度、电力行业的专业安全工作规程以及安全生产责任制、消防管理制度、安全工器具使用管理制度等，检查有无违章现象、行为。

（3）一周来的安全状况分析、讲评、总结以及下周安全工作要求和安排，认真贯彻"五同时"。

（4）每月班组对年度安全目标和"两措"及"两票三制"执行情况进行对照检查，提出存在问题、整改要求、月度安全分析评价工作、事故预想、安全技术知识考问等。

（5）布置落实安全大检查工作和专项安全检查工作。

（6）班组管辖的安全工器具的试验检查。

（7）班组管辖的设备（机具）及现场设备检查后的分析和研究。

（8）班组安全工作台账的检查整理等。

（二）安全日活动要求

（1）在学习内容上属上级布置要求的必须做到认真、完全、彻底。不能马虎从事。

（2）班组人员均应全部参加，认真做好活动记录。如有缺席应记录在案（应注明缺席原因），缺席人员应及时补课。

（3）学习内容必须联系对照本班组实际，有针对性地提出问题、找出差距、布置整改，把其他单位、车间、班组或个人发生的异常、事故情况当作自己的问题来对待、检查。

（4）班组长、安全员在安全活动日前要做好充分准备。安全日活动内容要充实、联系实际、形式多样、讲求实效，切忌流于形式，每次活动均应有所侧重、有所收获。

（5）车间（工区、部、分场）及上级领导、安监人员应定期到班组参加安全日活动，了解、指导安全工作，并将参加人员记入活动记录簿的名单中。

（6）每个人应做到联系自己、积极发言，记录认真齐全、字迹清楚，由班长签字后交车间（工区、部、分场）安全员。

（7）安全日活动每周一次，每次安全日活动不应少于 2 小时。

本章重点提示

- 班组贯彻执行安全法规制度的基本要求：备齐全、备完善班组必需的各种安全法规制度；认真落实安全生产责任制；掌握执行安全法规制度的基本技巧；提高"两票三制"的执行力。

- 安全目标的 PDCA 四阶段循环管理：安全目标的制定（P 阶段）、安全目标的实施（D 阶段）、安全目标实施中的检查（C 阶段）、安全目标成果的评估（D 阶段）四个阶段形成闭环管理，并要求于往年和明年的管理构成螺旋上升式的循环形式。

- 班组安全教育管理：分为对新员工的安全教育和日常的安全教育。为提高教育效果应特别注意优先效应、近因效应、心理暗示、逆反心理等几种常见的心理效应的运用。

- 安全工器具和劳动防护用品用具的管理：必须掌握班组工器具管理的基本要求、常用安全工器具的管理要求和个人劳动防护用品管理要求。

- 事故现场处理与调查分析上报管理：抢救、汇报，现场的保护，接受调查。对尚未构成轻伤及以上的事故和班组工作中发生的异常、差错，则由班组长自己组织调查分析。但必须与处理事故的要求一样按"三不放过"原则对有关人员（包括本人）进行教育，并按厂规进行考核，并做好记录。

- 班前会、班中查和班后会：

班前会：是班组长根据当天的工作任务，联系本班组的人员、物力和现场条件、工作环境、当日气候，系统接线和运行方式在工作（上岗）前召开的班组会。检修班组要重点突出"三交、三查"（即交任务、交安全、交措施，查工作着装、查精神状态、查个人安全用具）。

上班中期的工作现场安全巡视检查：是督促落实安全方针，以及各种具体的安全措施。同时考察验证作业前交代的有关安全注意事项是否正确，必要时加以纠正。

班后会：是在下班前由班组长主持召开的一次班组会。它以讲评的方式，在总结、检查生产任务的同时，总结、检查安全工作，并提出整改意见。

• 开展反习惯性违章活动：习惯性违章是指固守旧有的不良作业传统和工作习惯，违反国家和上级制定的有关规章制度、规程等进行工作，以及其他明显威胁安全或不利于安全生产的行为，不论是否造成后果，统称为习惯性违章。它可分为作业性违章、装置性违章和指挥性违章三类。

开展班组反习惯性违章活动的基本要求：更新理念，提高认识；认真排查本班组习惯性违章行为并制订出反习惯性违章措施；认真监护，不走过场；开展标准化作业和科技进步活动，防止和抵制习惯性违章；严格考核习惯性违章。

• 危险点分析预控法是一种对危险点与源进行提前预测和预防的理性思维方法。

开展危险点分析控制的重要性：引导职工辨识危险、采取防范措施，达到防止事故的目的；可以强化《电力安全工作规程》和"两票"制度的执行力，有利反违章工作的深化；更新员工安全理念，提高了安全意识，增强安全素质及其自我防护能力；可以增强安全培训教育效果，提高水平。

分析预控危险点基本要求：点清源明，把握正确；善于总结，加强预见；认真辨识，区别同异；循规蹈矩，切实可行；突出安全工作规程的指导和指南作用。

分析预控危险点的基本方法：归纳分析预控危险点法、演绎分析预控危险点法、调查分析预控危险点法。

分析预控危险点的基本步骤：分析、预测、辨识危险点——查清危险源，找全危险因素——识别转化条件——划分危险等级——制定作业危险点控制对策表——按照对策表认真实施——客观总结，以便正确掌握和不断完善这种安全管理方法。

预控危险点的原则：本质安全，屏护、屏蔽，降低危害程度，取代、停用，以人为本，提高执行力，多种或补充防护，能量控、释八项预控原则。

195

预控危险点的措施：技术、管理、教育、个人四个方面的具体措施。

关于危险点分析控制措施的注意点：

——它是对现行工作票制度必要的补充和加强，不能取而代之。

——应熟悉和掌握作业项目危险点的分析和确认。

——控制措施必须符合安规、规程及反事故措施等有关规定，符合现场实际，针对性和可操作性强。

——人人认真履行"安全职责"，做到责任到位，以确保措施落实。

——参加作业的人员应持有安全资格证，实习人员和临时工必须经安全教育和安规学习考试合格；要求规范、标准化作业，防止不安全性行为出现。

——分析与预控做到要做到不造假、不空洞、不片面、不鲁莽、不零碎。

——做到"五到位"，三全推进。

● 危险点分析预控与有关制度、规范、安全评价的区别：

——规程制度是全面的、比较原则的经验教训和工作准则，而危险点分析是结合各个单位、各时期的人员素质、安全思想水平和设备状况等实际的具体的危险。

——危险点预控是根据施工和操作中可能引发事故的问题提出的，方向明确、针对性、可操作性强，与技术管理中要求的规范化和标准化不同，前者是点上的工作，后者是面上的工作，应区别对待。

——危险点预控的重点是防止人为失误而引起的事故。只有那些紧急缺陷和主设备的重要缺陷才能纳入危险点预控范畴，其他一般缺陷或对经济效益有影响的缺陷，都属于生产技术管理范围，两者不可混淆。

——安全性评价与危险点分析预控的区别：防范重点不同、应用范围不同、所需时间不同、工作量不同、思维方式不同。电力企业常常同时开展安全性评价和危险点分析。

● 安全检查的主要内容：查思想。查规章制度。查生产设备、设施和安全工器具。查安全教育。查劳动防护用品的发放使用。查遵章守纪，开展反习惯性违章活动情况。

安全检查主要方法是采用安全检查表。

● 安全日活动的目的是加强法制观念、增强责任感、提高职工安全生产自觉性和自我保护意识，培养职工遵纪守法，相互交流安全工作经验，提高安全意识。

1. 试述班组贯彻执行安全法规制度的基本要求有哪些。

2. 结合自己所在班组的实际谈谈执行"两票"工作中存在的问题，并提出改进意见。

3. 试述本班组安全目标管理的基本做法。准备如何改进？

4. 班组安全教育的心理效应有哪些？你考虑如何在本班安全教育中运用？

5. 电气安全工器具是哪类工器具？应该如何管理？

6. 发生事故时，班组长应做好哪些工作？

7. 何谓习惯性违章？结合本班实际谈谈如何在班组开展反习惯性违章活动。

8. 何谓危险点分析预控法？它有哪几种基本方法？你认为本班适用何法？简述运用的步骤和注意点。

9. 结合本人所在工作现场的实际试述预控危险点的个人安全措施有哪些？

10. 谈谈你是如何开展班前会和班后会的？效果如何？如何改进？

11. 结合班组实际，谈谈如何开展好班组安全活动。

12. 结合本班实际制订出一份日常安全检查表，并说明编制理由。

班组安全管理与培训管理

197

电力企业学习型班组长培训系列教材

班组安全管理与培训管理

班组教育培训篇

班组教育培训概述

───── 学 习 目 标 ─────

通过本章学习，你应该能够：

- 了解班组教育培训的意义、模式与方法；
- 了解班组长在班组教育培训中的地位与作用；
- 熟悉班组教育培训的目的、要求和内容；
- 掌握岗位能力和能力发展方面的培训内容；
- 掌握经验交流型和问题针对型培训模式；
- 掌握提升培训能力的方法。

第一节　班组教育培训的目的、意义与要求

自测　培训需求调查

培训需求调查表

公司为了发展需要和为员工个人长远发展考虑，计划于近期对部分员工提供培训机会，请您据实填写有关内容或打"√"，以便我们做出合乎实际需要的选择，谢谢！

姓名			年龄		
性别			健康状况		
目前所在部门			目前所在岗位级职务		
在本公司工作的时间			以前是否接受过培训		
您对现在岗位的工作程序	非常熟悉	熟悉	比较熟悉	不太熟悉	很不熟悉
您对本行业的新知识	非常熟悉	熟悉	比较熟悉	不太熟悉	很不熟悉

以您现有的知识，您对现任的工作	非常胜任	胜任	比较胜任	不太胜任	很不胜任
备选课程	培训需要程度				
	很迫切	迫切	比较迫切	一般	不需要
管理者角色					
管理原则					
管理系统与流程的再造					
目标管理					
绩效考核					
人事管理					
时间管理					
信息管理					
培训管理					
薪酬管理					
成本核算					
沟通协调					
授权艺术					
企业文化					
表达技能					
论文写作					
QC 知识					
团队知识					
精细化管理					
现代安全管理知识					
班组安全管理工作					
班组培训管理					
班组"手册"培训新模式					

案例 4.1　经过公司培训的小孙为什么还出事故？

　　小孙进变电检修班刚刚一个星期就出了事故。原来他站在天车吊装线上被后面来的天车挂了一下。要不是张班长眼明手快拉了他一把，小孙就没命了。

班组安全管理与培训管理

201

小孙后背上缝了十几针，在医院治疗，班组这个月的奖金全被扣了，张班长也受到了车间严厉的批评。张班长感到很冤枉，小孙入厂时在人力资源部已经进行了安全培训，怎么就不知道天车吊装线路上不能站人呢？

案例分析

每个班组都有自己的工作特点，都有本班特有的安全要求。对这些具有本班特点的规章制度、技术规程、质量要求、安全规定等，不要完全依赖公司、车间给新员工培训，因为这种上级举办的培训，目标大、范围广、时间短、内容通用性强、方法以讲授和参观为主，很难体现各个班组的工作特点。因此，新员工实习期内必须强化班组对他们的岗位入门培训。尤其是安全方面的规章制度和要求，无论公司、车间对新员工培训与否，班组都要认真细致的再进行培训。

案例4.2 刘师傅该怎么办？

在新技术广泛应用的今天，无人值守变电站像雨后春笋般涌现之时，供电公司运行机构中以站划分的班组正在被操作队所取代。一个队管辖一个区域内全部变电站的运行维护工作，与多人值班的变电站相比，具有人员集中，人数减少，管辖范围增大，系统设备数量增多，型式复杂，运行监控和操作的技术要求提高等新特点。面对班组的这种重组形势，已在220kV变电站值班近20年的赵师傅处于内退嫌小，转岗嫌老的境况，刘师傅面临这种困惑该怎么办？

案例分析

刘师傅面临的困惑带有普遍性，是当前科技飞速发展，市场经济规律作用带给企业以及每位员工的机遇和挑战，企业唯有不断改革才能持续发展，员工必须在工作中不断学习才能有位有为。对刘师傅而言，近20年的工作经验是一笔不小的财富，只要在此基础上努力掌握新技术的核心内容和技能，找准新技术与本人经验的接口，再按岗位要求拓宽自己的工作范围，就不仅能适应新工作的需要，还有可能成为操作队的骨干队员，甚至是公司的优秀人才。与此同时，作为操作队队长而言，应该积极创建班组培训氛围，加强策划、实施班组在职员工的岗位培训，为刘师傅以及全班人员提高应用新技术、新设备、新工艺的能力创造学习条件，提供有力指导和帮助，确保企业和员工在机遇和挑战中双赢。

一、班组教育培训的目的

教育培训是指一切通过传授知识、转变观念或提高技能来满足或改善当前以及未来工作绩效的活动。广义的班组教育培训是指一切通过学习、训导的手段，提高班组成员工作能力、知识水平和潜能发挥，最大限度地使班组成员的个人素质与工作需求相匹配，进而提高他们现在和将来工作绩效的活动，包括班组人员参加本专业的各种成人学历教育、各种与本工种有关的短训班、各种技术竞赛、比武等。而狭义的班组教育培训则是指由班组根据企业培训计划的要求，或本班组生产实际的需要，参与或自己策划、组织、实施，甚至自主开发的一系列活动。

班组教育培训的主要目的是：① 提高班组成员工作绩效水平和工作能力；② 增强班组以及个人对市场变化、企业改革与发展、科学技术突飞猛进的应变和适应能力；③ 提高和增强班组成员对企业和班组的认同和归属感。

二、班组教育培训的意义

1. 班组教育培训是企业职工培训、人力资源开发的重要组成部分

班组是企业的细胞，是企业安全、高质、高效生产的前沿阵地，是企业一切工作的落脚点。企业的计划、组织、指挥、控制、调节、监督及生产力三要素等，最终都要落实到班组和班组员工的活动上，班组生产作业活动的质量和员工队伍素质往往是企业生产经营活动安全质量的决定因素。因此，只有充分发挥班组作用，才能贯彻落实企业各项专业管理工作。企业职工培训和人力资源开发管理工作也不例外，要做好企业人力资源的培训与开发，完成"人才强企"战略任务，就必须发挥和强化企业班组的教育培训作用。

在当今科学技术飞速发展，新技术、新设备、新工艺、新材料层出不穷，体制机制深化改革、现代观念和理念不断涌现的时代，尤其是当今劳动力质量不适应职业和岗位变化要求，技能人才不适应市场经济发展的矛盾、职工工作与培训时间方面的矛盾日益突出的形势下，电力企业不仅迫切需要大量的符合现代公司需要的、素质优良的职业化经营管理人才、高素质专业技术人才，更需要大批高水平的技术型、知识型、复合型生产技能人才。这种机遇和挑战要求电力企业下移职工教育培训的重心，强化班组培训管理工作，充分发挥班组教育培训的作用，优化技能人才培育的主场所，以便有效地缓解工学矛盾，拓宽岗位成才的高速公路，使班组教育培训真正成为企业职工教育培训不可轻视或缺少的重要组成部分。

2. 班组教育培训是技能人才成长、企业劳动生产率提高的主要途径

职业教育培训发展和技能人才成长的客观规律告诉我们，在企业中，技能

人才同其他类型的人才构成应有合理的比例、层次和类别，而这一比例、层次和类别是由企业的发展规划、目标决定的。同时指出，在技能人才成长的企业和职业教育培训机构平台中，企业是主体，二者不能平分角色；在技能人才成长的途径中，主要是靠岗位实践和注重个性化发展。

由于班组处于生产第一线，是企业的基层组织，一个班组往往管理若干个岗位；在班组中开展培训不但具有与生产、经营、服务密切结合，针对性强，容易收到实效的特点；还可以充分发挥"传、帮、带"的作用，通过名师带徒、岗位练兵、使用《职业能力培训手册》进行自助式培训、技术竞赛、技能比武、技术问答、案例讲解、观摩研讨等方式，在实际应用的环境之中，本着干什么学什么，缺什么补什么的职工培训原则，围绕生产、经营、服务与发展的需要、进行职业能力的培训及其转化，不断提高班组成员的岗位技能、经验、知识水平和企业文化水平、提升和优化他们的能力，使他们在科学技术飞速发展，电力体制改革不断深化，企业现代化步伐加快的挑战和机遇面前能立足班组岗位，在实践中成长为企业健康、全面、持续发展所需要的各级各类技能人才。与此同时，企业的劳动力结构可以得到合理的调整，更好地适应生产与发展的需要，使企业劳动生产率产生激增甚至倍增的效果，加快企业经济的增长和生产的发展，从而实现员工与企业持续的和谐统一的共同发展。由此可知，班组教育培训既是技能人才培训主体的主体，又是员工和企业共同成长的一条主要途径。

3. 班组教育培训是加强班组建设的关键措施

班组的素质和管理水平取决每个成员的文化素质、管理知识水平和生产技能水平。班组教育培训的作用就是使工人的文化素质、管理知识、生产技能得到提高，从而提高整个班组的素质和管理水平。电力企业保证安全发供电，提高电的质与量、降低消耗，增加效益的生产经营目标，最终都要分解到班组并通过班组去实现；企业变革管理模式，创建学习型企业，也要落实到班组。如果一个班组中工人的文化技术很低，操作不熟练、缺乏学习化生存理念、管理杂乱无章，那么，不仅班组的生产不可能搞好，企业的各项经济指标也无法完成，而且直接影响企业战略支持型文化的创建。因此，开展班组教育培训就是要从企业的最基层抓起，教育培训每位员工，在不断提高他们的生产、经营、服务技能的同时，更新他们的观念，树立企业新的经营理念（以战略统揽全局，以市场为导向，以服务为宗旨，以安全为基础，实现整体效益最大化）、新的管理理念（以人为本）、新的学习理念（能力比学历重要、学习力比能力重要、组织学习力比个人学习力更重要）和新的价值观体系（主要包括企业的宗旨、使命、信念、精神、道德和作风以及员工——以人为本，利益——公司发展与个人利益休戚相关，知识——公司的战略资源，市场——积极开拓、勇于进取，团队——互相信任、精诚合作，品行——诚实、正直、有责任心，环境——与外部环境协调发展等方面的内容），扎扎实实地加强班组建设，使班组既能安全、出色地完成企业交给它的生产、经营任务，创造经济效益，又能形成推动企业可持续发展的内在驱动力，成为学习型企业的优秀基层组织，为企业全面健康发展做出应有的贡献。

三、班组教育培训的基本要求

（一）班组教育培训管理的基本要求

班组教育培训作为企业职工培训、人力资源开发的重要组成部分，既是技能人才成长、企业劳动生产率提高的主要途径，又是加强班组建设的关键措施，因此绝非是可有可无，临时组织，顺便讲讲、随意练练就能获得成功的工作。它必须通过科学、先进、规范、系统的管理，也就是必须建章、立制、成体系地对班组教育培训进行策划、组织、指挥、检查、指导、评价等管理，才能达到在激烈的市场经济竞争中企业和职工双赢的班组教育培训目的。由于在当今知识经济时代，知识老化的周期缩短，更新换代加速，任何一种一次性的教育方式都不能使被教育者受用终生。因此，学习不再纯粹是工作的先期准备，不断学习变成工作的一个有机组成部分。同时，随着职工职业变更和岗位调整日趋频繁，终身教育培训已成为必然趋势，职业教育培训必将伴随职工的整个职业生涯。时代要求员工必须不断调整自己的知识和技能结构，不断用新的知识和技能武装自己，才能跟上企业现代化发展的步伐。为此，现代班组教育培训管理必须要与企业教育培训要求相适应，围绕企业要求，确定班组教育培训方向和模式，建立并完善班组职工终身教育培训体系。这种体系具有科学的观念、先进的理念、规范的制度、现代的方法、灵活多样的形式等特点，现举例说明如下。

案例4.3　构筑学习型班站文化

毋庸置疑，要想提高企业核心竞争力，推动企业持续稳定发展，一要靠科技，二要靠管理，三要靠创新，但最终要靠人的素质的提高。

如何提高员工的综合素质和业务技能呢？辽河油田的做法是创建学习型组织。与一般的学习型组织不同的是，由于油田生产组织结构的特殊性，辽河油田的学习型组织具有以下自身的特色：

班站是辽河油田的基本单元，对于新形势下的企业基层管理来说，班站意味着是企业大厦的基础，因此必须高度重视油田班站建设。辽河油田把班站管理作为企业管理的"微观"工程，通过加强班站的科学管理，提高班站管理水平，从而促进企业整体管理水平的提高。大力发展学习型组织建设，有效提高广大员工的综合素质和技能，数量庞大、人员聚集最多的班站无疑成为学习型组织的主阵地。

为了使建设"学习型"班站的工作真正落到实处，打造出辽河油田班站品牌和文化，辽河油田主要做法可以概括为"一个树立、四个强化、三项措施"。

（1）树立"一个观念"。创建"学习型"班站，就要树立统一的班站价值观："人企价值共融、人企价值同增、人企价值并展"。

（2）强化"四个理念"。在建设"学习型"班站的过程中，要强调学以致用，将知识转化为实践和创新能力，加速职工知识潜能的不断发挥。因此，必须强化四种理念：

1）强化终身学习的理念，不断提升员工的综合素质。知识经济时代的到来，赋予学习以新的内涵。对个人来说，学习不再是阶段性行为，终身学习成为每个人奋斗成功的必要条件。

2）强化团队学习的理念，强调合作学习和群体智力的开发。团队学习的理念要求，学习既是个人的行为，也是组织的行为，只有把个人学习的行为转化为组织学习，才能有利于增强团队精神，有利于创造良好的组织业绩。

3）强化工作学习化的理念，引导员工向实践学习。要不断把学习与工作的距离拉近，使员工学习的空间不再局限于培训中心，不再局限于讲台下的课桌，工作学习化的理念把员工的工作和学习交融起来，赋予员工工作学习、创新的机会，极大地提高了员工向实践学习的积极性。

4）强化学习工作化的理念。引导员工培养良好的学习习惯。组织一次学习并不难，难的是让参加学习的人养成一个良好的学习习惯。强化员工学习工作化的理念，帮助员工树立正确的学习观。认识到今天的学习就是为了明天的工作，明天的工作需要今天的学习，进而使员工养成良好的学习习惯。

（3）落实"三项措施"。建设"学习型"班站是一个渐进的、不断完善的过程，要遵循"继承、融合、创新"的方针，按照导入理念、建立机制、规范运作、持续改进的方式，建设"学习型"班站。

1）坚持"5W工作法"。遵循"工作学习化"和"团队学习"的理念，要求员工在工作的全过程中进行学习，坚持"5W工作法"，即要求每名上岗员工清楚当日重点工作内容和目标是什么（what），每项工作为什么要做（why），由谁来做（who），如何做（how），何时按标准完成（when）。具体做法如下：

——按照"5W 工作法"的标准开好每日班前"明白会"，进行事前学习——即由班站长组织大家讨论，首先明确"5W 工作法"的含义。

——对照"5W 工作法"的标准认真进行岗位操作，进行事中学习，上好实际"操作课"。

——按照"5W 工作法"开好每日"总结会"，进行事后学习。即由班站长组织大家讨论，我们实际做了什么？是否达到了标准？为什么会有差异？

2）坚持"四个一"培训制度。遵循"学习工作化"和"终身学习"的理念，把提高岗位工人的技术水平和操作技能作为班站工作的重要组成部分，按照"干什么、学什么；缺什么、补什么；用什么、会什么"的原则，重点坚持"四个一"岗位培训制度，即"每天一练、每周一课、每月一考、每季一查"。

——"每天一练"由班站长负责。内容主要包括：生产岗位基本技能训练、岗位技术操作规程、巡回检查路线和内容、危险点源识别和控制方法以及生产所必需的其他知识和技能。"每天一练"可采用灵活多样的训练形式，既可以集中学习，也可以"以老带新、以师带徒"的形式，在生产过程中边干边学。

——"每周一课"，按要求参加中心站组织的技术课。内容主要包括：石油基础知识、采油技术基础理论、生产经营基础理论、生产技术操作规范、安全生产知识、消防常识等。"每周一课"主要采用集中授课形式，也可以走出课堂，采用现场教学、实验教学、讨论教学等多种教学方式。

——"每月一考"，由各区或中心站组织。以"每天一练、每周一课"内容为主，岗位技术工人参加考核人数达80%以上，并记录考核结果，作为对"每天一练、每周一课"效果的检查，以及下一步培训工作安排的依据。

——"每季一查"，由公司机关相应部室或各基层单位负责。主要检查"每月一考"的结果，并将其同员工奖惩和上岗资格紧密挂钩，以激发技术工人学技术、练本领的自觉性。

3）开展岗位互学活动。围绕"精一门，会两门"的目标，开展"人人当老师、个个做学生"的岗位互学活动，进一步提高一岗多能员工所占比例。

（二）班组教育培训教学的基本要求

（1）尊重成人团队教育规律的要求。班组教育培训是职业培训的重要组成部分，是针对本班组员工的培训。这些学员不仅是成人，而且具有职业团队性特点。他们在长期的共同工作中彼此非常熟悉、无论从生理、心理还是家庭的社会背景来看都有其特殊性，如经验丰富、协作精神好、操作熟练；虽然记忆力略有退化、但理解和分析能力强；他们需要尊重，求知心切，但生活压力比较大等。这些特点给教学活动提出了不得违背的诸如强针对性、模块化互动式教学、培训时间必须服从生产需要，培训效果与成本比率合理等特殊要求，否则，教学效果是不会理想的。

（2）遵守职业教育培训发展规律的要求。班组教育培训教学是为职业培训事业发展服务的，因此，它的教学活动也必须符合职业培训的发展规律和个性特点，例如必须针对各工种各级别职业能力的需要开展培训，必须坚持以技能教学为主，操作训练为重、强化个别指导等特点。

（3）教学互动的要求。教学互动可以运用在一切教学活动中，在班组教育培训的教学活动中效果尤其突出。由于学员有共同的生产目标，都有一定的工作经验、善于分析问题，互动时可以充分发挥他们的这些长处。另外，教学互动可减轻学员压力，鼓励学员直接参与到教学中来，有利于激发学员的兴趣和创造力，挖掘学员的潜力。

（4）个性化的要求。由于学员的岗位、能力、需求、知识层次不同，必须在充分了解学员的基础上进行个别的、阶段性的指导，才有利于教学质量的提高。

（5）针对性教学的要求。操作训练应该在现场或模拟现场结合具体案例教学，理论教学也必须紧扣生产工作实际和结合工作中的问题来进行，避免从概念到概念、从推理到推理的教学模式。

（6）激发兴趣和创造性学习的要求。班组教育培训也要把握学习者的思想，与学习者进行沟通，使学习者自己感到学习的必要性，对学习内容产生兴趣，从而能主动地进行学习。这就要求避免向学习者进行注入式教学，而是采取措施，激活学习者开展自我学习、自我活动的动机。只有学习者有高度的学习意愿，他才能不断地坚持学习，学习才会有效。

第二节　班组教育培训的内容与方法

案例4.4　新员工大专毕业生小周怎么啦?

　　小周是新进公司的大专生，聪明能干，分到配电线路班不到半年，就基本掌握了本岗位的基本技能。可是王班长最近发现，小周不像刚来时那么精神了。一打听才知道，小周虽然知识多、能力强，但很难和别人相处，有人说他脾气古怪、有人说他看不起人、太狂，有人说他干活太奸，不爱帮助人，班里的老师傅对小周越来越排斥，小周很苦恼，不知道自己怎么啦?

　　小周进公司前是学生，在学校的主要任务是学习，这种学习基本是靠自己上课仔细听讲，课后认真写作业，期末全面复习，考试力争第一的努力来完成的，不需要同学之间过多的协助与配合，同学之间的关系比较单纯，比较容易相处。但是，进入社会成为公司一名班组成员后，同事之间的关系相对比较复杂，工作又必须互相配合，因此环境要求小周必须改变书生气，学会和同事之间的相处、协调和配合。作为班长则应该结合本班实际，重点培训新学员小周的团队协作意识和配合基本要求，让他尽快融入班组这个大家庭。

一、班组教育培训的主要内容

　　电力企业是技术性强、多专业、多工种、多业务的综合性企业。企业的各个班组都担负着不同的具体生产任务，因此，班组教育培训的内容应根据企业培训计划的要求，结合本班组生产、工作任务的特点、需要以及成员的文化水平等具体情况加以确定。一般来说，它应包括以下几个方面：

　　1. 企业文化方面

　　企业文化方面的培训内容，主要包括企业的宗旨、目标、信念、企业精神、企业哲学、企业价值观、企业作风、企业伦理道德等核心层面的内容；还包含企业管理、经营、学习、共同愿景、团队、品行、环境等构成企业价值观体系方面的内容。班组培训应以创建班组级学习型组织的方法，进行企业文化内容的培训。通过培训来变革班组管理模式，推进企业文化管理。使班组员工融入本企业的文化氛围，自愿地为企业发挥自己的聪明才智，从而为企业发展提供广泛的智力支持、精神动力和文化支撑，促进员工与企业实现共同愿景。

　　2. 企业管理方面

　　企业管理方面的培训内容，包括有关法律、法规，如劳动法、合同法、电力法等；企业各种规章制度，如组织机构与部门职能、岗位设置与定员、岗位说明书、工作任务与标准、绩效考核指标与方法、薪酬与晋升制度、激励制度、责任追踪制度、动态管理制度等；以及全面质量管理、安全管理、精细化管理、班组管理基础等现代专业管理知识与创一流企业、对标学习、彩虹工程等具体管理活动等方面的内容。作为企业管理的硬性要求，不同规模、不同发展时期的企业，有着不同特点的企业管理体系。

　　随着我国加入WTO和经济全球化的到来，我国企业的管理制度体系逐步与国际接轨，ISO9000、OHS18001、BS7799、ISO15001、环境管理体系等国际标准的引入，提高了我国企业的管理水平和档次。完善的企业管理体系，是企业团结全体员工，协调员工之间及人、财、物之间相互关系，努力实现员工成长和企业全面健康发展共同愿景的必要手段和重要依据，"法律是为不守法的人设立的，道德只对遵守道德的人才起作用"。只有使广大员工明白该做什么、不能做什么、怎样做、做到什么程度，才能做到企业管理有序、持续发展。因此，企业管理体系培训是企业培训、班组培训的重要组成部分。

3. 岗位能力方面

岗位能力方面的培训内容总的是指完成岗位规范规定要求所必须具备的知识和技能。它们是员工胜任岗位工作不可缺少的能力，是企业进行安全、高质、高效生产和正常经营活动的基础。具体的内容主要包括以下几点：

（1）本岗位要求的基础知识和基本技能。如识绘图知识与技能、电工电子知识与电路接线技能、材料知识与选用技能、工具知识和使用技能、语言文字表达能力、各种基本计算能力等。

（2）本岗位要求的专业知识和专门技能。如本岗位设备系统方面的知识、从事加工、检修、安装、运行、调试等工作方面的工艺技术、质量标准、规程规范等知识，以及有关操作、维护、检测、事故判断分析和处理等方面的技能。

（3）安全防护知识与能力。指本岗位从事生产或作业过程中，为保障人身设备安全、避免财产损失所需掌握的安全规程、安全用具、防火、防爆、急救、事故处理预案等方面的知识。随着安全管理逐渐与国际接轨，为了更可靠地保证人身、电网、设备的安全，还需要培训职业安全健康管理体系、安全性评价制度等知识和能力。

（4）其他相关的知识与技能。指本岗位从事生产所需的相关工种的知识和技能。如起重、电焊、现代管理、计算机、甚至外语等方面的有关知识与能力。

（5）应急解决问题的能力。在班组生产经营过程中，经常会遇到一些生产经营或技术上、现场的实际问题，这些问题必须即刻得到解决，否则生产经营任务就会受到影响，即刻、应急解决问题的能力，是班组培训的重中之重。在班组生产经营过程中，发现问题，要有意识的在解决问题时组织现场培训，教给职工如何解决和处理，并使其掌握处理类似问题的基本思路和方法。

4. 能力发展方面

随着知识经济的来到，现代企业的发展日新月异。企业对员工知识与技能的要求，无论从深度和广度上看，还是从快速适应或及时更新的能力上看，都是越来越高。班组教育培训作为企业培训的主体，必须具备超前意识，不仅要完成常规的培训工作任务，更要根据科学技术突飞猛进，生产日益现代化、企业全面持续发展的需要，创建良好的学习氛围，拓宽与加深员工的知识和技能，激励和指导职工用创新思维的方式去开展工作和解决实际问题，不断提高职工创新工作能力，更好地为企业培育高技能、复合型、有绝技的技能人才服务。因此，班组教育培训中有关加速员工能力发展方面的主要培训内容如下：

（1）本专业高一层次的学历教育等方面内容。

（2）本工种高一等级的技能鉴定规范所规定的知识和技能要求。

（3）本班组正在或即将运用的新设备、新技术、新工艺、新材料等发展的知识和技能内容。

（4）参加技术比赛、技术比武所要求选手掌握的知识和技能等方面的内容。

（5）培训创新能力方面的内容，诸如技术方面的小改小革，管理方面的合理化建议等主要体现在班组生产经营过程中细节方面的创新内容。

二、班组教育培训的基本模式与方法

班组教育培训的最大特点是灵活多样，针对性强，要求根据"缺什么、补什么，干什么、学什么"的原则进行。经过长期实践，目前常用的班组培训模式和方法主要有以下几种。

1. 经验传授式培训

（1）个别指导法。个别指导法通常是指我国长期以来推行的一种传统的师傅带徒弟培训方式，也是生产实践中培养工人操作技能的简单易行的培训方式。凡是新工人进班组或在职工人调整工作进班组，班组长均应指派思想好、作风好、专业知识和操作技术水平高的工人担任师傅，采用边工作、边传授岗位能力的主要方法对班组新成员进行教育培训。这种师徒式的培训通常以一师带一徒为主，也可以一师带多徒，并用签订《师徒合同》的形式加以执行，且明确规定合同期未满，一般不要调动他们的工作。师徒合同在前几十年是起到了很好的效果。虽然近年来，由于电力行业的新员工大多毕业于专业学校，有较高的知识水平和自学能力，新知识、新技术、新设备、新工艺、新信息的接受和使用能力以及微机应用能力等比较强，因此，这种师带徒的培训方式正在逐渐减少。但是，由于我国学校教育存在着重理论、轻技能的现象，学校刚毕业的学生基本上无法独立开展工作，必须在有经验的员工指导下跟班学习和实践，才能逐步按时达到岗位要求，胜任本职工作。因此，这种培训方式对新进厂员工来说仍然不失为一种好的技能培训方法。目前，企业又创造了岗位导师制培训，突破了传统的师徒培训形式，使培训更加有效。

（2）开办讲座。开办讲座主要指请技艺精湛的技师或专工为主讲人向众

多的培训对象同时介绍同一类专题知识或同一类技能。这种方法比较省事省时，但是对主讲人要求较高，若没有一定的讲授技巧，讲座就不能达到应有效果。

2. 经验交流式培训

指班组员工就生产、工作的有关问题进行经验体会方面的交流活动。通过交流，起到相互启发、相互促进的作用。经验交流的形式很多，很灵活，可以是正式的交流，比如召开班组会议有组织、有计划地进行交流，或通过组织开展岗位练兵、技能竞赛、技术比武等方法进行交流；也可以是非正式交流，如在班内形成相应浓厚的交流氛围鼓励员工之间进行交流等。

岗位技术练兵是根据各岗位的技术难点以及关键的、重要的操作技能，有计划地在工作现场或模拟现场（仿真室、技能训练场所等）组织技术练兵，目的是提高本工种操作技能。针对操作中某些核心技能，如运行中的状态判断能力和异常处理能力，检修中缺陷点的确认能力和消除能力等，经常开展培训活动。每次练兵要做到目的明确，重点突出，练兵中要在激励组员积极练习和勇于提问的同时充分发挥老工人和技术尖子的示范指导作用。这种培训方法可以使员工在互动交流中既提高了的生产技术，又熟悉了操作技能。而且，在练兵中还能培养和发现技术尖子及生产骨干，为进一步提高班组技术水平打下扎实的基础。

而技术比武与比赛则是一种现场技术交流、传授经验、提高操作技能、树立技术尖子和技术骨干威信的培训方法。它请本班组或外单位同工种的技术能手现场比赛或比武。这样不仅可以使对手互相切磋技艺，还可以使大家学有方向，赶有目标。技术比武与比赛是在学练基础上进行的竞赛性操作，其正激励效果显著，可以达到在班组推广先进操作技术、为企业推出有价值人才的实效。

3. 问题针对式培训

这种培训通常有两种类型，一是围绕着生产过程中出现的具体问题或存在的隐患，通过组织相关人员共同进行专题研究方法，即班组结合生产中遇到的难题，召开技术研究会或案例分析或头脑风暴法，采取能者为师的方式，由班组长或有经验的同志作中心发言，针对特定的问题或规定的一个主题，大家讨论、各抒己见、共同消化、充实、提高，最终找出解决问题的最佳方案。也可以请工程技术人员来班组答疑，每次力求围绕一个问题进行，时间可长可短，直至帮助大家真正弄懂为止；或采用一问一答的现场技术问答方法，这是一种建国以来在电力企业中推行的一种简单易行、效果显著、群众称赞的培训方法。它是在开工前、运行人员接班前或者在工作进行中，将现场一些主要的技术问题和安全问题，以提问的方式，要班组工作人员作出正确的回答或演示，以强化安全操作能力。必要时班组长可进行现场技术操作示范及讲解，以提高工人的专业知识及操作技能。还有一种是现场模拟演练法，它是针对运行中事故预想及处理措施，以及检修中修理调整方面的难题进行实战模拟为主、讲练结合的培训方法，实施时可以在工作室、教室组织讨论，到工作现场演练，使大家对专题充分理解，达到能解决工作难题的目的。以上三种方法都属于第一类问题针对性培训法模式，目的是有针对性地教授员工掌握分析问题和解决问题的一般方法。二是以纠正生产经营中的错误为主，包括纠正员工长期形成的不规范操作行为，以及某一具体的错误操作方式的培训模式。这种模式常采用开展针对性的专项技术练兵和技能操作示范方法进行培训。通过操作表演和集中规范练习，总结经验，推广经验，使组员深刻认识错误动作的危害，主动纠正错误动作，养成良好的习惯，掌握正确、规范、高效的操作方法。

4. 外派式培训

即班组派人参加企业统一组织的与本工种有关的各种培训活动。由于当今科学技术的迅猛发展，新技术、新设备、新材料、新工艺层出不穷，解决问题的方法也日新月异，吸收他人的操作技能及工作经验、参加各种新技术、新设备、新工艺、新材料培训班、成人学历教育、现代仿真培训等活动都是迫切而必要的活动。因此，班组应该及时收集企业培训信息，只要与本工种有关的培训班、专题讲座、技术研讨攻关性会议、参观学习、学历教育，都应合理安排工作，主动争取名额，积极派人参加。并认真抓好这种培训的转化工作，要求参加培训者学完回来后，联系本班实际，再当老师，组织大家学习和共同应用。

5. 运用《职业能力培训手册》（简称《手册》）开展以自学为主的复合型培训模式

《手册》是一套创新的以能力培训为主的基础性培训教学文件，兼有指导性培训教学计划、教学大纲和成绩单等功能。其内容涉及从事本工种初、中、高三个等级工作时所必须具备的知识要求和技能要求。各等级职业能力培训内容和要求的编写都采用模块化方式，按要求模块、类型模块、课程模块、单元模块、课题模块、项目模块共六个或前五个层次，从大到小，从原则到具体，即从知识、技能两大类型模块开始，把知识分为基础、专业、相关、公共四个类型，技能分为基本、专门、相关、通用四个类型，逐级地进行细化和具体化。从而使《手册》成为本工种三个等级必备知识、技能的培训要求系统。它符合从特殊到一般、理论与实践相结合、知识服务于技能的职业教育教学规律。《手册》由职业能力培训总目标和两要求、八类、六层次子目标组成，具有针对性强、要求规范、目标逐级细化、使用方便的特点，是自助式培训学习的重要工具。

所谓以自学为主的复合型培训学习法是指把培训内容和目标、科学地分解成许多细小的模块，形成职业能力培训要求系统，并装订成手册。培训组织者以《手册》为依据选定培训模块，并结合工作要求与绩效开展对培训过程和效果进行指导和考评等培训管理活动。而受训者则根据选定模块中规定的内容、目标、资料、课时等以实施细水长流式自学为主，并根据实际情况，如对部分自学困难的内容，或为了提高学习效率，且有名师传艺，或有恰当的远程教育及教育光盘可使用时等需要或适合采用其他模式培训时，灵活地在自学过程中穿插选用上述四种培训模式学习，最终实现既定目标的培训方法。这种学习方法的优点是：① 零星学习、逐级整合的学习机制，能高效地完成培训任务，突破培训价值最大化的瓶颈；② 受训者基本不需离岗培训，所以，它不仅可以减少受训者差旅费等显性费用，还把他们离岗带来的隐形成本降为零，从而缓解长期存在的"工学矛盾"、使培训成本大幅度降低；③ 一个一个模块化的培训与考评，不仅使难点分散，还可以增强成就感，激发受训者的学习兴趣；④ 自学为主式培训学习要求受训者见缝插针、细水长流式的经常学习，因此，它又是创建学习型班组的好方式。

上述五种培训模式是班组在生产经营过程中较为常见的培训组织形式，相互之间既有区别又有联系，培训中应该结合实际情况科学地交叉配合使用。各班组可以根据本班组的人员、环境、资料的具体情况、工作需要以及当前急需解决的疑难问题等，分期或综合组织各种模式的培训。其方法应灵活多样，有条件的班组还应积极推广使用电视、投影仪，购买或制作课件等现代教育培训技术，促使培训收到最佳的效果，使班组成员的职业能力持续不断地得到提高，为企业全面健康发展作出新的更大贡献。

第三节　班组长与班组教育培训

班组长是企业中兵头将尾式的人物。在企业生产第一线上既是战斗员，又是指挥员，既要完成一定的生产任务，又要负责班组的各项管理工作，是企业生产管理中不可或缺的最基层的领导者。在班组各项管理中，既要担当企业生产第一线的责任，又要以企业文化为依据做好班组建设工作。因此，班组成员素质的提高，班组培训的成败，与班组长的作用密切相关。可以说班组长在培训中的组织能力和培训水平是至关重要的因素。

一、班组长在班组教育培训中的地位与作用

（一）班组长在班组教育培训中的地位

班组长在班组培训工作中的地位，可以从以下几个方面来具体阐述。

（1）班组教育培训计划的制定者。班组长作为班组全面工作的负责人，要统筹考虑班组的各项工作，并做出合理的计划安排。教育培训作为班组的一项重要工作，也必须有班组长安排其具体实施计划，以便与企业的总体要求相一致，同本班组工作相吻合。

（2）班组教育培训工作的组织者和带头人。班组长不仅是班组教育培训计划的制定者，更是组织落实、指导检查者和计划实施的带头人，是保证培训计划落到实处的责任人。

（3）班组教育培训工作的培训师和教练。班组长作为本班组的技术业务骨干和技能带头人，肩负着带领全班成员共同提高技术业务素质的重任。同时，班组长与班组成员朝夕相处，工作生活在一起，对本班组的生产工作情况了解最清楚，能够最方便、最迅速地指导班组成员如何提高技术水平，是班组成员最直接的培训师和教练。因此，作为班组负责人的班组长要理解现代教育培训的先进理念，掌握一定的教育培训方法，了解和掌握教育培训计划，教育培训方案的制定，掌握一定的教育培训教学手段，从而更加有效、科学和规范地开展教育培训工作。

（二）班组长在班组教育培训中的作用

（1）引领作用。在班组教育培训工作中，要起到领头人的作用。一是带领班组成员有计划地开展班组教育培训。如班组长有责任将企业和车间下达的教育培训任务，不折不扣地落实在班组工作中，带领大家认真按照计划开展班组教育培训；二是引导班组成员朝着企业、职工双赢的正确方向开展教育培训。要结合生产经营工作中急需解决的实际问题，带领全班组成员在完成生产经营任务的过程中，沿着高技能人才的成长之路，积极采用《手册》，开展以自助为主式的教育培训。

（2）凝聚作用。在教育培训过程中，班组长一要通过有效的宣传手段，把班组成员的精力吸引到教育培训工作上来，形成班组教育培训的合力。二要通过自己的工作，选择最切合实际的教育培训形式和方法，提高组员学习兴趣，制定科学的、可操作性强的短期计划，使班组教育培训工作在一个时期内，按照一个明确的目标进行。

（3）培训师与教练作用。班组长要在班组教育培训过程中，发挥最主要、

最直接的作用就是更好地根据生产实际、员工特点、企业需求，选定合适的教育培训课题、时间、教育培训方式等，适时地进行教育培训策划和实施；更好地运用教育培训教学的规律和技巧，参与具体的班组教育培训项目的教练工作，更有效地将本班工作必备的能力传授给班组成员。这些能力包括以下四个方面：① 教给班组成员生产技能、安全规程以及当前的新技术、新知识、新设备、新工艺等生产经营（工作）方面的专业知识、技能；② 将一些与生产相关的新理念传授给班组成员，使其增长见识，开阔思路；③ 将良好的工作态度、职业品质通过言传身教传授给每一个成员，形成良好的班组文化；④ 及时发现班组成员工作中的问题，采取适当的形式予以纠正。

二、班组长教育培训能力的提升

由于现代企业对班组长的能力和素质要求越来越高，企业进一步强化了对班组长的选拔和培养工作，不断对班组长进行教育培训，不但在技术能力上进行教育培训，更要重视加强对班组长综合素质的教育培训，包括创新能力、沟通协调能力、组织生产统筹，更包括培训能力的教育培训。因此，班组长必须树立终生学习的理念，不断提高自己的教育培训水平，不断提升自己的教育培训能力。

（一）外在提升

外在提升主要是指来自班组之外，对班组长教育培训能力提升的途径与方法。具体包括以下三方面。

（1）来自企业本身的影响。企业要依靠自身的力量努力提升班组长的教育培训能力。如通过内部组织班组长的技术培训、交流、比赛等，使其通过这些活动提升班组长的教育培训教学技能。通过聘请专家讲授教育培训技巧、成人教育培训的基本规律与方法，以及开展企业内班组长教育培训及经验交流活动，提高班组长的教育培训能力。

（2）企业运用社会资源的影响。企业还可以充分运用社会资源来提升班组长的教育培训能力。如有计划、有针对性地将班组长"送出去"参加一些专题培训，使其了解当代教育培训的新理念、新技术，开阔其教育培训方面的新思路，通过组织班组长参加行业或国家举办的经验交流、技术比赛等活动，提升其教育培训能力。

（3）企业运用国际交流的影响。企业还可通过与国外同行业间企业的交流合作，使班组长了解国外同行业在基层教育培训方面的具体做法，甚至可以利用机会组织班组长实地考察，亲身体会国外的做法，从而提升其教育培训能力。

（二）自我提升

自我提升是指班组长通过自身努力，提升教育培训能力的途径与方法。具体有以下四种途径。

（1）终身学习。一是不断钻研业务，使自己真正成为班组中一专多能型的业务尖子，为提升教育培训能力打好基础；二是不断学习教育培训方面的知识、技法，逐步积累培训经验和方法；三是不断利用机会进行交流，从他人那里学习业务及教育培训的新经验和方法。

（2）不断思考。一是不断发现班组生产工作中存在的问题，思考如何通过教育培训解决问题；二是经常回顾以往开展教育培训所运用的方法，思考哪些方面是值得发扬的经验，哪些是必须改正的错误，哪些问题今后应该注意等。

（3）不断探索实践。一是将从他人那里学到的新方法应用于实践，从中发现问题，改进完善；二是结合工作实际和学习结果，自己探索适合本班组实际的新型教育培训方法，并用于实践，在实践中逐步完善。

（4）不断积累。一是将从别人那里学到的方法进行积累；二是将工作实践中的做法不断积累。在积累的基础上，进行分析处理，将所积累的经验、方法按性质、类型予以划分，逐步形成适合本班组教育培训个性化发展的有效方法。

本章重点提示

• **班组教育培训**：是指由班组根据企业教育培训计划的要求，或本班组生产实际的需要，参与或自己策划、组织、实施，甚至自主开发的一系列活动。

主要目的：提高班组成员工作绩效水平和工作能力；增强班组以及个人对市场变化、企业改革与发展、科学技术突飞猛进的应变和适应能力；提高和增强班组成员对企业和班组的认同和归属感。

• **班组教育培训的基本要求**：

现代班组教育培训管理上必须首先要与企业培训要求相适应，围绕企业要求，确定班组培训方向和模式，建立并完善班组职工终身培训体系。

现代班组教育培训教学上必须尊重成人团队教育规律、遵守职业教育培训发展规律、采用个性化、教学互动、针对性教学以及激发兴趣和创造性学习等六项基本要求。

• **班组教育培训的主要内容**：

——企业文化方面的培训主要包括企业的宗旨、目标、信念、企业精神、企业哲学、企业价值观、企业作风、企业伦理道德等核心层面的内容。

217

——企业管理方面的培训包括有关法律、法规，各种规章制度，以及全面质量管理、安全管理、精细化管理、班组管理基础等现代专业管理知识与创一流企业、对标学习、彩虹工程、绩效管理等具体管理活动等方面的内容。

——岗位能力方面的培训包括本岗位要求的基础知识、基本技能、专业知识和专门技能，安全防护和控制知识与技能，应急解决问题的能力，以及从事本岗位生产所需的相关工种的知识和技能。

——能力发展方面的培训主要包括本专业高一层次的学历教育、技能鉴定、四新发展、技术比赛或比武的知识和技能、培训创新能力方面内容等。

● 班组教育培训的两个主要模式：

——经验交流型培训模式：指班组员工就生产、工作的有关问题进行经验体会方面的交流活动。它可以是开会式交流、岗位练兵、技能竞赛、技术比武以及员工之间的切磋交流等。

——问题针对型培训模式：是围绕着生产过程中出现的具体问题或存在的隐患，通过专题研究、或现场答疑、现场技术问答技术操作示范及讲解、实战模拟、讲练结合等方法，以达到能解决工作中问题的培训活动。

● 班组长教育培训能力提升的作用途径与方法：

——来自班组之外的提升，即依靠来自企业本身的力量，或充分运用社会资源，或通过与国外同行业间企业的交流合作来努力提升班组长的教育培训能力。

——自身努力的提升，即通过班组长自身努力地终身学习、不断思考、不断探索实践和不断积累来提升自己的教育培训能力。

想 想 做 做

1. 何谓班组教育培训？其目的是什么？

2. 举例说明班组教育培训的实际意义。

3. 试述班组教育培训的管理和教学各有哪些基本要求。

4. 班组教育培训的主要内容有哪些？本班组进行过哪些内容的培训？举例说明培训的效果。

5. 本班组主要采用哪些模式进行班组培训？采用的具体原因是什么？

6. 试述师傅带徒弟的培训方式在当前班组培训中的作用和意义。

7. 你认为结合本班实际采用何种培训模式和方法比较好？为什么？

8. 班组长在班组教育培训中的作用是什么？如何提升自己的教育培训能力？主要的困难是什么？提出你的对策。

第五章

班组教育培训管理

— 学习目标 —

通过本章学习，你应该能够：

- 了解班组教育培训计划的分类、制定的要求和方法；
- 了解班组教育培训控制与评价的基本含义和班组总教育培训计划中其他项的控制与评价；
- 熟悉班组教育培训计划制定的流程、计划的基本要素；
- 熟悉班组教育培训控制与评价的要素；
- 掌握班组教育培训计划的基本格式；
- 掌握班组教育培训准备和教导工作；
- 掌握班组教育培训计划的进度控制、教案检查、教学效果检查、教师激励工作。

自测

表 5-1 技能课教导检查表

阶 段	检 查 项 目	"○" "×" 填入栏
教导 前的 准备 阶段	1. 编制训练预定表了吗？ 2. 进行操作分解了吗？ 3. 材料、零件、工具等是否放在操作场所的正确位置上？ 4. 准备好材料、作业指导书、工器具了吗？ 5. 做好教导的准备了吗？ 6. 装束、态度是否端正？	

219

阶 段	检 查 项 目	"○""×"填入栏
第一阶段学习准备	1. 使学员放松了吗？ 2. 把学员介绍给附近的操作员了吗？ 3. 讲了操作名称了吗？ 4. 让学员看见操作成果了吗？ 5. 是否确认了学员对该项工作的了解程度？ 6. 是否使学员对操作感兴趣了？ 7. 给学员安全装置、工器具，并就其进行说明，给予提示了吗？ 8. 关于这项工作和整体的关系叙述了吗？ 9. 是否让学员位于能够看见工作的正确位置？	
第二阶段操作说明	1. 根据操作分解教导的吗？ 2. 说明顺序时，分开间隔、段落，说给学员听，做给学员看了吗？ 3. 强调要点了吗？教导要点理由了吗？ 4. 写给学员看了吗？ 5. 对于没听惯的语言及专门用语，是否未加说明就使用了？ 6. 对事先没有准备的事，是否道歉或进行解释了？ 7. 是否用能够听清楚的声音讲话了？ 8. 是否有耐心地进行教导了？	
第三阶段让学员做做看	1. 是否不做声让学员从头到尾操作一次确认是否有错误？ 2. 有错误的时候，马上进行纠正了吗？ 3. 让学员再重作一次，回答操作顺序了吗？ 4. 学员是否真正理解了要点、理由？ 5. 是否使用过"为什么"这样的提问？ 6. 一部分再操作中，是否有需要重教的部分？ 7. 操作理想时，是否表扬过学员？	
第四阶段观察教导后果	1. 是否安排了不明白的时候，要问谁？ 2. 比起操作量是否更强调了质量？ 3. 是否经常监督过？ 4. 是否鼓励学员提出问题？ 5. 逐渐减少指导次数了吗？	
	合 计	

220

第一节　班组教育培训的计划

案例 5.1　某供电公司某班组新员工培训计划

（1）培训对象：2007 年度公司新招收录用的大、中专毕业生。

（2）培训目的：由于分配到班组的新员工已接受人事部门公共系列的知识培训，故本次培训的目的是通过班组培训使新员工了解班组的基本情况，掌握岗位对保质、保量、安全生产的基本要求，初步养成端正的工作态度和作风，尽快缩短由学生转变为企业员工的过程，成为一名合格的班组员工，为今后更好地适应岗位工作的全面要求奠定扎实的基础。

（3）新员工的特征（即新员工培训需求）：对于新员工来说，是满怀着美好希望和憧憬进入公司的，但对工作现场却是一无所知，所以往往感到不安和不知所措。他们一般有以下特征：

1）不能正确使用礼貌用语。

2）不能正确表达自己。被上司问到时，只会用一些"哦，不行，会一些"的含糊词语回答。

3）书本知识多，实际工作技能少。

4）认为自己很有知识，无法以正确的心态接受指责和批评。

5）不了解工作的内容，只用简单的直觉判断，不考虑更好的方法。

6）出现问题时手忙脚乱地补救，或寻找借口，不愿意承担责任，不考虑或不会考虑防止再次发生问题的方法。

7）只关注自己手上的工作，不知道怎样与他人合作共事。

8）不知道工资的来源，即使工作做得不好，也觉得领这样的工资是应该的。

（4）培训时间：2006 年 8 月 9 日~11 月 9 日。

（5）培训地点：班组及相关现场。

具体安排详见表 5-2。

班组是企业组织的细胞。它不仅是企业生产的基层单位，也是职工教育培训的基层单位，具有既保证安全生产又出人才的双重职能。因此，作为既是生产者又是指挥者的班组长，应对自己的职责有全面的认识，要在安排好生产的

表 5 - 2　　　　　　　　2006 年度班组新员工岗前培训计划安排表

序号	课程名称	培训内容与目标	培训时间	培训方式	培训教师	评价方式与时间	备注
1	车间情况介绍与参观	了解组织结构、各种规章制度及工作流程；生产任务、主要工艺、设备、系统及外围环境；熟知参观安全注意事项及工作场合待人接物基本礼仪	8 月 9 ~ 11 日	讲授法，参观法，自学法	车间专工	撰写心得，8 月 11 日下午	
2	本班组情况介绍与现场适应训练	熟知组织结构、各种规章制度及工作流程；生产任务、主要工艺、设备、系统及外围环境、服务范围及物料管理要求等；掌握现场安全注意事项以及与同事及相关部门的协调配合，培养团队生活能力	8 月 14 ~ 18 日，8 月 21 ~ 25 日	讲授法，自学法，个别指导法	班长，班组技术员	撰写心得，8 月 25 日下午	
3	岗位基本知识与技能	掌握本岗位常用工具、材料、设备、系统的识别、使用和维护，以及本岗位初级工工作所需要的基本知识和基本操作技能	8 月 28 日 ~9 月 1 日、9 月 11 日后，10 月 9 日后的全部工作日，11 月 1 ~ 3 日	讲授法，个别指导法，边学边干法	中级工，高级工以上人员	知识笔试，技能结合实际工作或现场模拟考评	3 与 4 课程可根据需要穿插进行
4	相关知识与技能	熟知本岗位要求初级工工作应知应会的各种规范化管理的基本要求，如《ISO9000 质量标准》、6S 管理、目标管理、项目管理、PDCA 循环管理法等	9 月 4 ~ 8 日、10 月 2 ~ 5 日、11 月 6 ~ 10 日	讲授法，自学法，个别指导法	班长，班组技术员	知识笔试，技能结合实际工作或现场模拟考评	
5	培训总评价	培训内容全面复习	11 月 6 ~ 7 日	自学法，个别指导法	有关培训人员	撰写心得结业考试	
			11 月 8 日				
			11 月 9 日			技能汇报表演	

前提下，同时做好班组教育培训的管理工作，具体地说就是要做好班组教育培训计划的编制、实施、检查、总结和评价等工作。其中，首要的工作是编制教育培训计划。对培训而言，编制一个科学、先进、合理、可操作性强的教育培训计划，就等于成功了一半。因此，如何编制班组教育培训计划就是班组教育培训管理关键的关键，现讨论如下。

一、班组教育培训计划分类

计划是组织管理的重要形式，按不同的标准可划分为多种类型。若按计划内容分，可划分为班组总教育培训计划、单项培训计划、课程授课计划、教案、培训教材开发计划等；若按计划时间分，可划分为短期（不足一年）、中期、长期计划，还有月计划、季计划及年度计划等；若按计划的内涵分，可划分为综合计划、单项计划等；另外还有微观计划、宏观计划等。计划无时不在，无事不在。人们常讲，凡事要有计划。计划同人们的生活、生产有着密不可分的联系。值得指出的是，在市场经济条件下，计划工作发挥着重要的作用。

制定教育培训计划是培训工作和培训事业发展的重要手段，可以说没有科学合理的教育培训计划，教育培训工作就不可能有序发展。在班组教育培训工作中，涉及的计划形式主要有：班组的年度总教育培训计划，单项教育培训计划、课程授课计划、教案（即课时授课计划）等。其中班组年度总教育培训计划是在企业发展整体规划的框架内制定和实施的，是班组教育培训计划中最重要的一种。它是班组教育培训中单项培训计划、课程授课计划、教案等计划制定的基础和依据。

教育培训计划也分长期教育培训计划、中期教育培训计划和教育培训实施计划。长期教育培训计划的重要意义在于明确教育培训的方向性、目标与现实之间的差距和资源的配置，此三项是影响教育培训最终结果的关键因素，要引起特别关注。长期教育培训计划一般以 1～3 年为期，时间过长有些变数无法预测，时间过短也就失去了长期计划制定的意义。中期教育培训计划实质上起到的是承上启下的作用，是长期教育培训计划的进一步细化，同时又为教育培训实施计划提供了参照物，因此，不能视中期教育培训计划是可有可无的教育培训计划，三者是一种包含关系，如图 5－1 所示。

在计划分类特别是使用过程中，注意不要机械地将其割裂开来。因为计划的分类是从不同的角度划分的，其计划构成的基本因素是固定的。任何培训计划必须包括时间、内容、对象、目标等，也就是说，不同形式的计划有其内在的联系，如某企业制定了初级技工年度培训计划，从时间上看，属长期培训计划；从内容上看，属技工单项培训计划。培训模块教学计划是一种较为具体的操作性计划，其应用较广泛，制定时必须考虑计划的可操作性和效果。

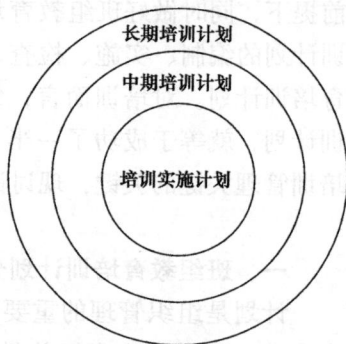

图 5-1 培训计划关系

二、班组教育培训计划制定的要求、流程和方法

（一）班组教育培训计划制定的基本要求

1. 坚持以人为本、具有个性化的特点

制定班组教育培训计划时，一定要充分考虑班组成员年龄、原有基础、工作能力、学习能力、个人的培训需求等实际情况，编制科学、合理、体现班组、个人特点、能激发学习兴趣的计划，提高班组教育培训的实际效果。

2. 符合成人职业教学的客观规律

在班组教育培训计划制定时，要求在教育培训内容的选择、方法的确定以及时间的安排上做到以下几点：

（1）由基础到应用。一种产品，一种设备，一个系统，甚至是一种现象，表面上看起来挺神奇的，很复杂的，其实清楚原理后，就没有什么了。因此，制定计划的培训内容时，要从基础原理开始，直到其应用，以及现状如何，形成头尾完整、内容详细、目标清晰的能力培训链，使员工容易接受、便于应用。

（2）从简单到复杂。想培训的内容有很多，如果一下子就让员工接手高难度的问题，肯定不会有好的结果让你满意。所以在计划中一定要先从培训小的简单的问题开始，再到大的、复杂的问题，分阶段来，不要操之过急。

（3）让其动手看看。无论我们采用何种教育培训方法，其目的都是为了让员工在头脑里先有一个认识，认识之后再去动手去做，这才是我们培训的真实目的所在。因此，计划中的训练时间必须安排充分，不要总怕教育培训时间太长，员工练习会失手，会做出一大堆不良品出来，这是免不了的"学费"，只要不是太昂贵就可以了。

（4）留有充分的积极互动时间。员工在培训中接受新知识时，有时有自己的看法，出于某种原因，又不敢直接对教师提出来，教师也因为授课时间不多，常常缺乏热情，更无耐心。因此，在计划制定时就安排足够的师生互动时间，鼓励员工多提问，教师耐心解答，并适时适度地进行表扬性评价，提高员工学习信心，如果部下能提出有水平的问题，至少证明其有相当程度的理解，教师也可从中了解到培训的具体效果。

3. 树立全面培养班组员工的理念

在制定班组教育培训计划时一定把握教育培训目标的全面性，不能一说教育培训就是提高专业知识和专业技能，忽略人格、观念、理念、态度等素质方面的教育培训。因此在计划如何教育培养员工时，必须注意在恰当的时间，安排必须够用的内容进行以下几个方面教育培养：

（1）注重人格的培养。教育的首要任务是培养一个人健全的人格，知识的传授只是教育的第二要义。如果缺乏应有的人格锻炼，员工就容易在职业道德上产生一定偏差，造成不良的影响。给成长中的人灌输知识，是教他们工作的手段，绝不是教育本质。教育的中心，是以培养一个人的人格为第一，至于知识、技术之类，可说是附属的教育。所以日本企业流传这么一句话：再笨的员工，肯学也有一门好技术；没有起码道德的员工，有多大才干就有多大危害。

（2）注重员工的精神教育和常识培养。对员工精神和常识上的教导，是身为管理者的责任。要注重培养员工的向心力，让员工了解公司的创业动机、传统、使命和目标，使员工具备强烈的使命感和责任心。

（3）要培养员工的专业知识和正确的判断能力。没有足够的专业知识，不能满足工作上的需要，但如果员工没有正确的价值观，也等于乌合之众，无法促进公司的发展。

不过，培养员工正确的判断能力，不是件简单的事。所以，要教育员工在平时多参考别人的意见，并和自己的想法作比较，以想出更好的方式，做最妥善的决定。所以，应该鼓励员工不断地努力，相互学习，树立正确的价值观。

（4）训练员工的细心。耐心细心，看起来似乎是不足挂齿的小节，其实是非常关键的。如果员工不具备耐心细致的工作作风，就不可能生产出高品质高附加值的产品，所以要特别注意这方面的训练培养，对一些细节也要严格要求。

（5）培养员工的竞争意识。只有竞争意识，才能产生督促自己的力量，彻底地发挥自我潜力。管理者要通过不同途径培养员工的竞争意识，造就21世纪的竞争人才。

（6）注重员工心理素质建设。一个具有良好心理素质的人，工作环境条件好，就能自我激励，做到今天胜过昨天，明天胜过今天，即使在恶劣的环境或

225

不景气的情况下，也能克服困难，承担压力，以积极的态度渡过难关，开辟胜利的新局面。

（7）理论与实践相结合的能力。具备一定知识的员工，如果缺乏迎战困难，打破陈规陋习的精神，而被知识的条条框框所限制的话，其成就也是有限的。不要只用头脑考虑，而要把学到的理论运用到实际的工作中，在处理工作的过程中，充分运用所储备的知识。这样，学问和知识才能发挥巨大的力量。

（二）班组教育培训计划制定的具体要求

不同的教育培训计划，其制定的具体要求是不同的。如班组年度总教育培训计划和培训模块教学计划截然不同。

1. 年度总教育培训计划制定的具体要求

年度总教育培训计划的制定要按照下列三项要求进行：

（1）以上级部门教育培训计划为依据。由于企业教育培训计划通常是由企业教育培训部门主管人员及工作人员拟出初步方案，经有关专家讨论修改、上报审批后颁发实施。这种计划以企业发展目标和各部门的工作计划为依据，采用各种方法与技术，在对组织（包括班组）及其成员的知识、技能等方面进行系统分析的基础上，确定是否需要教育培训，以及需要教育培训的目标、重点、内容；再结合可掌握的教育培训资源情况决定教育培训的方式、时间等。它从宏观上明确了企业教育培训发展的需求，体现为企业发展目标服务的宗旨、密切与生产结合的关系、促进有效资源向生产力的转化。好的计划得到具体实施后，可以最大限度地推动企业发展。企业各部门的教育培训计划是以企业教育培训计划为依据，结合本部门实际后制定的。它针对的是部门，以做好部门的教育培训工作来服务于企业的发展目标。这种计划对班组教育培训有比较具体和实际的指导意义。因此，它们都是制定班组教育培训规划的前提，也是制定班组总教育培训计划的重要依据。

（2）以班组的工作计划为依据。因为，班组的工作计划是企业中最为基本的计划，是企业发展计划得以贯彻的基础保障。班组教育培训计划既要为企业发展服务，又不能影响当前的安全生产任务。因此，班组教育培训计划的制定同样不能脱离班组工作计划，必须体现对班组工作的服务、保障和促进作用。

（3）以可掌握的资源为依据。班组教育培训与其他培训一样，都离不开必要的资源，如教师、培训场地、教学设施等。在制定教育培训计划时，一方面必须以可掌握的资源为依据，充分利用本班组人力、技术、设备等资源规划教育培训，以保证班组教育培训的低成本高效率；另一方面，对于教育培训确实需要但本班缺乏的资源，也应实事求是地向上级部门申请帮助，以确保班组教育培训的顺利进行。

2. 班组其他教育培训计划的制定要求

班组其他教育培训计划相对于年度综合教育培训计划而言，它们更具体、更具可操作性，具有目的单一、各项计划元素细化、易操作等特点。由于班组单项教育培训计划、课程授课计划和教案之间存在着从属的关系。例如，高级变电站值班员培训计划是一种单项计划，要执行该计划，就必须制定有关的课程授课计划，而它又需要有关的培训教师编制一系列（课程、单元、课题、项目）模块教学计划（即教案），才能得以落实。所以，制定这些计划的第一个要求就是都要以上一级教育培训计划为依据。其次是要遵循具体化和可操作性的要求，也就是制定这些计划时都必须依据专业技术上的具体要求，细化计划元素、将教育培训目的落到实处，以便计划的实施。例如高级抄表核算收费员培训计划应以《抄表核算收费员技能鉴定规范》、《抄表核算收费员职业能力培训手册》（简称《手册》）为依据；课程授课计划以《手册》规定的课程范围、顺序和目标为依据；培训模块的教案以《手册》指出的内容、目标、教材及受训者情况为依据，从而保证计划的针对性和可操作性。班组教育培训计划的制定要遵从下列流程和方法：

（1）教育培训计划制定的一般流程。教育培训计划不同，其制定方法和流程也不相同。但是，它们的共性和一般规律如图5-2所示。

（2）班组培训计划制定的方法。一般有会议法、座谈法、专家论证法；先拟草案，再论证修订；或讨论后出框架，再论证。通过会议制定计划是最常用的方法。班组教育培训计划会议往往需要有上级主管部门和企业教育培训管理部门的有关人员共同参加，有时为使教育培训计划不偏离被教育培训对象的需求，也可以考虑选择几名学员代表参加教育培训计划会议，可以起到旁证的作用。另外，与部门领导和有关人员的沟通也很重要，以取得他们的支持。此外，由于企业经营发展的多变性，教育培训计划制定应留有一定的修改余地，甚至可以多列几套方案备选。

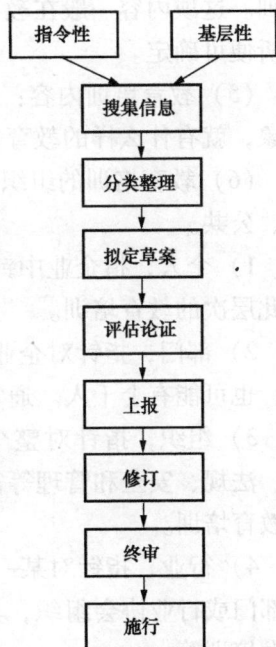

图5-2 教育培训计划
制定流程

227

三、教育培训计划的基本要素

为什么要进行教育培训？谁接受教育培训？接受谁的教育培训？教育培训内容是什么？如何教育培训……这些都是班组教育培训计划要回答的问题。正是这诸多问题，构成了班组教育培训计划的基本要素。具体地说，一份完整的班组教育培训计划应包括如下内容：

（1）教育培训目的：教育培训的目的主要是回答为什么要进行教育培训的问题。可以这么认为，无论何种类型的教育培训计划，都要围绕教育培训目的进行设计。明确的教育培训目的，可以将教育培训计划导向成功。

（2）教育培训目标：教育培训的目标主要解决培训要达到什么标准的问题，它是在教育培训目的的基础上确定的。目标的确定还可以有效地指导受训者找到解决复杂问题的答案，进一步了解自己在组织中所起的作用，以及今后发展和努力的方向，为今后的工作制定切实可行的计划。

（3）计划编制原则：制定和实施计划时应该遵循的基本规则。

（4）教育培训对象及类型：即确定谁接受教育培训和进行何种类型的教育培训。这项内容一般在教育培训需求分析中通过对工作任务的系列调查和综合分析便可确定。

（5）教育培训内容：是与教育培训对象相辅相成的，有什么样的教育培训对象，就有什么样的教育培训内容，它是根据对象的教育培训需求而确定的。

（6）教育培训的组织范围：一般包括五个层次，即个人、部门、组织、行业、公共。

1）个人，指企业中针对个人的岗位培训。如学徒式的培训模式、自学等均属此层次的教育培训。

2）部门，指针对企业中某一工作部门的教育培训。这个部门可能只有几个人，也可能有上千人。通常的技能培训是在这个层次上进行的。

3）组织，指针对整个组织的全体员工的教育培训。通常的岗位操作、纪律、法规、安全和管理等需要让全体企业员工掌握的知识与技能则属这一层次的教育培训。

4）行业，指针对某一行业人员进行的教育培训。这类培训一般都由政府职能部门或行业协会组织，其培训内容主要有行业管理培训、执法培训和新技术开发培训等。

5）公共，指适用于所有公共领域及行业的教育培训。如文化基础知识教育培训、计算机技能培训、公共管理教育培训等都属于这类教育培训。

（7）教育培训规模：它受很多因素影响，如人数、场所、培训的性质、工具以及费用等。一般情况下，班组教育培训只针对个人，不需组成专门的教学班，只需提供教育培训设备、方法、程序、教材及其他教学条件和指导教师即可。即使需要全班组自主教育培训时，由于其技术要求较为专业，常采用讲授、讨论、个案研究、角色扮演等方式进行，也是一种小规模的教育培训。

（8）教育培训时间：它的具体安排受培训的内容、费用、生产任务、家庭等其他与教育培训有关的因素影响，应科学合理安排。而教育培训时间的长短主要是由教育培训内容决定。有些以提高岗位技能为特点的继续教育常常安排在双休日或分阶段进行。

（9）教育培训地点：它一般指学员接受培训的所在地和培训场所。如只针对个人的岗位技能培训，一般都安排在工作现场或车间；其他类型的教育培训可以安排在工作现场，也可以安排在特定城市和教育培训机构的实验室、微机房、教室等地。

（10）教育培训的方式、方法：它指的是集中教育培训还是分散进行，是在职教育培训还是离职教育培训，是采用讲授法，还是互动教学法，或是体验教学法等。具体采用何种教育培训方式、方法主要是由教育培训目的、目标、对象、内容、经费及其他条件决定的。如某些基本技能培训等常采用集中的方式进行；专业技能培训主要采用边实践、边学习的方法。

（11）责任人：计划或计划中某一项具体活动的组织者，主要是指教育培训负责人、教育培训管理人员、教育培训教师等，如班组总教育培训计划的责任人就是班组长、而授课责任人就是教师。通常，班组教育培训能否找到合适的教师，直接关系到教育培训效果的好坏。因此，制定教育培训计划一定要根据教育培训目的、目标、对象等选择教师。如果是个人自我发展训练，请有工作经验的同事或上司作为指导教师即可。其他教育培训一般要聘请专职教师或经验丰富的管理者、技师、相关专家作为教师。

（12）考评方式：每个教育培训项目实施后，均要对受训人员进行考评，这也是对教育培训效果的一个检验。考评方式一般分为笔试、面试、操作三种方式，笔试又分为开卷和闭卷；对技师培训言还要求进行论文的撰写和答辩等。

（13）教育培训费预算：执行全部计划的费用，含前期费用、教师课酬、场所和设备租用费、教材和教具制作费、宣传广告费等。

（14）计划变更或调整方式：计划变更和调整的程序和权限。

（15）签发人：本教育培训计划的审批负责人。

四、班组教育培训计划基本格式

教育培训计划可采用文字式、表格式或文字、表格兼有式。现以文字、表格兼有式为例，简介如下。

1. 班组总教育培训计划

这种计划通常是以文字形式说明教育培训目的、目标、规模、编制原则等需要用文字详细表达的内容，然后用表格阐述计划的其他内容，见表5-3。

表5-3　×××年××班总教育培训计划安排表

序号	项目名称	主要内容与目标	培训对象	培训方法	培训时间	培训费用	考评方式与时间	责任人	备注

2. 班组单项教育培训计划

该计划通常是以文字形式说明培训目的、对象、规模、编制原则、课程设置与要求等需要用文字详细表达的内容，然后用表格阐述计划的其他内容，见表5-4。

表5-4　×××年××班高级变电运行值班员培训教学计划安排表

序号	课程名称	培训内容与目标	培训时间	培训方式	培训教师	评价方式与时间	备注

3. 班组教育培训课程授课计划

该计划通常是以文字形式说明授课目的、对象、授课总时数与主要方式、任课教师、编制原则或说明等需要用文字详细表达的内容，然后用表格阐述计划的其他内容，见表5-5。

230

表 5-5 　　　　　×××年××课程授课计划安排表

序号	授课章节与内容摘要	日期与课时	授课方法	教材及参考资料	教具与设备	考评方式与时间	课外作业	备注

4. 知识课时授课计划

知识课时授课计划

班组长意见：_____

_____（签名）____年____月____日

授课日期				
授课班次				

课　　题：_____

目的要求：_____

重点与难点：_____

教具、挂图：_____

编写教师：_____（签名）　　编写日期____年____月____日

组织教学：_____

教学模式：_____

旧课要点复习：_____

课堂导语：_____

讲授新课：

授　课　内　容	教学方法与时间

本课小结：_____

_____

课外作业：_____

_____

课后记载：_____

_____

5. 技能课时授课计划

技能课时授课计划

班组长意见：_____

_____（签名）____年____月____日

授课日期				
授课班次				

课　　题：_____

目　　标：_____

重点与难点：_____

教具、设备与场地：_____

编写教师：_____（签名）　编写日期____年____月____日

组织教学：_____

教学模式：_____

讲练要点：

讲解与示范内容	教学方法与时间
练习与指导内容	

本课小结：_____

课外作业：_____

课后记载：_____

班组长意见：_____

_____（签名）____年____月____日

授课日期				
授课人数				

课　　题：如何打电话。

目的要求：掌握熟练正确的打电话技能。

重点与难点：阐述通话的内容。

教具、设备与场地：班组办公室，电话机若干台、电话号码簿若干本、记录簿1本、笔1支。

编写教师：_____（签名）　编写日期____年____月____日

组织教学：_____

教学模式：问题针对性模式。

讲授新课：

讲解与示范内容		教学方法与时间
主要步骤	要　　点	
1. 通话内容设计	目的、与对方关系、简明扼要、意思准确	
2. 确认对方	单位、姓名、电话号码	
3. 拿起话筒	左手拿话筒，右手执笔	
4. 拨号	右手拨号、准确、连续	
5. 告知本班组名称、本人姓名	发音清晰、简明、准确、常规语速，需要时应该重复，右手落于纸上准备记录	边讲边示范法（0.3小时）
6. 阐述通话内容	发音清晰、简明、准确、常规语速，确认对方是否听清楚，确认自己是否理解对方意思以及记录重要内容，必要时可以复诵	
7. 放回话筒	告别道谢3秒以后，轻放话筒。如对方是领导或长者，应由对方结束通话	

练习与指导内容	教学方法与时间
1. 打电话向领导请示工作或请假。 2. 打电话向师傅请教问题。 3. 打电话转达班长通知。 4. 打电话请求他人帮助。 5. 打电话向有关部门或班组咨询事宜	模拟现场边学边练法与个别指导法相结合（0.7小时）

本课小结： 本讲阐明打电话的七个步骤及其基本要点，示范了打电话的标准过程。并经过了5类打电话的训练，各位基本掌握正确、规范打电话的技能。课后在打工作或生活电话时，务必坚持按上述步骤和要点进行，以形成习惯，牢固地掌握这项技能。

课后记载： 参培10人经过反复几次训练后，均能比较熟练地掌握打各类电话的技能，培训效果很好。建议班组的其他技能操作培训，也可以采用这种模块化的方式，合理地将操作技能划分成若干个模块，然后将每个模块再分解成相对独立的操作步骤，一步一步反复示范训练，则参培员工就能很快掌握这些操作技能，培训也将获得很大成功。

第二节　班组教育培训的实施

如果班组教育培训成功与否的50%由培训计划决定，那么成功的另外50%就要由培训计划的实施来决定。因为班组教育培训的实施就是根据班组教育培训计划的规定，进行教育培训的准备、教导和控制，使教育培训基本按照计划要求顺利进行，从而达到预想的培训目标和目的，由此可知班组教育培训计划的实施也是班组教育培训成功与否的关键。

一、教育培训的准备

（一）组织和思想上的准备

为保证培训计划的顺利实施，并达到理想的教育培训效果，在实施教育培训计划时应进行一下组织和思想上的准备。

（1）选聘培训员。为了做好班组教育培训的日常管理工作，要选聘专业技能水平高、有一定协调能力、工作认真的组员担任班组教育培训员，协助班长做好班组教育培训中物资准备、检查、统计、记录等管理工作。

（2）明确分工、落实责任。为了确保教育培训任务的落实，在教育培训计划实施前，最好应召开一个相关人员（包括培训员、安全员）的会议，一方面明确分工、落实责任，另一方面为今后在教育培训过程中的沟通配合打好基础。

（3）做好教育培训动员。要采用开会或讨论等形式，使受训人员明确教育培训的目的、要求、内容、程序等，特别是要使其深刻感受到教育培训对企业发展、个人进步的重要性。还要营造教育培训氛围，进行必要的布置，如设置适当的口号、标语等，以激发受训人员参加教育培训的积极性、主动性。

（二）师资准备

教育培训师资的准备，直接关系到教育培训教学质量的好与坏，关系到是否能够达到教育培训项目事先所设定的目标，对任何教育培训来讲都是十分重要的工作。它的主要工作有以下两项：

1. 教师的聘请

由于班组教育培训以自学为主，集体教育培训的次数少、规模小、经费难，所以班组教育培训的师资主要应该采用以充分开发本班组人才、技术资源为主，适当向上级部门申请外聘教师的方法。如需聘请相关班组的技师、外部院校或专门培训机构的教授、专家来进行教育培训，更要提前申请、联系，并了解他们的背景、经历等。但是，班组教育培训师资主要是以能者为师，原则上应该是人人都可以根据所长甘当老师，根据不足甘当学生，要求全班人员做到会什么、讲什么，提倡人人在教育培训实践中，边教技术、边学教法，力争成为既是技师又是教育培训师的双师型人才，在班组中形成互帮互学、有利于本班教师和全班成员自学能力成长的教育培训氛围。因此，聘请班组教育培训教师主要是根据教育培训计划的内容和目标优先在班组内选聘；并且要求提前足够的时间确定应聘教师，以便留给应聘教师充分的备课时间，做好授课的准备。

2. 教师的备课

班组教育培训要达到理想的实施效果，在很大程度上决定于教师的备课情况。它是教育培训过程的核心环节，是教学质量的重要保证，也是教师教学水平高低的基本体现。因此，无论是外聘还是内定的教师，一旦被聘就应该根据教育培训目标、学时要求，在熟读规定教材或教学讲义或操作（作业）指导书，以及掌握学员基本资料的情况下，写出本次教育培训需要的全部知识或技能课时授课计划（即教案），做好授课前的准备，即备好课。一般来讲，要完成高质量的备课任务，必须做到以下几点：

（1）遵循备课的基本要求：

235

1）教学目的的决定性。教学目的决定讲授内容和教学方法。凡不符合教学目的的内容要忍痛割爱，凡不利达到教学目的的方法不宜采用。

2）教学内容的规定性。要以计划和教学大纲的规定和选用的教材、讲义为主要依据，围绕如何使学员理解和掌握教材、讲义来准备教学内容。可对教材、讲义做必要的调整与补充，但不能"喧宾夺主"。

3）教学对象的可受性。应充分考虑学员的特点和接受能力，创造条件使不易接受的重点、难点和关键内容具有可受性。

4）教学方法的适应性。选用教学方法应充分考虑教学内容、学员年龄特征和接受水平，以利于达到教学目的。

5）教学活动的教育性。教学不单是传授知识和训练能力，还须考虑如何进行思想政治教育、职业道德教育、心理素质教育等。

（2）抓住备课的基本要领。备课要从备学员（包括了解学员基本情况和变化情况）、备教材（包括掌握现有教材的基本内容，与现实的不适应性，需要课堂补充的内容）、备训练操作（包括准备训练场地和实物）三个方面把握教学内容；从教学手段、方法和教学技巧等方面准备教学的保证条件。总之，把握备课要领，才能备好课，写好教案。归纳起来，备课基本要领有以下几点：

1）准确把握每节课的教学目标和任务。包括三个目标：一是知识性目标，主要指学员应掌握的知识点；二是能力性目标，能力包括动手能力、交往能力、管理能力和有关专业能力等；三是企业文化性目标，主要指对学员进行思想、政治、道德、心理教育，具体包括情感、态度、作风、思想修养及敬业、爱岗、职业意识、价值观等方面的教育。

2）准确把握备课的切入点：

a. 领会计划和大纲。教育培训计划和教学大纲是备课的基本依据，是教学的指导性文件。只有熟悉计划和大纲，才能高屋建瓴地把握教材，才能通观全局、抓纲带目，才能明了教材内容之间的内在联系、编排体系和各自的地位与作用。

b. 吃透教材。包括熟悉教材、分析教材、处理教材三个层次和钻研教科书、阅读参考书及掌握有关资料三项内容。通过分析、钻研教材，可以使教学内容条理清楚，层次分明；逻辑严谨，重点突出；观点鲜明，论据充足；难点适度，详略得当。

c. 了解学员。教师应有明确的"备学员"意识。它包括了解他们对知识、技能掌握的范围和程度，他们的学习兴趣、学习态度和学习方法，他们的生理、心理特征和认识规律，他们的思维特点、自学能力和学习习惯。在了解学员的

236

基础上，预测他们在学习中可能出现和提出的问题，并预先拟定相应的措施等。

（3）科学合理设计教案：

1）模式设计。教学模式主要包括课时进程结构模式和课时环节教学模式。设计模式时，应充分考虑如下制约因素：课程性质、教材特点、教学目标、教学条件（时间、设备、环境）、学生水平、教师自身条件与教学风格。课时进程结构模式有"传递—接受"模式、"示范—训练"模式、"指导—发展"模式等；课时环节教学方式有讲授法、讨论法、演示法、实验法、参观法、实习法、模拟操作法、影像电教法等。

2）导语设计。导语是一堂课中首先出现的内容结构，就像电影的序幕或交响乐的序曲一样，具有启动、提醒、吸引、导向、鼓励及说明主题、明确任务的功能，因而应考虑如何让它起如下作用：激发求知兴趣，强化学习动机；承上启下，温故知新；激情入境，诱发思考；引起学生关注，传达教学意图；建立师生情感，形成良好氛围。

3）问题设计。根据教学目的、重点，为使学生有疑可思，循疑而进，必须把握教材内容的"教学点"，把思考题设计在课程内容的"重难点"、素质教育的"渗透点"、能力培养的"落实点"与智力开发的"启动点"上。

4）语言设计。语言是教学的媒介，知识的载体。因而，备课不可忽视语言设计。主要考虑如何做到：准确精练、易于理解，启发思路、激发思考。尤其对启示性语言、转折语言、启发语言、释疑语言和结论性语言要进行认真设计，万不可无准备地信口而语，影响表达或讲解效果。

5）结尾设计。结束语是一堂课的"压轴语"，起着归纳、概括、综合、定论和伏笔、应前呼后的作用。结束语不是主体内容的重复，而是对主体内容的综合、提炼、升华。

不管导语设计，还是问题设计，都是为教学服务的。因此，教案的重点应是教学内容的重点，包括教学难点、知识重点、技能重点、育人重点等。教师只有掌握了教学重点，教学时才能主次分明，目标集中，把力量用在刀刃上。

（4）做好技能培训项目的作业（操作）分解。撰写技能培训教案就是要求教师传授技艺之前，在脑子里整理出需要教导的内容以及传授的程序和方法。如果整理不好思路，就不能够进行正确的指导，这种整理的关键点就是对需要培训的技能项目逐一进行作业（操作）的分解。

1）作业（操作）分解对教师的好处：进行说明时，顺序更清楚、易懂，而且不会漏掉必要事项；不会浪费工夫反复调整适应；可以不慌不忙，自信地进行说明；能够着重强调重要的地方；能够确认学员是否真正记住；便于总结现在的指导方法，以利今后进行改善。

在编写技能教案中，首先有必要进行训练的是试着进行作业（操作）分解。作业分解的原则是将每一次能教的内容作为基本培训模块（在《手册》中称为项目模块）进行分解。一般根据学员一次学会的能力、作业操作的范围（操作本身的阶段性）及管理者每一次可腾出的时间等来决定。

2）作业分解的主要程序：

（a）填写作业分解表：

a）表格编号。在这里填写作业分解表的整理号码，以便按号码顺序装订，并加上目录，在以后的操作指导时，很容易取出这些资料。

b）操作。在这里填写将要指导的操作模块名称。

c）零件。将要指导的操作的主要对象物，比如电动机装配作业的操作分解，要填入定子、转子、铜芯线、连接器。

d）工具。对完成操作有帮助的东西，如工具类（包括常用与专用工具）尽可能填写。

e）材料。填入为了完成操作必要的消耗品、辅助材料，如强力胶、天那水、碎布、绝缘胶带等。

（b）决定操作的主要步骤（顺序）：所谓主要步骤是指进行操作时主要操作的先后顺序。主要步骤必须是在实际操作中易教易学的原则加以决定。如果只根据想象进行作业分解，容易遗漏或增加某些步骤，也就无法进行完全的操作分解。因此，操作分解时要求做到以下几点：

a）先进行一个模块的实际操作试试看，然后停下来，考虑一下现在所进行的工作是否能成为一个主要的操作步骤。根据学员的能力，在确认该步骤能使操作练习前进了一步之后，将其作为一个主要的步骤。

b）即使教导学员的操作相同，主要阶段的分割也可以根据学员的能力分得大些或小些，也就是对有能力的人可分得大一些，差一些的可分得小一些；并且为了使能力差一点的人更容易掌握，最好把每一个实际动作作为主要步骤，以体现培训个性化要求。

c）把操作中包括检查、点检、测定等工作分别作为一个重要的步骤提出，以达到避免指导过失的目的。

d）因为主要的步骤通常是"做什么"的问题，所以原则上在作业分解表内，要填写用动宾结构的语句，要用"○○（正确）或××（错误）或△△（合作完成）或√√（个人完成）"的方式来书写。尽量做到书写的语句确切、简洁、具体，以免做操作示范时，由于用语不当，或与所做动作有出入，或过分繁琐使学员产生混乱。

e）最后将主要的步骤抄入教案，或以附件的形式作为教案的一部分。

3）决定主要步骤的关键点（即要点）：所谓关键点是指一个主要步骤得以顺利进行的重点所在，因此，在技能教学中必须找准关键点。主要步骤的关键点有各种各样，但是最重要的是把握以下3条：

a）影响工作的完成情况，是决定成败的地方——成败关键点；

b）容易造成职工受伤的危险物——安全关键点；

c）使工作更易完成的方法（直觉、窍门、技巧、特别的知识等）——顺利关键点。

在仔细理解上述3个关键条件的基础上，通过每个主要步骤的实际操作来发现主要步骤中关键点的关键是考虑该步骤应该"怎样"做。

选择关键时，和决定主要步骤一样，要认真考虑学员的能力。做到没有徒劳、勉强和疏漏。否则，由于没有充分地将关键处教导清楚，重大的事故及损害发生的风险将很大。

要根据学员的能力来决定关键所在，而不是以指导者的能力为标准来决定。现在认为是理所当然的，但当时自己初学时没能顺利掌握的内容都要无误地挑出来，考虑是否为关键点。

不考虑学员的能力，如果把各个细小部分毫无选择地挑出来，就有可能抓不住关键所在。

在一个主要步骤中，同时有几个关键要素时，要按照进行操作的顺序填写。在一个主要步骤中，若有四五个关键要素，应尽量把主要步骤再分解，分成若干个子步骤，以便学员容易记住。

案例5.3　日光灯照明线路安装作业的操作分解

在内线安装工岗位上进行一项日光灯照明线路安装作业的操作分解时，可以分为两种情况进行。对有经验者可以把作业的全体作为一个模块进行训练，它的操作分解表如下。

操作分解表一

操作1：日光灯照明线路安装（有经验者用）。

零部件：日光灯管、启辉器、镇流器、灯架和灯座、胶木吊线盒、配电箱、分路开关和短路保护、插座、塑料护套线、塑料钢钉线卡、绝缘管、木桩。

工具和材料：电钻、电锤、手锤、验电笔、螺丝刀、电工钢丝钳、剥线钳、电工刀、活扳手、梯子、绝缘胶带。

技术资料：照明工作原理图、照明配线平面图、作业指导书、工作票、电力安全工作规程、技术标准（GB 50259—1996）。

表5-6　　　　　　　　日光灯照明线路安装步骤与要点（有经验者用）

主　要　步　骤	要　　　点
1. 熟悉技术资料	正确识读图纸、指导书、工作票，明确目标，主要工艺要求及安全注意事项
2. 准备好各种器材	识别、选用各种器材，型号、规格正确
3. 护套线施工	零部件布置合理，安全工艺符合技术要求；接线正确、简单、牢固可靠
4. 日光灯安装	位置正确、美观、牢固；穿入等径的导线，不准有接头、内压不低于50V，截面不小于0.2mm^2；灯具的安装高度一般不低于2.5m
5. 检查验收和试运行	正确全面检查线路；试运行一次成功

对经验较少者言，可以把有经验者所用作业模块的四个主要步骤分别作为他的四个子模块，然后再一一进行操作分解。对于完全没有经验者还可以将子模块中的作业步骤作为更小的模块进一步细分。这里仅将其第一个子模块例示如下：

操作分解表二

操作2：护套线施工（经验较少者用）。

零部件：配电箱、分路开关和短路保护、塑料护套线、塑料钢钉线卡、绝缘管。

工具和材料：电钻、电锤、手锤、验电笔、螺丝刀、电工钢丝钳、剥线钳、电工刀、活扳手、梯子、绝缘胶带。

技术资料：照明工作原理图、照明配线平面图、作业指导书、工作票、《电力安全工作规程》。

表5-7　　　　　　　　护套线施工步骤与要点（经验较少者用）

主　要　步　骤	要　　　点
1. 准备好各种器材	按规定的型号和规格，正确识别、选用各种器材
2. 按施工图结合现场情况，标画线路走向及支持点位置及用电器位置	要求正确、美观、简单
3. 錾打所有木榫安装孔和导线穿越孔	孔中心位置正确，孔中心线与壁面垂直，孔径符合要求

主　要　步　骤	要　　　　点
4. 安装好木榫	牢固、榫面与壁面平齐
5. 敷设导线、安装元件和塑料钢钉线卡	元件安装牢固可靠，走线符合图纸要求、且做到横平竖直，护线套支持垫直线段相隔约为 200mm，其余间隔均为 50mm 左右；工艺符合技术标准 GB 50259—1996 的有关规定
6. 完成线路的连接	导线连接位置符合规定，导线连接要求绝缘层破削长度符合规定，连接方法正确，接触紧密；接头处的机械强度不低于原导线强度的 80%，接头处的绝缘强度与原导线一样

——在填写关键要素时，尽量避免使用抽象的语言（例如：确实、正确、充分等），如表 5-8 所示，应该具体指出"怎样做才可以准确无误"。此外，填写"不要做……"也是不理想的，如表 5-9 所示。这时，要考虑怎样做，要具体地指出应该"这样做"。

表 5-8　　　　　　拧螺丝关键要素填写正误对照表（一）

主要步骤	关　键　要　素			
拧螺丝	确实	手用力均匀	对准中心	用测力计
	×	○	○	○

表 5-9　　　　　　拧螺丝关键要素填写正误对照表（二）

主要步骤	关　键　要　素		
拧螺丝	用力均匀	不要歪斜	对　角
	○	×	

（三）物资上的准备

1. 准备所有资料和道具

在培训之前，必须根据培训模块的需要准备所有的必要物品和资料，当然要准备正规、足够的设备及工具，准备充足的材料及消耗品，必要的讲义、教材、规程、作业指导书、图纸、挂图、照片等资料，以免在教学过程中出现物品或资料不足的现象。如果做了操作分解，在操作分解的标题栏中写出零部件及材料的名称，则应根据其要求进行准备。零部件、材料特别是消耗在教学的第二阶段、第三阶段使用量很大，如果所需要的数量事先写在教案上，会很方便；并且如果需要，还应该准备一些黑板、粉笔、模型、实物样本等。若培训中用临时代替的工具、设备、材料等时，既不能正确教学，也会使学员变得对培训的不重视。

2. 准备讲课或操作训练场所

讲课需要一定的场所，以形成教学的氛围，提高培训效果。其大小应根据人数决定，基本要求是安静、明亮、可写可画或可看 CD 等有利于讲课、听课的场所。

如果指导者示范不正确，学员就会养成不良习惯，所以指导者给学员必须做出正确的示范。车间的整理、整洁是操作安全的第一步，设备、机械、工具类的检查准备，对于操作安全也是不可缺少的。所以，在教导之前，一定要将上述物品准备齐全，摆放整齐、做正确的示范。指导者以身作则，维持车间纪律等是极其重要的。做正确示范，是管理者、指导者的职责之一，是理应做到的事。

二、教育培训的教导

教育培训教导是教学与指导的统称，有知识课教导和技能课教导之分。对教师上好这两种课的基本要求是做到教导思路清晰、合理、紧扣培训目标，阐述教育培训内容正确，示范操作动作规范，语言简洁明确，重、难点突出，按时完成设计的教学任务。其次是不断提高口头表达能力和教育培训课堂或现场的控制能力，增强教导的吸引力，不断提高教育培训教导的效果。此外，知识课和技能课的教导还有各自的具体要求。

（一）知识课的教导

知识课教导常以教师讲课为主，故又称为讲课，其主要应做好以下三点：

1. 有效地进行课堂组织

组织好教学活动的各环节，环环相扣，前后接应，相互衔接，控制好教学的节奏，不浪费讲课时间；同时，处理好教师和学员、教导和学习之间的关系，充分发挥师生双方作用，使双方均达到并保持最佳状态。

2. 合理地安排板书或有效地利用教学设备

若需书写板书，则要考虑板书布局合理，指导性强，但不必一字一句地全部抄写，应提纲挈领写出要点，以节省课堂时间和板书。提倡多用多媒体等现代化的教学设备，采用多媒体课件，以便提高直觉效果，做到精讲多练。

3. 具备一定的教导机智

由于教导是一项具有很高创造性的劳动，其过程未必全会按照我们所设想的那样有条不紊地进行，因此在教导过程中要保证有好的教育培训效果、理想地把握课堂进度，还需要教师具备一定的教育机制。这种机智就是指教师在教导过程中遇到突发事件或偶然事件时所表现出来的机敏、灵活，能创造性地解决问题的素质和能力。只有具备了这种机智，才能遇事不惊，排除干扰，保证教导的顺利进行，并很好地树立自己的威信。而这种机智又是在不断探索、不断总结的过程中逐渐形成的。

（二）技能课的教导

根据技能培训准备的要求做好教导前准备工作之后，下面可用"教导法的四阶段"指导培训人员学习技能。这个教导法正确、安全、条理分明，是技能培训值得依赖的方法。具体做法如下：

1. 第一阶段：策划和准备

为了使教导工作顺利进行，教导的准备工作是很重要的，有备无患，好的准备是成功的开始。在指导过程中，主要是使学员（被训练者）做好学习的准备。

（1）做到轻松。如果过分紧张的话，就很难把全部精力投入学习。由于紧张过度，动作就变得不灵活，平常的技术手法得不到发挥。向上级、前辈学习东西时，学员容易紧张，有必要使他们恢复到平常的状态。但是，过于轻松的话，会变得松懈。

（2）说明进行何种操作。为了消除学员常常有的对"让自己做什么"的不安感，要让学员对工作有思想准备。所以讲清楚做什么操作是非常必要的。

（3）确认对操作了解的程度。教导学员已经知道的事，不论在时间上还是在人力、材料上都是个浪费。相反，把不知道的当成是知道的，省略教导的话，如同是在强加于学员，所以对于操作需要确认了解的程度，做到有的放矢。

（4）使学员有一个想要掌握操作的心态。在学员没有想掌握的愿望时，无论怎样认真地说明或做示范，也许学员会听不进去或忽略。为了避免此类事情的发生，跟学员说明掌握的重要性及意义是很重要的。

（5）使之置于正确的位置。把需要的东西置于具有无疏漏、容易看、容易做、无危险、无判断错误，不给别人添麻烦等条件的位置上，而且要从指导者容易指导的角度考虑选定正确位置，使其在那里就位。

2. 第二阶段：进行操作说明与示范

由于学员没有充分具备完成工作的能力，所以才需要指导，因此，指导者首先从说明要教的工作开始教导。

（1）将主要的步骤逐个讲给学员听，做给学员看，写给学员读。即一边让学员看动作，一边有条不紊地、没有疏漏地、容易令人明白地用语言来逐个说明动作，并将这些说明写成简炼准确的短文，让学员读记。所谓逐个是指除了一个个的动作以外，还需要具备顺序和分段。

（2）强调重点。学员懂得工作程序后接着为了按照其顺序正确地行事，需要把特别应该用心注意的重要点，给学员以深刻的印象使之牢牢记住。即将关系到工作的成败，关系到安全及使工作易做等内容选作为重点，这种情况下，把重点以外的事情混在一起说明的话，关键的要点就会变得模糊不清了。在明确显示要点动作的同时，用简洁的语言，按照顺序，反复地加以说明是非常重要的。

（3）清楚地、一字不漏地、有耐心地说教。需要用清楚的语言，清楚的动作，没有疏忽地、有耐心地多次说明或做给学员看。在这种情况下，如果无差错地说明其为什么成为要点，要点的根据，存在理由，有助于防止偷工偷料。如果指导者因为忙，没有耐心地、不充分地教导，就使学员进入工作的话，学员往往会失败。若教导中发生很多波折和问题后，不仅要花费更大的力气处理善后，还需要重新甚至是多次进行教导。所以不管有多忙，也要用正确的、值得信赖的教法，有耐性地教。

（4）不要超过理解能力加以强迫。这一条是整个第二阶段的指示事项。如果超过能力并加以强迫，学员会产生自卑，对指导者有反感，不愿听从教导，甚至变得自暴自弃或产生厌烦的情绪。总之，强迫是有害无益的，应该见人行事。

3. 第三阶段：让学员做做看

大部分的工作只用脑子记忆、理解是完成不了的。在很多时候，知道和会做是不同的。所以，说明完后，需让学员做做看，去体会。

（1）让学员做做看——纠正错误。首先让学员做动作，若有错误，应采取措施尽早纠正，不要让学员养成坏习惯。

（2）让学员一边做一边进行操作说明。因为操作的顺序是将动作用语言表现出来的，所以如果掌握了动作，就容易说明顺序。通过让学员讲顺序使之再次确认并牢牢地记住操作顺序。

（3）要求学员进一步地重申要点。让学员在体会的同时，说出要点，把要点确实作为重点在头脑中进行整理并记忆。即使从动作上能够正确地实行要点，但本人是否意识到那是要点，只从外表是识别不出来的，所以，需要让学员说出要点。

（4）确认学员是否熟知工作的主要步骤。这一条是整个第三阶段的指示事项，即在本阶段的教导过程中，要确认在第二阶段所教的动作（工作）、顺序（主要的步骤）要点，要点的原因是否被学员正确掌握。

4. 第四阶段：观察培训效果

（1）让学员实际操作。如果在第三阶段学员确实明白了操作要领，应该让他们自己进行实际操作，由此可使学员不存侥幸心理，而带着责任感去工作。

（2）事先向学员说明。如果有不懂时，可以随时提出来，学员就不会存在"向谁问好呢？"的疑问，可以正确、很好地从负责培训工作的人那里学习。

（3）多做检查。往往刚接触工作时，容易发生一时忘记，误解动作要领等，所以必须掌握操作方法后再做，在养成坏习惯之前进行修正。学员在需要帮助的时候，对检查的指导者有一种感谢的心理。

（4）引导学员提出疑问。学员对指导者客气或不想让别人知道自己的记忆力不好。如果学员有这种心情，则很难提出疑问。所以，指导者要创造一个容易提问的气氛，使提问容易进行。

（5）逐渐地减少指导。随着时间的推移，若学员逐渐熟练，则指导也应该逐渐减少。因为已经进步了，若仍像教导初、中期时一样经常过去看，也没什么要教导的，只会浪费时间。而且，还可能使学员误认为自己总被当作不熟练者，从而产生反感或不被信任感。但是，即使要减少指导，与一般熟练者同类的指导还是应该进行的。

只要按照这四个阶段教导，一定会让学员学会操作。这也进一步对指导者提出了更高的要求，要求指导者树立"学员没学会就等于自己没教好"的理念，不断地反省自己的备课、教导方法，持续不断地改善和提高自己的教导水平。

（三）培训教导的要点

在教育训练过程中，实施教案里预先设计的各种教育培训方法时，还要特别注意做好个别辅导与集中指导的工作，才能收到事半功倍的效果。

1. 灵活采用各种辅导方法

（1）说明辅导。针对学员的问题，将事前准备一些通俗易懂的文字资料、音像资料，边说明边注意学员的理解程度，不明之处可反复说明。

（2）咨询辅导。对心里惶恐不安的受训者，指导者应采取积极倾听法，即不停地附和受训者，尤其是新学员的言语，对其所提的问题均给予下面回答，"你的想法有一定的道理！""要是我的话，就这么做！"此法是让对方消除心理不安因素，坚定对自己的信心。

（3）挑战辅导。有能力的受训者出色地完成工作后，除了首肯之外，还要适当地交代更难一点的事项，让其向更高一级的难度挑战。

（4）刺激辅导。对能力高的受训者不做任何具体指导，只在想法和要点上略作提示，不问过程，只看结果。

（5）答疑辅导。对自己有一套意见和想法的受训者，除了要尽可能地摆明自己的观点之外，还要回答他的提问，哪怕所提问题十分浅显，也给予热心解答。

通过个别辅导，受训者的"单兵作战"能力提高了，但是这还不够，还要进行集体指导，以进一步提高组织的整体"作战"能力。

2. 做好提升受训者的集中指导工作

（1）明确集体目标。如果有人反对集体目标，就是没能让其参与其中的缘故。如果可以，可让每个人都参与目标制定，这可使每个人都成为目标的坚定执行者和拥护者。协同配合的好坏，取决于每个成员参与意识如何，参与欲望高，则成功了一半；就达成目标的具体方法进行指导和示范；创造动机，使目标引起每个成员的同感与共鸣。

（2）强调协同配合意识。明确小组间要配合的目标、题目、规则、约定等事项，分配好每个人的职责，职责一旦定下，就坚决积极执行；强调要尊重彼此的职责，先打招呼后行动；让每个人都认识到自己在小组里是不可缺少的，同时，自己的工作如果没有做好，就会给别人添麻烦。

（3）借用集体的智慧。制定规则、约定时间，听取大家的意见，汲取集体的智慧；视情形而放手（权），使大家有欲望地自主完成工作；只有共同行动，才有可能进一步加深与受训者之间的相互理解，指导者绝不可以只停留在口头指挥上。

（4）提高集体的荣誉感和自尊心。谁都喜欢在一个有荣誉和有知名度的集体里工作，好的传统、风气、习惯要有意识地传达下去，使每个人都紧紧地团结在一起。当个人和集体的能力都得以提高时，现场管理就有了成功的牢固基础。

第三节　班组教育培训的控制与评价

一、班组教育培训控制与评价的基本含义

班组教育培训控制是指按照教育培训计划的要求，对教育培训实施活动进行规范、调整，以保证教育培训活动健康有序地开展、保质保量按时顺利完成教育培训计划的一系列活动。而班组教育培训评价则是指用一定的方法与手段

判定每个或若干个培训模块，以及教育培训全过程效果的一系列活动。两者存在相互依存，缺一不可的关系。如果没有评价，那么就不会有有效的控制，同样没有控制也就得不到正确的评价，甚至可能出现无法评价的困境。因此，在教育培训实施过程中进行评价与控制，教育培训结束之时进行评价都是班组教育培训必不可少的重要管理活动。

二、班组教育培训控制与评价的要素

做好班组教育培训控制与评价的关键是落实教案检查、教学效果检查、教师组织管理和学员组织管理、教育培训进度管理等工作。而这些工作也正是班组教育培训控制与评价的要素，现逐一讨论如下：

（一）教案检查

备课，是教学过程的核心环节，是教学质量的重要保证。而教师备课的水平高低与质量好坏又可以在教案上得到基本体现。因此教育培训评价与控制的一项重要任务就是检查教案。首先，检查教案是否齐全。然后，检查其内容是否遵循备课的基本原则，是否抓住备课的基本要领，是否设计或选用科学合理高效的教学方法。

（二）教学效果测定和业务评价

效果测定是指测定受训者的知识、能力等，判定教育培训课程在多大程度上促进了受训者能力、素质和意愿等的开发和提高，是对班组教育培训实施成果的直接把握；而业务评价是指回顾教育培训课程的计划与实施全过程，判定其在多大程度上达到预定的目的和目标，是关于教育培训课程运营状态的评价。通过评价，找出教学环节中的问题，及时在实施过程中加以修订或调整，以控制教育培训按计划预定的目标进行；或作为教育培训后的经验总结，优化教育培训全过程管理，不断提高教育培训质量。

1. 效果测定的常用方法

（1）书面测试法。书面测试法是评价智能（知识的理解能力、分析和解决问题能力等主要在教室中通过授课获得的能力）的有效方法。这一方法的优点在于：① 可以在有限的时间里一次对许多的受训者进行评价；② 容易打分；③ 不用特殊的器具也可以实施；④ 可以自编试题。

但它也有很大不足之处：① 评价范围有局限；② 将受训者的学习反映在书面上进行测定，因而是间接评价，其准确性会受一定影响。

测试试题一般有三种形式：

1）论文体测试。这是一种要求受训者以文章的形式对问题进行自由论述解

答的测试方法。它的特点在于可以测试理解力、判断力、思考力等复杂的能力，试题易出。但评分受评分者的主观因素影响大，难以具有客观性；解答需要时间，因而很难出很多试题，覆盖面受限制等。

2）客观测试。客观测试形式包括通过自己的思考提出答案的再生形式和让受训者从预先给出的解答中进行选择的再认形式。再生形式包括单纯再生法（即简单法）、自由填空法（即未给出选择项，由受训者自己思考提出解答填入空栏的方法）和订正法（即让受训者在有错的地方加以订正的方法）。再认形式包括限制填空法（即让受训者在预先给定的解答中选择正确的答案填入空白的方法）、正误法（即让受训者辨别正误的方法）、选择法、组合法（即将有关系的事项组合在一起的方法）、顺序法（即让受训者对所给事项按一定的标准排列顺序的方法）、目录法。客观测试形式的优点在于试题覆盖面广、评分简单、客观性强，其不足之处在于试题的编制需要高度的技术和大量的时间、精力，也难以评价学员的综合性能力。

3）解决问题测试。即给出一定的事例，让受训者运用已获得的知识、能力、提出解决问题的方案。这种测试形式可以给受训者提供将所学知识实际运用的机会，使其对相关知识印象更为深刻，缺点在于实际操作的难度较大。

（2）报告法。这是一种让受训者就一定的课题提出研究报告，通过这一报告来对其进行评价的方法。除对考察受训者的知识、思考能力、逻辑推理能力等方面有效之外，对检查其收集、整理资料、信息的能力，行动能力等也非常有效。

（3）作品审查法。这是一种通过对受训者在训练中所提出的作品或成果进行分析来评价受训者掌握情况的一种方法。

（4）实际操作法。让受训者进行实际操作、演习，从中检查其技能、技术水平、态度和行为特征。

（5）业绩考评法。结合受训者在实际工作中的表现，分析其直接完成与培训内容相类同的生产任务的质与量、难与易，以及承担责任的大与小等情况后，对受训者作出评价的方法。这种方法比较适合技能操作方面的测评。

2. 业务评价的常用方法

（1）教学日志法。教学日志是教育培训课程实施期间的教学活动记录，由教师记录，其中包括受训者状况、受训内容、训练环境、问题的发生及其处理、教育培训组织者的感想等项目。

（2）听讲日志法。听讲日志是由受训者对训练课程整体的记录。多数是由值日生记录。通过阅读听讲日志，可以了解教育培训组织者不易掌握的授课过程中教师和受训者的状况、受训者对教育培训组织者的意见、受训者对训练课程整体的感想等。

（3）清单法。这是一种以表格的形式预先列出应该评价的要点，由教育培训教导者定期核对的方法。它可以使教导者不断进行反省，没有反省也就没有进步。例如表 5-1《技能课教导检查表》所示。每当完成一个阶段技能课的教导以后，用这个表对该阶段的教导进行检查，在好的地方画〇号，不好的地方画×号进行反省。如果画了×号的话，下次教的时候，要充分注意、加以改进，从而达到确保技能教导效果，持续提高教导水平的目的。

（4）会见、面谈法。这是一种教育培训组织者带着评价训练课程的意图与受训者、教师、受训者上司等进行会见、面谈的方法。其优点在于不仅可以在训练课程实施过程中进行，也可在训练结束后进行。

（三）教师的激励

为了激励班组教育培训教师的成长和一定程度上约束教师教学过程中的随意性，提高教师的责任心，应该建立对教师考核规定。具体包括以下工作：

1. 听课制度

建立听课制度，可以使班组长最为直接地了解教师的教学效果和水平。通过听课，可以直接了解到以下情况：

（1）教师教案的编写和运用情况。即有无教案，其编写的格式和内容是否符合教学要求，讲授是否与教案一致。

（2）教师的语言运用情况。即教师在课堂上的语言是否生动，意图表达是否明确。

（3）教师的课堂组织能力。即教师能否自如地运用语言和非语言的能力，调动课堂气氛，课堂教学过程中是否充分发挥了受训者的能动性，做到收放自如。另外，课堂组织能力还表现在事先准备的各种教具、设备是否能够充分利用，各种教学方法利用得是否合理、恰当，以及教学时间的把握等。

2. 受训者意见的反馈

班组应在事前准备好教学反馈意见表，在教育培训教学活动结束时发给受训者填写。班组长通过对教学反馈意见表的搜集、整理，发现受训者对教师教学方面的具有普遍性的意见和建议，并将这些意见和建议以适当的形式反馈给教师，使其了解受训者对自己教学的反映，并作出相应调整。同时，通过整理这些反馈意见，班组长也可以了解每一位任课教师的授课水平。

3. 评价激励

班组长可以通过听课、整理受训者反馈意见等方法，对每一位任课教师的任课数量和质量有一个评价，作为考核每位班组成员工作的依据之一。对教学优良者应申请嘉奖，以促进和激励本班组教师的成长，更好地发挥班组教育培训的作用。

（四）受训者管理

受训者的组织管理是保证教学正常秩序的重要手段，其具体工作包括以下内容：

1. 考勤制度

建立严格的受训者上课、自学考勤制度，其中，对自学的考勤可以通过检查自学笔记、作业、自我练习时间等方法进行，从而对受训者形成一定的约束力，保证培训效果。同时，通过建立考勤制度，班组长也可以掌握教育培训教学的总体情况，保证教育培训教学计划的顺利实施。

2. 学习活动安排

班组教育培训的理论学习活动以业余和自学为主，通常安排在夜间或双休日。班组教育培训的技能操作常常与生产紧密结合，在安全生产允许的情况下利用空余时间或学习日随时进行，有条件的班组还可以在业余时间利用本班组的设备开展小型的钳工、电工基本技能、事故演习等集中培训或练习。

班组教育培训学习活动的安排主要应该做好以下工作：

（1）制定教学课程表，明确每一教育培训科目的上课时间、课时及任课或指导教师的安排。

（2）安排课后练习时间，每次教育培训不但要做好课上的具体安排，而且要结合教学的具体内容，安排好课后的练习和复习时间，使所学的内容得以充分"消化"。课后练习、复习计划安排可以和教学课程表一并制定，也可以分别制定。

（3）及时检查和记录学习活动情况，分析不能按时完成安排学习活动的原因，给予必要的指导、帮助，从而保证活动健康、正常的进行。

3. 成绩评定

对于受训者学习成绩的评定，可以采取灵活多样的方式进行，具体包括：

（1）通过考试评定。即根据教学内容，参加上级部门组织的考试，或按题库抽题，或请任课教师出题后，按照严格的时间要求进行集中的、严肃的课堂开、闭卷考试，以及面试、答辩，对于技能操作言可以进行现场实际操作或模拟演示考评等。

（2）通过考核评定。这种方法较为灵活，形式上也不像考试评定那样正规，可以采取将平时练习情况、上课出勤情况等结合进行综合评定的办法；也可根据教学内容，结合受训者工作情况，采取课后谈体会、写文章的方法予以评定。

（3）考试考评成绩要记录在册。一般可以将成绩填写在《职业能力培训手册》的成绩登录表上，以此，作为受训者能力和检查班组教育培训效果的资料。

4. 结业后的工作跟踪调查

为使班组教育培训能够与生产、工作紧密结合，保证教育培训质量，不断提高其为生产服务的针对性和实用性。通常采取跟踪调查的形式，定期就某些方面的内容，检查、统计、整理有关工作记录等资料后写出情况分析报告，作为教育培训教学改革的依据。

（五）班组教育培训计划的进度控制

班组教育培训在做好以上工作的同时，必须重视班组总教育培训计划和单项培训计划的实施进度。以便把握住班组教育培训的大局。要做好这项工作，需注意以下几方面：

（1）认真领会计划的精神，掌握计划的全部内容。

（2）认真按进度执行计划，不得擅自更改。

（3）每一步都要注意上下衔接，保证计划的及时完整实施。

（4）在实施过程中做好记录，进行统计分析。

（5）随时收集学员的反馈意见，成为教与学之间联系、沟通的桥梁。

（6）及时总结，向有关方面提出修改补救措施，保证正常的计划实施进度。

（六）班组总教育培训计划中其他项的控制与评价

（1）对参加职业资格培训鉴定及经领导批准的"五大"（业余、广播、电视、函授、自学）、各种专业培训班的班组成员，要积极创造条件，热情支持和鼓励他们参加学习，走岗位自学成才的道路。要将这些教育培训纳入班组总教育培训计划加以控制与评价，要在工作上给予方便，在时间上给予保证，在生活上给予关心，为他们解除各方面的后顾之忧，使他们能集中精力进行学习。要在班组里树立学科学、学技术、学管理、练技能的学习风气，营造一种人人学习技术、个个钻研业务的良好风气，促进教育培训工作的顺利开展。

（2）建立班组成员外出参加教育培训及学后应用情况登录卡，科学管理和评价他们的教育培训效果。认真记录班组成员参加各种外出教育培训学习的时间、内容、成绩以及返回岗位后的实际应用等情况，一方面可以督促受训人员认真培训；另一方面又为公平、公正、公开、个性化地搞好班组教育培训、多出、快出优秀人才提供必要资料。

（3）应该为外出教育培训结业人员搭建汇报学习成果的平台，让他们在一定场合进行汇报、小型演讲、技艺演示、撰写论文、提合理化建议、提技术改造或现代化管理建议，给他们一个展示才艺的机会。这不仅可以激励其他组员参加培训的热情，使未能参加培训的组员可以借鉴和共享教育培训成果；同时也为培训结业者巩固教育培训的知识与技能，更好地结合工作实际加以应用，为赢得客观的、公开、公正、公平的评价和职业机会创造良好的氛围，从而使班组教育培训形成良性循环，更好地服务于企业的改革与发展。

本章重点提示

* 班组教育培训计划制定的要求、流程和方法：

班组教育培训计划制定的基本要求——坚持以人为本、具有个性化的特点；符合成人职业教学的客观规律。年度总教育培训计划制定应以上级部门培训计划、班组的工作计划以及可掌握的资源为依据；班组其他培训计划的制定要以上一级培训计划为依据，遵循具体化和可操作性的要求，细化计划元素、将培训目的落到实处，以便计划的实施。

* 教育培训计划的基本要素：教育培训目的、目标、编制和实施时原则、教育培训对象及类型、内容、组织范围、规模、时间、地点、方式与方法、责任人、考评方式、培训费预算、计划变更或调整方式、签发人。

* 教育培训计划的基本格式有文字式、表格式或文字、表格兼有式。班组总教育培训计划、单项教育培训计划、课程授课计划的格式见本章第一节班组教育培训计划四、教育培训计划的基本格式所示内容。

* 教育培训的准备：主要是组织和思想上的准备；师资准备和物资上的准备。

* 培训的教导：

知识课的教导：有效地进行课堂组织、合理地安排板书或有效地利用教学设备、具备一定的教导机智。

技能课的教导：采用策划和准备、进行操作说明与示范、让受训者做做看、观察培训效果的四阶段教导法。

* 培训教导的要点：要因人因事而宜，灵活采用各种辅导方法做好教导中的个别辅导；做好提升受训者目标、配合、民主、团结意识的集中指导工作。

* 班组教育培训控制：是指按照培训计划的要求，对教育培训实施活动进行规范、调整，以保证教育培训活动健康有序地开展、保质保量按时顺利完成教育培训计划的一系列活动。而班组教育培训评价则是指用一定的方法与手段判定每个或若干个培训模块，以及教育培训全过程教学效果的一系列活动。

● 班组教育培训控制与评价的要素：

（1）教案检查：检查教案是否齐全。其内容是否遵循备课的基本原则，是否抓住备课的基本要领，是否设计出科学合理的教案。

（2）教学效果测定和业务评价：效果测定即测定受训者的知识、能力等，判定培训课程在多大程度上促进了受训者能力、素质和意愿等方面的开发和提高，是对班组教育培训实施直接成果的把握；常用方法有书面测试法、报告法、作品审查法、实际操作法、业绩考评法。业务评价即回顾教育培训课程的计划与实施全过程，判定其在多大程度上达到预定的目的和目标，是关于教育培训课程运营状态的评价；常用方法有教学日志法、听讲日志法、清单法、会见面谈法。

（3）教师的激励：落实听课制度、收集学员反馈意见，评价激励。

（4）学员管理：落实考勤制度，科学安排学习活动，客观及时评定成绩，坚持结业后学员工作的跟踪调查。

（5）班组教育培训计划的进度控制：执行计划应领会精神、不擅改进度，注意上下衔接，做好记录和统计分析，收集、沟通教与学之间的意见，及时制定修改补救措施，保证实施进度正常。

想想做做

1. 简述班组单项培训计划有哪些基本要素。

2. 试述编制班组教育培训计划时，如何贯彻成人职业教学规律。

3. 举例说明为何要树立全面教育培训员工的理念。你认为本班应如何用这种理念进行班组教育培训？

4. 在本工种初级工《职业能力培训手册》的知识模块组合分析表内，选择自己熟悉的一个课题模块作为讲课内容，然后备课并写出它的教案。

5. 试在本工种《职业能力培训手册》的初级工技能培训模块组合分析表中，选择一个本班急需培训的技能项目模块进行作业分解，并写出针对有经验员工培训使用的技能课时授课计划。

6. 试根据上题技能项目模块作业分解的结果，针对无经验员工培训的需要，进一步做细化性的再分解。

7. 班组教育培训前应该如何做好组织和思想准备？

8. 针对班组教育培训的特点，你认为解决师资的最佳方案是什么？其主要的困难有哪些？

253

9. 教师备课的基本要求是什么？

10. 技能课培训时，为什么要进行作业分解？其基本要求有哪些？

11. 如何做好技能课教导前的策划和准备？

12. 在技能课教导时，应该怎样进行操作说明？

13. 在班组教育培训教导中，如何做好个别辅导和集中指导工作？

14. 何谓班组教育培训评价？为什么要进行评价？

15. 教学效果测定的书面测试法有何优点？它有哪些形式？各有什么特点？

16. 根据清单法的要求，编制本班组某项技能培训教导检查表。

17. 教学效果检查的业务评价常用那些方法？它们各有什么优缺点？

18. 班组教育培训中为什么要对教师进行考核和激励？应该如何进行？

19. 你认为在班组教育培训中如何建立正常的听课制度？为什么？

20. 谈谈本班组对外送教育培训是如何进行控制与评价的？举例说明这种教育培训对本班工作改进的实际效果。原因是什么？今后如何改进？

《职业能力培训手册》 的培训模式

—— 学 习 目 标 ——

通过本章学习，你应该能够：

- 了解《职业能力培训手册》编写的目的与意义；
- 了解《职业能力培训手册》的编写依据；
- 熟悉《职业能力培训手册》的主要内容、格式与组成；
- 熟悉《职业能力培训手册》的特点；
- 掌握《职业能力培训手册》在班组教育培训中应用的目的与注意点；
- 掌握《职业能力培训手册》在班组教育培训中应用的方法与步骤。

第一节 《职业能力培训手册》概述

《职业能力培训手册》（简称《手册》）是一套创新的电力职工专业性培训工具书，兼有指导性培训教学计划、教学大纲和成绩单等教学文件或资料的功能。正确解读和使用《手册》，对细化、规范职工教育培训管理，提升班组教育培训地位，降低职工教育培训成本，提高教学质量，具有十分重要的意义。

一、《手册》编写的目的与意义

面临 21 世纪科学技术突飞猛进，知识经济发展迅速，全球化竞争日趋加剧的新形势，面对全国各行各业都在加强各种战略研究，加大改革开放力度，加速高科技成果向现实生产力转化的迎挑战、抓机遇的新局面，全面实施科教兴国战略，加快人力资源开发、快速高效启动人才工程，在培养觉悟高、善经营的管理人才队伍和高素质的专业技术人才队伍的同时，培养大批具有精湛技术、团队精神和优良作风的技能人才和能工巧匠式的高技能人才队伍，在企业内部构筑终身教育体系，建立创新学习型企业的观念已经成为电力行业管理和技术技能人才的共识。但是，如何克服职工教育培训重学历、轻能力的观念，解决岗位培训目的不明、计划不周、内容针对性不强、培训的方法和手段落后、工学矛盾严重、职工学习热情不高、知识技能双强型教师匮乏等计划经济下职工教育培训普遍存在的问题？如何构筑适应社会主义市场经济的终身教育培训体系，创建职工教育培训新模式，实现建立创新学习型企业的奋斗目标？正是当前深化体制改革的电力行业各大企业亟待解决的课题。山东电力集团公司组织编写的《职业能力培训手册》就是针对上述课题进行研究开发的一项职工教育培训科研成果。该《手册》是借鉴其他兄弟省份岗位培训的经验，并结合山东省电力行业职工培训和技能鉴定的实际情况，借鉴北美地区 20 世纪 70 年代后期逐渐兴起的并成为当今世界职业教育培训改革方向的能力本位（Competency Based Education，CBE）教育理论，开发创建具有山东电力特色的《职业能力培训手册》样本。2002 年，在山东电力集团公司科教部的组织、指挥、协调下，山东省电力学校先后培训由学校、供电公司、发电厂等 32 个单位选派的，参加编审的教师、培训专工、生产经营专工、高技能工人等三百余名。最后，经过各编审单位两年多的努力，电力行业 9 个专业 52 个特有工种的《职业能力培训手册》于 2005 年正式出版。这套《手册》出版的意义是：可以进一步提高电力行业职工教育培训，尤其是班组教育培训的规范性和系统性，创建与国际一流电力公司相适应的教育培训管理新体制；可以为建立创新学习型企业；为企业人力资源的开发，不断提高职工个人适应电力改革和发展需要的竞岗、转岗能力以及培训大批急需的高级技能型人才服务；从而为企业加大改革力度，确保健康全面持续发展做出实实在在的贡献！

二、《手册》编写依据

《手册》编审的依据是 CBE 能力本位的职业教育理论。这种理论认为职业教育应该有自己的教育模式。建立这种模式，首先是组织先进企业一线的技术和技能型专家，从全面分析职业活动为出发点，以提供企业和社会要求教育培训对象履行岗位职责所需要的工作任务分析（而不是依据学科理论分析）为基本原则来确定职业能力，然后请职业教育专家依据突出学员在学习过程中主导地位的教育培训理念开发培训模块，这种模块就是一种有明确的教育培训目标和相对独立的教育培训内容，起点与终点清晰，所用学时相对比较少的培训任务说明表。最后，通过对众多培训模块的分析研究，以及科学的分解整合后，确定职业教育的培养目标、设计它的教学内容、方法、过程和评价。由此可知，

256

这种理论的实质就是认为工作任务或工作任务的叠加就是能力，能力的标准就是一张任务清单，并将直接观察学员对这一系列任务的完成情况作为评价能力的依据。这种能力观的优点是简洁明了，用来指导编制操作性较强的职业的模块化培训大纲非常方便，将来开发教材、组织培训教学，既直接又有效。但是，近来国内外一些专家认为这种能力观的主要问题是看不到整体大于部分之和，忽视整体内部的辩证的有机关系，在哲学上是一种还原主义。那种以具体任务来分解能力必然得到一些琐碎的、不完整的能力说明，其要害是忽视了作为操作性技能基础的基本素质的重要性，依据这种能力观进行的能力评价只能测量到职业能力表面的、琐碎的技能，并不能全面测量到学员的职业能力。现代的职业能力观认为，它应该是由劳动者知识、技能、经验和态度所形成的综合就业能力，是一种可以通过劳动者完成某些特定的具体任务体现出来的本领。其内涵不单纯指动手操作技能，还包含掌握必须够用的知识、一定的心智技能、与人合作的团队精神、勇于开拓的创新精神、以及适应环境的生存和自我学习发展等能力。结合《手册》来看，由于编审的实质性依据是技能鉴定规范，而这套规范的内容又都是结合我国电力行业实际，根据 CBE 理论进行职业分析和工作分析后编出的，因此《手册》在具有 CBE 理论优点的同时，也必然存在上面所述的局限性。为了克服这种理论的不良影响，加强对学员基本素质的培训，技能鉴定规范在编写时已增加了知识要求的内容。而《手册》又在此基础上，借鉴整合能力的观点，创新探索用模块分层的方法开发培训大纲，以期能实现大模块整合和包容若干小模块内容的目的。另外，在《手册》中还增加公共知识和通用技能两大类型模块，进一步强化综合素质的培训力度，探索在职工教育培训模式上有所突破。

三、《手册》的特点

《手册》具有以下主要特点：

（1）科学性和系统性。因为《手册》编审的理论依据先进，编审人员经验丰富，培训的主要目的要求与电力行业推行职业资格证书制度接轨，内容涉及从事本工种初、中、高三个等级工作时，所必须具备的知识要求和技能要求，并且都用模块化方式编写，符合从特殊到一般、理论与实践相结合、知识服务于技能的职业教育教学规律，所以无论从生产还是教育的角度看，它都具有很高的科学性。再从结构上看，《手册》由培训本工种各等级职业能力总目标和两要求八类型等六层次子目标组成，实质上是一个工种的知识、技能培训要求网络系统，所以它的系统性也是十分突出的。

（2）实用性和可操作性。《手册》的内容与要求紧密结合山东电力生产经营实际，是针对本工种各等级必须具备的知识、技能和素质要求编写的。其培训的大多数内容，可以在现场边学边干、边干边学中完成，培训后要求达到熟悉现场设备，熟记现场安全、运行、检修等规程，掌握检修工艺、管理技术、运行操作等技能的合格及以上水平，因此，使用《手册》可以较好地促进职工教育培训工作直接或间接地为提高生产经营的安全、质量和效益服务。另一方面《手册》的主要内容与国家颁发的技能鉴定规范规定的鉴定内容基本一致，职工按照《手册》进行认真培训，不仅从根本上保证了技能鉴定的质量，还可以帮助职工顺利通过技能鉴定。因此，《手册》对企业和个人都具有很强的有效的实用性，能为快速高效培养高级技能人才奠定扎实的基础。此外，《手册》采用纲目清晰、层次分明的模块化结构，培训师和持册人可以从最小模块开始，由点及面、由易到难、从局部至整体、层层登高式地进行教与学的活动，从一个一个子目标的实现中，提高参培人员的局部能力和继续学习的积极性；最后在一个个高层模块培训目标的实现中，使他们获得综合的职业能力。所以，《手册》的可操作性也是十分突出的。

（3）先进性和特色性。《手册》针对山东省电力实际，按以 300MW、600MW 的机组，220kV、500kV 输电网架，以及现代化供电网络为主的原则进行编审，规定各工种各等级均要适当编入正在或即将使用的新技术、新设备、新工艺、新材料和新信息方面的内容和要求，以便超前为企业发展培养急需的新型、高级、复合型的技能型人才服务。另外，《手册》中培训内容的模块化，为各电力企业根据生产的实际需要，或者是因科技进步而必须删除某些技术落后的培训模块，添加新的先进的模块提供了必要的接口。由此可以说明，《手册》既具有持久的先进性，又具有鲜明的特色性。

第二节　《职业能力培训手册》简介

本套《职业能力培训手册》是针对电力行业的 9 个专业 52 个特殊工种进行开发的，一个工种对应一本《手册》，总计开发了 52 本。每本《手册》的知识和技能培训的具体内容以及内容的范围、深广度都不同，主要由工种和等级的要求确定。但是，每本《手册》的结构格式及各组成部分情况却都是一样的。它分为初级工篇、中级工篇、高级工篇，每篇又由知识要求部分、技能要求部分和成绩登录表簇组成。各工种《手册》除具有编审委员会和编审人员名单、序言、使用说明外，其基本格式和组成大致相同。现以线路运行与检修专业的内线安装工《手册》为例说明如下：

一、持册人概况表

持册人概况表由参加培训的人员自己填写，主要说明本人的学历、取证、岗位任职及其变动等基本情况，为培训师提供了培训需求的基本信息，以利培训计划的制定和教学活动的开展，其格式如表6-1所示。

表6-1　　　　　　　　　初级内线安装工持册人概况表

工种名称		内线安装工	等　级	初　　级
参加培训条件	1	本工种暂无职业资格证书的从业人员		
	2	本专业具有相关工种初级工及以上职业资格证书的从业人员		
	3	技工学校毕业生或大、中专学校毕业或结业生		
参加培训人员情况	姓　名		性　别	
	出生年月		参加工作时间	
	现任岗位名称与等级		现任岗位任职时间	
	现文化程度		已取证书名称与等级	
	毕业院校与专业			
	毕业时间		政治面貌	
	工作岗位变动情况	岗位名称	上岗时间	
		签发单位		

二、模块化培训大纲

（一）知识要求部分

1. 知识要求部分的组成

各篇的知识要求部分均有知识要求培训考评安排一览表1个（见表6-2）、知识培训模块组合分析表1个（见表6-3）、知识培训模块组合表约100个。其中组合表包括1个职业能力的要求模块组合表（见表6-4）、1个知识类型模块组合表（见表6-5）、4个知识课程模块组合表（见表6-6、表6-7）、20个左右的知识单元模块组合表（见表6-8~表6-11）、40个左右的知识课题模块组合表（见表6-12~表6-20）。

2. 知识要求部分编写的基本要求

知识要求部分主要从阐述本工种职业能力所要求了解、理解、掌握的必须够用的知识开始，将十分原则、抽象的知识要求逐层分解阐述成为比较详细、具体的课题，以指导职工教育培训的知识教学活动。也就是将经过职业分析得出的职业能力中要求的知识，按照一个上级模块必须涵盖两个及以上的下级模块、上下级模块不可同名，上级模块能整合所属全部下级模块的知识要求，下级模块能十分明确地承担从上级模块分解出的具体任务等规定，采用从 1 个知识要求模块（代码为 Z）→分出 4 个类型模块（即基础知识、专业知识、相关知识和公共知识模块，代码分别为 Z1、Z2、Z3、Z4）→分出 8 个或以上的课程模块（代码为 Z×.×）（这层次及以下层次的模块多少均视工种和等级而定）→分出 16 个或以上的单元模块（代码为 Z×.×.×）→分出 32 个或以上的课题模块（代码为 Z×.×.×.×）的方法，分层次、按顺序地建立模块表名称体系，然后采用层层叠加式的模块分析表阐明这个体系中各个组合模块或项目模块的名称及其与上下左右模块之间的关系。同时在各层次模块组合表中进一步定义模块名称、叙述教育培训目标，从而细化和界定知识教育培训的深度和广度，并在最小模块中增添两个栏目用以说明模块的教育培训方式、时间和推荐使用的教材。

3. 知识要求部分的基本格式

（1）一览表格式。

表 6-2　　　　　　初级工知识要求培训考评安排一览表

类型模块		Z1				Z2					Z3		Z4		
	代码	Z1				Z2					Z3		Z4		
	名称	基础知识				专业知识					相关知识		公共知识		
课程模块	代码	Z1.1	Z1.2	Z1.3	Z1.4	Z2.1	Z2.2	Z2.3	Z2.4	Z2.5	Z3.1	Z3.2	Z4.1	Z4.2	Z4.3
	名称	识图	电工基础	电子技术	电机知识	工器具及仪表	低压配线	低压动力	专用机具	规程规范	相关工种	安全知识	职业道德	电力班组实用应用文一	电力基础英语一
培训模块数(个)	单元	3	3	3	4	2	4	3	2	3	3	3	4	2	2
	课题	12	9	12	13	7	16	14	8	13	8	8	8	4	5
	总计	单元模块：41							课题模块：137						
培训时间(小时)	课程	20	20	30	40	15	40	30	20	30	30	15	11	7	26
	综合	4				5					1		2		
	综合	6													
	总计	337													
考评时间(小时)	课程	10	10	15	20	7	20	15	10	7	15	7	6	3	10
	类型	2				2					2		2		
	要求	4													
	总计	167													
考评方式		考试	考试	考试	考试	考试	考试	考试	考试	考试	考试	考试	考试	考试	考核

（2）分析表格式。

表6-3　　　　　　　　　　初级工知识培训模块组合分析表

类型模块	课程模块	单元模块	课题模块
Z1 基础知识	Z1.1 识图	Z1.1.1 电气图的分类与制图原则	Z1.1.1.1 主电路
			Z1.1.1.2 控制电路
			Z1.1.1.3 动力控制电气原理图
			Z1.1.1.4 电气安装接线图
		Z1.1.2 动力和照明识图	Z1.1.2.1 配电所电气系统图
			Z1.1.2.2 动力供电系统图
			Z1.1.2.3 动力供电平面图
			Z1.1.2.4 照明配电电气图
		Z1.1.3 低压馈电屏（箱）识图	Z1.1.3.1 低压电气常用图形符号
			Z1.1.3.2 电气图文字代号
			Z1.1.3.3 低压馈电屏（箱）接线图
			Z1.1.3.4 低压馈电屏（箱）原理图
	Z1.2 电工基础	Z1.2.1 电路基本概念	Z1.2.1.1 直流电路
			Z1.2.1.2 单相交流电路
			Z1.2.1.3 三相交流电路
		Z1.2.2 基本定律	Z1.2.2.1 欧姆定律
			Z1.2.2.2 基尔霍夫定律
			Z1.2.2.3 戴维南定理
		Z1.2.3 电路分析及计算	Z1.2.3.1 串联电路
			Z1.2.3.2 并联电路
			Z1.2.3.3 串、并联混合电路
	Z1.3 电子技术	Z1.3.1 半导体器件的种类、基本结构	Z1.3.1.1 半导体及其导电性能
			Z1.3.1.2 半导体管基础 PN 结
			Z1.3.1.3 晶体二极管
			Z1.3.1.4 晶体三极管
		Z1.3.2 整流电路	Z1.3.2.1 半波整流电路
			Z1.3.2.2 全波整流电路
			Z1.3.2.3 桥式整流电路
		Z1.3.3 放大电路	Z1.3.3.1 放大电路基础
			Z1.3.3.2 等效电路分析法
			Z1.3.3.3 静态工作点的稳定
			Z1.3.3.4 多级放大电路
			Z1.3.3.5 放大电路的频率特性

班组安全管理与培训管理

261

类型模块	课程模块	单元模块	课题模块	
Z1 基础知识	Z1.4 电机知识	Z1.4.1 变压器基本知识	Z1.4.1.1	基本原理及分类
			Z1.4.1.2	结构简介
			Z1.4.1.3	铭牌
		Z1.4.2 单相变压器	Z1.4.2.1	单相变压器的空载运行
			Z1.4.2.2	单相变压器的负载运行
		Z1.4.3 三相变压器	Z1.4.3.1	磁路系统
			Z1.4.3.2	连接组别
			Z1.4.3.3	空载时电动势波形
			Z1.4.3.4	不对称运行
		Z1.4.4 低压电动机	Z1.4.4.1	低压电动机的用途
			Z1.4.4.2	低压电动机的应用范围
			Z1.4.4.3	低压电动机的结构
			Z1.4.4.4	低压电动机的工作原理
Z2 专业知识	Z2.1 工器具及仪表	Z2.1.1 常用工器具	Z2.1.1.1	游标卡尺
			Z2.1.1.2	千分尺
			Z2.1.1.3	塞尺、卡钳
			Z2.1.1.4	低压验电器
		Z2.1.2 常用电工仪表	Z2.1.2.1	钳形电流表
			Z2.1.2.2	万用表
			Z2.1.2.3	绝缘电阻表
	Z2.2 低压配线	Z2.2.1 电气设备的安装程序	Z2.2.1.1	电气设备安装前的检查
			Z2.2.1.2	电气设备的定位
			Z2.2.1.3	电气设备的安装
			Z2.2.1.4	电气设备安装后的检查试验
		Z2.2.2 导线的敷设方法	Z2.2.2.1	瓷夹板配线
			Z2.2.2.2	绝缘子配线
			Z2.2.2.3	槽板配线
			Z2.2.2.4	护套线配线
		Z2.2.3 导线连接	Z2.2.3.1	导线连接的基本要求
			Z2.2.3.2	单股导线连接
			Z2.2.3.3	多股导线直接连接
			Z2.2.3.4	多股导线机械连接
		Z2.2.4 低压电缆线路	Z2.2.4.1	电缆线路的特点
			Z2.2.4.2	电缆线路的路径选择
			Z2.2.4.3	电缆线路的敷设
			Z2.2.4.4	电缆头的制作与安装

类型模块	课程模块	单元模块	课题模块	
Z2 专业知识		Z2.3.1 低压配电箱	Z2.3.1.1	低压配电箱的种类
			Z2.3.1.2	低压配电箱的结构
			Z2.3.1.3	低压配电箱的选用
			Z2.3.1.4	低压配电箱的安装
	Z2.3 低压动力	Z2.3.2 接地装置	Z2.3.2.1	电气设备接地的概念与分类
			Z2.3.2.2	接地装置的安装
			Z2.3.2.3	接地电阻的测量
		Z2.3.3 低压电气设备	Z2.3.3.1	负荷开关
			Z2.3.3.2	交流接触器
			Z2.3.3.3	空气断路器
			Z2.3.3.4	熔断器
			Z2.3.3.5	时间继电器
			Z2.3.3.6	中间继电器
			Z2.3.3.7	热继电器
	Z2.4 专用机具	Z2.4.1 设备装修工具	Z2.4.1.1	喷灯
			Z2.4.1.2	割管器
			Z2.4.1.3	弯管器
			Z2.4.1.4	电烙铁
		Z2.4.2 线路安装工具	Z2.4.2.1	手电钻
			Z2.4.2.2	冲击电钻
			Z2.4.2.3	压接钳
			Z2.4.2.4	紧线器
	Z2.5 规程规范	Z2.5.1 《电气设备预防性试验规程》	Z2.5.1.1	电容器试验
			Z2.5.1.2	电动机空载、过载试验
			Z2.5.1.3	断路器分合闸试验
			Z2.5.1.4	漏电保护试验
		Z2.5.2 《电业安全工作规程》	Z2.5.2.1	保证安全的技术措施
			Z2.5.2.2	保证安全的组织措施
			Z2.5.2.3	带电作业
		Z2.5.3 《电气装置安装工程施工及验收规范》	Z2.5.3.1	《电气照明装置施工验收规范》
			Z2.5.3.2	《电缆线路施工验收规范》
			Z2.5.3.3	《接地装置施工验收规范》
			Z2.5.3.4	《母线装置施工验收规范》
			Z2.5.3.5	《旋转电机施工验收规范》
			Z2.5.3.6	《二次回路接线施工验收规范》

班组安全管理与培训管理

263

类型模块	课程模块	单元模块	课题模块
Z3 相关知识	Z3.1 相关工种	Z3.1.1 电力生产过程	Z3.1.1.1 发电过程
			Z3.1.1.2 输电过程
			Z3.1.1.3 配电过程
		Z3.1.2 钳工知识	Z3.1.2.1 钳工常用工具
			Z3.1.2.2 钳工常用量具
			Z3.1.2.3 钻、锯、磨知识
		Z3.1.3 起重搬运知识	Z3.1.3.1 起重索具基本知识
			Z3.1.3.2 起重机构基本知识
	Z3.2 安全知识	Z3.2.1 安全用电	Z3.2.1.1 电对人体的伤害
			Z3.2.1.2 触电的形式
			Z3.2.1.3 触电的原因
		Z3.2.2 触电的预防	Z3.2.2.1 防止触电的技术措施
			Z3.2.2.2 防止触电的组织措施
		Z3.2.3 触电救护	Z3.2.3.1 脱离电源
			Z3.2.3.2 人工呼吸法
			Z3.2.3.3 人工胸外心脏挤压法
Z4 公共知识	Z4.1 职业道德	Z4.1.1 职业及职业素质	Z4.1.1.1 职业与专业
			Z4.1.1.2 职业素质
		Z4.1.2 职业道德及职业道德规范	Z4.1.2.1 职业道德的基本理论
			Z4.1.2.2 职业道德的基本规范
		Z4.1.3 职业道德行为养成	Z4.1.3.1 职业道德行为养成的作用
			Z4.1.3.2 职业道德行为养成的途径和方法
		Z4.1.4 职业个性	Z4.1.4.1 职业兴趣与性格
			Z4.1.4.2 职业能力
	Z4.2 电力企业班组实用应用文（一）	Z4.2.1 简报与会议记录知识	Z4.2.1.1 简报
			Z4.2.1.2 会议记录
		Z4.2.2 消息与通讯知识	Z4.2.2.1 消息
			Z4.2.2.2 通讯
	Z4.3 电力基础英语（一）	Z4.3.1 单词识读与查阅	Z4.3.1.1 英语字母的读写
			Z4.3.1.2 英语单词的读写
			Z4.3.1.3 英语单词的查阅
		Z4.3.2 语法概述	Z4.3.2.1 词法简介
			Z4.3.2.2 句法简介

（3）组合表格式。

1）要求模块组合表

表6-4   初级工职业能力的要求模块组合表

代码	要求模块名称	要求模块定义与综合培训时间	培训目的
Z	知识要求	阐明初级工必备的识图、电工基础等基础知识，工器具及仪表、低压配线、低压动力等专业知识，电力生产、安全等相关知识以及职业道德、应用文及英语等公共知识的培训模块。3小时	1. 掌握动力与照明的识图、电路基本概念与计算、电子技术、电机学的基本知识
			2. 熟悉内线安装常用的工器具及仪表、低压配线、低压动力、专用机具、相应的规程规范等专业知识
			3. 熟悉与内线安装相关的电力生产过程、钳工、起重、安全用电、触电救护等知识
			4. 掌握职业道德、电力班组实用应用文、电力基础英语等初级工必备的公共知识
J	技能要求	培训除内线安装初级工操作技能的模块。11小时	1. 培训初级内线安装工应具有的基本技能
			2. 培训初级内线安装工应具有的专门技能
			3. 培训初级内线安装工应具有的相关技能
			4. 培训现代电力企业初级工应具有公用技能

2）类型模块组合表

表6-5   Z知识要求模块的类型模块组合表

代码	类型模块名称	类型模块定义与综合培训时间	培训目的
Z1	基础知识	阐述识图、电工基础、电子技术和电机等基础知识的培训模块。4小时	1. 掌握各种电气图的分类及识图方法
			2. 熟悉电路的基本概念、串并联电路计算
			3. 理解基本电子元器件及电路知识
			4. 熟知电机和变压器的基本知识
Z2	专业知识	阐述工器具及仪表、低压配线、低压动力、专用机具、规程规范等专业知识的培训模块。5小时	1. 熟知本专业相关工器具及仪表的使用方法
			2. 掌握低压配线的安装工序及工艺
			3. 熟悉低压动力装置的安装、设备规格型号及用途
			4. 掌握专用机具知识及使用
			5. 熟悉与本专业有关的规程规范

265

代码	类型模块名称	类型模块定义与综合培训时间	培训目的
Z3	相关知识	阐述相关工种、安全等相关知识的培训模块。1 小时	1. 熟悉电力生产基本知识、会钳工操作
			2. 掌握防触电基本知识和紧急救护及人工呼吸方法
Z4	公共知识	阐明职业道德基本知识、电力应用文简报、消息、通讯稿读写知识以及英语语音、语法基础知识的培训模块。2 小时	1. 熟知职业道德的概念、理论和规范的基本知识
			2. 熟知阅读和书写简报、消息和通讯，以及做好会议记录所必备基本知识
			3. 熟知借助词典进行英语一般简单句读写和翻译所必需的语音、语法基础知识

3）课程模块组合表

表 6－6　　　Z1 基础知识类型模块的课程模块组合表

代码	课程模块名称	课程模块定义与整合培训时间	培训目的
Z1.1	识图	阐述电气识图基本知识的培训模块。2 小时	1. 掌握动力控制电气图基本知识
			2. 掌握配电所、动力供电、照明配电识图
			3. 掌握低压馈电屏识图知识
Z1.2	电工基础	阐述电工基本定律和简单电路分析计算知识的培训模块。3 小时	1. 掌握直流和交流电路基本知识
			2. 掌握欧姆定律、基尔霍夫定律及应用
			3. 熟悉电路分析及计算知识
Z1.3	电子技术	阐述常用电子元器件与电子基本电路知识的培训模块。1 小时	1. 熟知晶体二极管、三极管的性能及应用
			2. 掌握半波、全波等整流电路的原理与应用
			3. 熟悉放大电路的组成与分析
Z1.4	电机知识	阐述电机学中变压器和电动机原理与计算知识的培训模块。2 小时	1. 熟知变压器基本知识
			2. 理解单相变压器的运行状态分析
			3. 理解三相变压器的工作原理与运行分析
			4. 低压电动机的原理及应用

代码	课程模块名称	课程模块定义与整合培训时间	培训目的
Z2.1	工器具及仪表	讲述各种与本岗位有关的工器具及仪表的性能和使用的培训模块。2 小时	1. 掌握长度、直径等测量工具的使用方法
			2. 熟知钳形电流表、万用表和绝缘电阻表等常用仪表的规格型号及使用方法
Z2.2	低压配线	讲授电气设备的安装程序、多种低压配线方法和配线工艺的专业知识培训模块。3 小时	1. 掌握电气设备的安装程序
			2. 熟悉瓷夹板、绝缘子、槽板、护套线配线的方法和工艺要求
			3. 掌握导线连接的基本要求和导线连接的方法
			4. 熟知低压电缆线路的安装方法、工艺要求
Z2.3	低压动力	阐述各种低压电气设备组件与低压电气装置原理与应用的课程。2 小时	1. 熟悉低压配电箱的种类、结构、选用与安装
			2. 掌握电气设备接地的安装与测量
			3. 熟知各种低压电气设备的性能、原理与应用
Z2.4	专用机具	阐述设备装修工具和线路安装工具的性能、使用方法的专业知识培训模块。2 小时	1. 掌握喷灯、割管器、弯管器、电烙铁的使用
			2. 熟悉手电钻、冲击电钻、压接钳、紧线器的使用
Z2.5	规程规范	讲授与本专业有关的安全规程、质量规范等条文的专业知识培训模块。1 小时	1. 掌握《电气设备预防性试验规程》中与本岗位有关的条文
			2. 熟悉《电力安全工作规程》中本岗位有关的条文
			3. 理解《电气装置安装规程施工及验收规范》中与本岗位有关的条文

4）单元模块组合表

表 6 - 8　　　　　　　　Z1.1 识图课程模块的单元模块组合表

代码	单元模块名称	单元模块定义与整合培训时间	培 训 目 的
Z1.1.1	电气图的分类与制图原则	阐述电气图的分类与制图原则的培训模块。2 小时	1. 理解动力控制电气图的一般规定和基本概念
			2. 掌握动力控制电气原理图和电气安装接线图的识图方法和技巧
Z1.1.2	动力和照明识图	阐述动力和照明图的一般规定和一般识绘图基本知识的培训模块。1 小时	1. 熟知动力和照明图的一般规定和基本概念
			2. 理解动力和照明图中一些电气符号的含义
			3. 掌握动力供电和照明配电图的识图方法和技巧
Z1.1.3	低压馈电屏(箱)识图	阐述低压馈电屏（箱）图的一般规定和一般识绘图基本知识的培训模块。3 小时	1. 掌握低压馈电屏（箱）图一般规定和基本概念
			2. 熟悉低压馈电屏（箱）图中电气图型符号代表的意义
			3. 掌握低压馈电屏（箱）原理图和接线图的识图方法与技巧

表 6 - 9　　　　　Z2.1 工器具及仪表课程模块的单元模块组合表

代码	单元模块名称	单元模块定义与整合培训时间	培 训 目 的
Z2.1.1	常用工具	阐述常用工具的使用方法和应用范围的培训模块。5 小时	1. 掌握各种常用工具的使用方法
			2. 熟悉各种常用工具的应用范围
Z2.1.2	常用电工仪表	阐述各种常用电工仪表的工作原理、性能与使用知识的培训模块。3 小时	1. 掌握钳形电流表、万用表、绝缘电阻表的工作原理
			2. 熟知常用电工仪表的使用方法与注意事项

268

表 6 – 10　　　　　Z2.2 低压配线课程模块的单元模块组合表

代码	单元模块名称	单元模块定义 与整合培训时间	培训目的
Z2.2.1	电气设备的安装程序	阐述电气设备的安装程序的培训模块。2 小时	1. 掌握电气设备的安装前的检查内容与方法
			2. 掌握电气设备的定位与安装
			3. 熟悉电气设备的安装后的检查与试验
Z2.2.2	导线的敷设方法	阐述内线安装中各种导线的敷设方法与工艺的培训模块。2 小时	1. 掌握瓷夹板配线、绝缘子配线的方法与工艺
			2. 熟悉槽板配线、护套线配线的方法与工艺
Z2.2.3	导线连接	阐述各种导线连接的应用范围和连接方法的培训模块。1 小时	1. 理解导线连接的基本要求的含义
			2. 掌握各种导线连接的方法、工艺要求以及适用条件
Z2.2.4	低压电缆线路	阐述低压电缆线路的特点、线路施工方法和工艺要求的培训模块。2 小时	1. 熟悉低压电缆线路的特点和电缆线路的路径选择
			2. 掌握电缆头的制作与安装以及电缆线路的敷设

表 6 – 11　　　　　Z2.3 低压动力课程模块的单元模块组合表

代码	单元模块名称	单元模块定义 与整合培训时间	培训目的
Z2.3.1	低压配电箱	阐述低压配电箱种类、结构、选用及安装知识的培训模块。2 小时	1. 熟知低压配电箱种类、结构
			2. 掌握低压配电箱的选用、安装方法
Z2.3.2	接地装置知识	阐述接地装置的作用、种类、安装方法和工艺要求的培训模块。1 小时	1. 熟悉接地装置的作用及分类
			2. 掌握接地装置知识安装方法和工艺要求
Z2.3.3	低压电气设备	阐述低压电气设备原理性能、使用的培训模块。2 小时	1. 熟知低压电气设备的原理与性能
			2. 掌握低压电气设备使用方法

5）课题模块组合表

表 6 – 12   Z1.1.1 电气图的分类与制图原则单元模块的课题模块组合表

代码	课题模块名称	课题模块定义	培训目标	培训参考教材	培训方式与时间
Z1.1.1.1	主电路	阐明主电路定义和识图方法的培训模块	1. 理解主电路的含义 2. 掌握主电路的识图方法和步骤	《电力工程识图与绘图》，董崇庆等编，中国电力出版社，1995 年出版	听课 1 小时，练习 2 小时
Z1.1.1.2	控制电路	阐述控制电路的定义和识图方法的培训模块	1. 掌握控制电路的定义 2. 掌握控制电路的识图方法和步骤		自学 2 小时，练习 2 小时
Z1.1.1.3	动力控制电气原理图	阐明动力控制电气原理图识图方法与技巧培训模块	1. 熟悉动力控制电气原理图各符号和线型的意义 2. 掌握动力控制电气原理图的识图步骤		听课 2 小时，练习 2 小时
Z1.1.1.4	电气安装接线图	阐明电气安装接线图的作用和识图方法的培训模块	1. 熟悉电气安装接线图的作用 2. 掌握电气安装接线图的识图方法		听课 1 小时，练习 2 小时

表 6 – 13   Z1.1.2 动力和照明识图单元模块的课题模块组合表

代码	课题模块名称	课题模块定义	培训目标	培训参考教材	培训方式与时间
Z1.1.2.1	配电所电气系统图	阐述掌握配电所电气系统图的定义和识绘方法的培训模块	1. 掌握配电所电气系统图的概念和基本画法 2. 掌握配电所电气系统图的识图步骤	《电力工程识图与绘图》，董崇庆等编，中国电力出版社，1995 年出版	听课 1 小时，练习 2 小时或自学 3 小时，练习 2 小时

代码	课题模块名称	课题模块定义	培训目标	培训参考教材	培训方式与时间
Z1.1.2.2	动力供电系统图	阐述动力供电系统图识绘图方法的培训模块	1. 掌握动力供电系统图的画法	《电力工程识图与绘图》，董崇庆等编，中国电力出版社，1995年出版	听课1小时，练习2小时或自学2小时，练习3小时
			2. 掌握动力供电系统图识图步骤		
Z1.1.2.3	动力供电平面图	阐述动力供电平面图识读方法与步骤的培训模块	1. 理解动力供电平面图识读的基本思维和分析方法		听课2小时，练习2小时或自学4小时，练习2小时
			2. 掌握识读动力供电平面图的方法与步骤		
Z1.1.2.4	照明配电电气图	阐述照明配电电气图识绘图方法的培训模块	1. 掌握照明配电电气图的画法		听课3小时，练习2小时或自学5小时，练习2小时
			2. 掌握照明配电电气图识图步骤		

表6-14　Z1.1.3 低压馈电屏（箱）识图单元模块的课题模块组合表

代码	课题模块名称	课题模块定义	培训目标	培训参考教材	培训方式与时间
Z1.1.3.1	低压电气常用图形符号	阐明低压电气常用图形符号代表意义的培训模块	1. 能熟练绘制低压电气常用图形符号	《电力工程识图与绘图》，董崇庆等编，中国电力出版社，1995年出版	听课1.5小时，练习2小时或自学2小时，练习2小时
			2. 掌握低压电气常用图形符号的代表意义		
Z1.1.3.2	电气图文字代号	阐述电气图文字代号意义和用途的培训模块	1. 掌握电气图文字代号的意义		听课2小时，练习2小时或自学4小时，练习2小时
			2. 掌握电气图文字代号的用途		
Z1.1.3.3	低压馈电屏（箱）接线图	阐述低压馈电屏（箱）接线图绘制方法和识图步骤的培训模块	1. 掌握低压馈电屏（箱）接线图绘制方法		听课2.5小时，练习2小时或自学6小时，练习2小时
			2. 熟知低压馈电屏（箱）接线图识图步骤		
Z1.1.3.4	低压馈电屏（箱）原理图	阐述低压馈电屏（箱）原理图绘制方法和识图步骤的培训模块	1. 掌握低压馈电屏（箱）原理图绘制方法		听课1小时，练习3小时或自学2小时，练习3小时
			2. 读懂低压馈电屏（箱）原理图		

表 6 – 15　　　　Z2.1.1 常用工器具单元模块的课题模块组合表

代码	课题模块名称	课题模块定义	培训目标	培训参考教材	培训方式与时间
Z2.1.1.1	游标卡尺	讲述游标卡尺使用的培训模块	1. 熟练掌握用游标卡尺测量导线的直径		自学 1 小时，练习 1 小时
			2. 掌握游标卡尺测量螺栓直径与长度		
Z2.1.1.2	千分尺	讲述千分尺使用的培训模块	1. 熟知千分尺测量导线直径的方法	《常用测量工具》	自学 2 小时，练习 2 小时
			2. 熟知千分尺使用注意事项		
Z2.1.1.3	塞尺、卡钳	讲述塞尺、卡钳使用的培训模块	1. 掌握塞尺测量低压电动机定转子气隙		自学 0.5 小时，练习 1 小时
			2. 掌握卡钳测量低压电动机转子及定子内腔直径		
Z2.1.1.4	低压验电器	讲述低压验电器使用的培训模块	1. 熟悉低压验电器交流电路验电方法	《电力安全工器具》	自学 0.5 小时
			2. 能够用低压验电器区分交直流电源		

表 6 – 16　　　　Z2.1.2 常用电工仪表单元模块的课题模块组合表

代码	课题模块名称	课题模块定义	培训目标	培训参考教材	培训方式与时间
Z2.1.2.1	钳形电流表	阐述钳形电流表使用的培训模块	1. 熟悉钳形电流表测量三相电动机空载及负载电流的方法	《电测仪表（中级工）》，王长江主编，中国电力出版社，1999 年出版	自学 2 小时，练习 2 小时
			2. 熟知钳形电流表测量小数值交流电流的方法		
Z2.1.2.2	万用表	阐明万用表使用的培训模块	1. 熟练运用万用表检查室内照明电路故障		自学 1.5 小时，练习 2 小时
			2. 掌握万用表检查电机控制回路的方法		

272

代码	课题模块名称	课题模块定义	培训目标	培训参考教材	培训方式与时间
Z2.1.2.3	绝缘电阻表	阐述绝缘电阻表使用的培训模块	1. 熟练使用绝缘电阻表测试室内照明及低压动力线路绝缘电阻	《电测仪表（中级工）》，王长江主编，中国电力出版社，1999 年出版	自学 0.5 小时，练习 1 小时
			2. 掌握绝缘电阻表测量电动机相间及对地绝缘电阻的方法		

表 6−17   Z2.2.2 导线的敷设方法单元模块的课题模块组合表

代码	课题模块名称	课题模块定义	培训目标	培训参考教材	培训方式与时间
Z2.2.2.1	瓷夹板配线	阐述瓷夹板配线的步骤与工艺要点的培训模块	1. 熟悉瓷夹板配线的步骤		听课 2 小时，练习 3 小时
			2. 掌握瓷夹板配线的工艺要点		
Z2.2.2.2	绝缘子配线	阐述绝缘子配线的步骤与工艺要点的培训模块	1. 熟悉绝缘子配线的步骤	《内线安装工（初级）》，何宗义主编，中国电力出版社，1993 年出版	自学 2 小时，练习 2 小时
			2. 掌握绝缘子配线的工艺要点		
Z2.2.2.3	槽板配线	阐述槽板配线的步骤与工艺要点的培训模块	1. 熟悉槽板配线的步骤		自学 2 小时，练习 3 小时
			2. 掌握槽板配线的工艺要点		
Z2.2.2.4	护套线配线	阐述护套线配线的步骤与工艺要点的培训模块	1. 熟悉护套线配线的步骤		听课 2 小时，练习 3 小时
			2. 掌握护套线配线的工艺要点		

表 6 – 18　　　　　Z2.2.3 导线连接单元模块的课题模块组合表

代码	课题模块名称	课题模块定义	培训目标	培训参考教材	培训方式与时间
Z2.2.3.1	导线连接的基本要求	阐述导线连接的基本要求的培训模块	1. 掌握导线连接的基本要求的内容	《内线安装工（初级）》，何宗义主编，中国电力出版社，1993 年出版	听课 1 小时
			2. 理解导线连接基本要求的意义		
Z2.2.3.2	单股导线连接	阐述单股导线连接的方法与工艺要求的培训模块	1. 熟悉单股导线连接的各种方法		自学 2 小时，练习 4 小时
			2. 掌握单股导线连接的工艺要求		
Z2.2.3.3	多股导线直接连接	阐述多股导线直接连接的方法与工艺要求的培训模块	1. 熟悉多股导线直接连接的各种方法		自学 2 小时，练习 2 小时
			2. 掌握多股导线直接连接的工艺要求		
Z2.2.3.4	多股导线机械连接	阐述多股导线机械连接的方法与工艺要求的培训模块	1. 熟悉多股导线机械连接的各种方法		自学 1 小时，练习 2 小时
			2. 掌握多股导线机械连接的工艺要求		

表 6 – 19　　　　Z2.3.1 低压配电箱单元模块的课题模块组合表

代码	课题模块名称	课题模块定义	培训目标	培训参考教材	培训方式与时间
Z2.3.1.1	低压配电箱的种类	叙述低压配电箱分类依据和种类的培训模块	1. 熟悉根据额定电压、额定电流、用途对低压配电箱分类的方法	《内线安装工（初级）》，何宗义主编，中国电力出版社，1993 年出版	自学 1 小时
			2. 熟知 PGL、GGD、BFC 型低压配电箱的特点		
Z2.3.1.2	低压配电箱的结构	阐述低压配电箱的结构的培训模块	1. 掌握低压配电箱的结构		自学 2 小时
			2. 理解相应结构的作用		

续表

代码	课题模块名称	课题模块定义	培训目标	培训参考教材	培训方式与时间
Z2.3.1.3	低压配电箱的选用	阐述低压配电箱的选用依据和方法的培训模块	1. 熟悉 PGL 型低压配电箱的选择 2. 掌握 GGD、BFC 型低压配电箱的选用	《内线安装工（初级）》，何宗义主编，中国电力出版社，1993 年出版	自学2小时，练习2小时
Z2.3.1.4	低压配电箱的安装	叙述低压配电箱的安装方法与工艺的培训模块	1. 掌握低压配电箱的安装方法 2. 熟知低压配电箱安装的工艺要求		自学2小时，练习5小时

表6-20　Z2.4.2 线路安装工具单元模块的课题模块组合表

代码	课题模块名称	课题模块定义	培训目标	培训参考教材	培训方式与时间
Z2.4.2.1	手电钻	阐明手电钻使用的培训模块	1. 熟悉手电钻的分类和基本结构 2. 能够熟练使用手枪式手电钻装配低压配电盘	《电气实习》，上海机械学校主编	自学0.5小时，练习1小时
Z2.4.2.2	冲击电钻	阐明冲击电钻使用的培训模块	1. 熟悉冲击电钻的使用方法与注意事项 2. 能熟练使用冲击电钻在各类建筑物上冲打 6~16mm 圆孔		自学0.5小时，练习1小时
Z2.4.2.3	压接钳	阐明压接钳使用的培训模块	1. 熟悉压接钳的使用方法与注意事项 2. 能够熟练使用机械式压接钳进行 50mm² 以下导线的连接		自学1小时，练习1小时

班组安全管理与培训管理

275

第六章　《职业能力培训手册》的培训模式

代码	课题模块名称	课题模块定义	培训目标	培训参考教材	培训方式与时间
Z2.4.2.4	紧线器	阐明紧线器使用的培训模块	1. 熟悉紧线器的基本结构 2. 掌握绝缘子配线中导线的紧固方法	《电气实习》，上海机械学校主编	自学1小时，练习1小时

（二）技能要求部分

1. 技能要求部分的组成

各篇的技能要求部分均有技能要求培训考评安排一览表1个（见表6-21）、技能培训模块组合分析表1个（见表6-22）、技能培训模块组合表约300个。其中组合表包括1个在职业能力要求模块组合表中的技能模块（见表6-4）、1个技能类型模块组合表（见表6-23）、4个技能课程模块组合表（见表6-24、表6-25）、20个左右的技能单元模块组合表（见表6-26、表6-27）、40个左右的技能课题模块组合表（见表6-28～表6-31）、150个左右的项目模块表（见表6-32～表6-49）。

2. 技能要求部分编写的基本要求

技能要求部分主要从阐述本工种职业能力所要求的模仿、熟练、掌握的必备技能开始，将原则、笼统的技能要求逐层分解阐述成为比较详细、具体、可操作性很强的项目任务（其中相关和通用技能只分层到课题任务），以指导职工教育培训的技能教学活动。也就是将经过职业分析得出的职业能力中要求的技能，按照与知识要求类似的规定和顺序，从1个技能要求模块（代码为J）→分出4个类型模块（即基本技能、专门技能、相关技能和公共技能模块，代码分别为J1、J2、J3、J4）→分出8个或以上的课程模块（代码为J×.×）（这层次及以下层次的模块多少均视工种和等级而定）→分出16个或以上的单元模块（代码为J×.×.×）→分出32个或以上的课题模块（代码为J×.×.×.×）其中基本和专门技能还进一步→分出50个或以上项目模块（代码为J×.×.×.×-0×）的方法，分层次、按顺序建立模块表名称体系，然后，采用分析表说明模块之间的关系，用组合表的形式细化、界定技能培训的深度和广度，并且在最小模块中还说明模块的培训方式、时间和推荐使用教材，以及基本、专门技能培训的设备与场地等内容。

3. 技能要求部分的基本格式

（1）一览表格式。

表6-21　　　　　　　　初级工技能要求培训考评安排一览表

类型/模块		J1		J2		J3			J4			
类型 名称		基本技能		专门技能		相关技能			公用技能			
模块 代码		J1.1	J1.2	J2.1	J2.2	J3.1	J3.2	J3.3	J4.1	J4.2	J4.3	J4.4
课程模块 名称		电气识图与绘图计算	测试与数量转换	设备的选择与电机、电气运行	电气操作	钳工操作	起重工具的使用	安全生产	班组质量管理	中文Windows98的使用	电力企业班组实用应用文读写一	电力专业班组英语读写一
培训模块数（个）	单元	3	4	2	2	1	1	2	2	2	2	2
	课题	7	8	6	4	6	2	5	5	5	5	4
	项目	18	19	19	10							
	总计	单元模块：23		课题模块：59					项目模块：66			
培训时间（小时）	课程	78	42	116	63	68	10	31	10	24	10	18
	综合	60		90		54			2			
	综合	116										
	总计	328										
考评时间（小时）	课程	28	20	58	30	34	4	14	5	12	5	9
	类型	4		4		4			2			
	要求	4										
	总计	237										
考评方式		考试	考试	考试	考试	考试	考试	考试	考试	考试	考试	考核

（2）分析表格式。

表 6 – 22　　　　　　　　初级工技能培训模块组合分析表

类型模块	课程模块	单元模块	课题模块		项　目　模　块
J1　基本技能	J1.1　电气识图与绘图计算	J1.1.1　设备原理图	J1.1.1.1　低压配电屏接线原理图	01	PGL 型配电屏接线原理图
				02	GGD 型配电屏接线原理图
			J1.1.1.2　低压配电屏安装图	01	低压配电屏屏面布置图
				02	低压配电屏屏后配线图
				03	低压配电屏固定安装图
			J1.1.1.3　电动机控制回路原理图	01	电动机直接启动控制接线原理图
				02	电动机降压启动控制接线原理图
				03	电动机自耦启动控制接线原理图
				04	电动机电磁抱闸制动控制接线原理图
				05	电动机能耗制动控制接线原理图
		J1.1.2　电动机和导线电缆的计算	J1.1.2.1　单台电动机保护用熔片的电流的计算	01	计算电动机的额定电流
				02	计算电动机的熔丝电流并选择熔丝
			J1.1.2.2　导线和电缆的截面积的计算与选择	01	计算设备额定容量
				02	选择合适截面积导线和电缆
		J1.1.3　汇报施工情况和编写施工记录	J1.1.3.1　汇报施工情况	01	书面汇报
				02	口头汇报
			J1.1.3.2　编写施工记录	01	编写设备安装的施工记录
				02	编写线路架设的施工记录
	J1.2　测试与数量转换	J1.2.1　测量导线和管材的直径	J1.2.1.1　测量导线的直径	01	使用螺旋测微器测量导线的直径
				02	使用游标卡尺测量导线的直径
			J1.2.1.2　测量管材的直径	01	游标卡尺测量钢管的直径
				02	用平均法计算钢管的直径
		J1.2.2　计量转换	J1.2.2.1　长度、质量、时间的计量换算	01	长度的单位换算
				02	质量的单位换算
				03	时间的单位换算
			J1.2.2.2　力学、电磁学计量单位换算	01	力学的单位换算
				02	电磁学的单位换算

278

类型模块	课程模块	单元模块	课题模块	项目模块
J1 基本技能	J1.2 测试与数量转换	J1.2.3 万用表的使用	J1.2.3.1 指针式万用表	01 测量电流
				02 测量电压
				03 测量电阻
			J1.2.3.2 数字式万用表	01 测量电流
				02 测量电压
				03 测量电阻
		J1.2.4 识别二极管和三极管的极性	J1.2.4.1 识别二极管的极性	01 使用万用表测量极性
				02 二极管的伏安特性
			J1.2.4.2 识别三极管的极性	01 使用伏安法测量 NPN 型管的极性
				02 使用伏安法测量 PNP 型管的极性
J2 专门技能	J2.1 设备的选择与电机运行	J2.1.1 设备的选择	J2.1.1.1 照明设备的选择	01 照明灯具的选择
				02 照明计量、配电箱的选择
			J2.1.1.2 动力设备的选择	01 低压电器的选择
				02 控制和保护电器的选择
				03 电动机及启动设备的选择
			J2.1.1.3 导线的选择	01 按发热条件选择
				02 经济电流密度选择
				03 按线路允许电压损失选择
		J2.1.2 电机、电气运行分析	J2.1.2.1 接触器互锁可逆行运行控制电路分析	01 分析接触器互锁可逆行运行控制原理
				02 控制动作过程
			J2.1.2.2 室内布线施工	01 瓷夹板配线操作
				02 绝缘子配线操作
				03 槽板配线操作
				04 护套线配线操作
				05 线管配线操作
			J2.1.2.3 电动机的运行状态监视	01 电动机温升的监视
				02 电动机电流的监视
				03 电动机电刷与传动装置的检查
				04 电动机运行时振动及声音的监视

类型模块	课程模块	单元模块	课题模块	项 目 模 块	
J2 专门技能	J2.2 电气操作	J2.2.1 主要设备操作	J2.2.1.1 电动机星型-三角型启动控制电路	01	星型-三角型启动控制电路操作
				02	按照星型-三角型启动控制电路图正确进行接线
			J2.2.1.2 低压线路的停、送电作业	01	低压线路的停电操作
				02	低压线路的送电操作
		J2.2.2 排除常见电气故障	J2.2.2.1 排除简单照明线路的电气故障	01	断路故障的查找与排除
				02	短路故障的查找与排除
				03	漏电故障的查找与排除
			J2.2.2.2 排除简单低压馈电屏的电气故障	01	接触器故障的处理
				02	DW15 自动空气开关故障的处理
				03	热继电器的故障处理

类型模块	课程模块	单元模块	课 题 模 块
J3 相关技能	J3.1 钳工操作	J3.1.1 一般钳工基本操作技能	J3.1.1.1 划线操作
			J3.1.1.2 錾削操作
			J3.1.1.3 锯削操作
			J3.1.1.4 锉削操作
			J3.1.1.5 钻孔、扩孔、绞孔操作
			J3.1.1.6 攻、套螺纹操作
	J3.2 起重工具的使用	J3.2.1 使用起重工具简单的使用	J3.2.1.1 常用起重索具及拴连工具的使用
			J3.2.1.2 常用起重机具的使用
	J3.3 安全生产	J3.3.1 安全规程执行能力	J3.3.1.1 违规违章现象的判别
			J3.3.1.2 违规违章现象的防范
			J3.3.1.3 文明施工
		J3.3.3 紧急救护技能	J3.3.3.1 消防器材的使用
			J3.3.3.2 几种受伤的救护
J4 公用技能	J4.1 班组质量管理	J4.1.1 质量管理的常用分析方法	J4.1.1.1 排列图法
			J4.1.1.2 因果图法
			J4.1.1.3 对策表
		J4.1.2 QC 小组活动	J4.1.2.1 QC 小组活动的程序
			J4.1.2.2 QC 小组活动成果报告的编写

类型模块	课程模块	单元模块	课 题 模 块
J4 公用技能	J4.2 中文 Windows98 的使用	J4.2.1 Windows98 基本操作	J4.2.1.1 键盘基本操作
			J4.2.1.2 启动、退出操作和鼠标使用
			J4.2.1.3 桌面与窗口基本操作
			J4.2.1.4 汉字录入
		J4.2.2 文件和磁盘管理	J4.2.2.1 资源管理器的操作
			J4.2.2.2 文件与文件夹的基本操作
			J4.2.2.3 磁盘管理
	J4.3 电力企业班组实用应用文读写（一）	J4.3.1 简报与记录读写	J4.3.1.1 简报的阅读
			J4.3.1.2 简报的编写
			J4.3.1.3 会议记录
		J4.3.2 新闻阅读分析	J4.3.2.1 新闻消息的阅读
			J4.3.2.2 新闻通讯的阅读
	J4.4 电力专业班组英语读写（一）	J4.4.1 设备英文简介读写（一）	J4.4.1.1 设备英文铭牌读写（一）
			J4.4.1.2 设备英文简单性能线图识读（一）
		J4.4.2 简单英文图纸识读（一）	J4.4.2.1 英文系统流程图识读（一）
			J4.4.2.2 设备英文简单原理图识读

（3）组合表格式。

1）要求模块组合表，见表6－4。

2）类型模块组合表。

表6－23   J 技能要求模块的类型模块组合表

代码	类型模块名称	类型模块定义与综合培训时间	培训目的
J1	基本技能	培训内线安装初级工电工基本操作和电气施工图技能的模块。3小时	1. 掌握内线安装初级工电工基本操作技能
			2. 掌握内线安装工识、绘电气图纸的技能
J2	专门技能	培训内线安装初级工设备的选择与电机、电气运行电气操作、钳工操作、起重工具的使用安装的技能模块。5小时	1. 掌握内线安装设备的选择技能
			2. 掌握电机、电气运行分析的技能
			3. 掌握钳工操作的技能
			4. 掌握电气操作的技能
			5. 起重工具的使用的技能

代码	类型模块名称	类型模块定义与综合培训时间	培 训 目 的
J3	相关技能	培训判断违规违章和常用防范等技能模块。12 小时	1. 能在内线安装过程中违章现象的判断和防范
			2. 掌握常用的消防、救护等防范技能
J4	公用技能	培训电力企业初级工应备的班组质量管理、中文 Windows98 操作、常见简报、新闻阅读、本工种设备英文铭牌和简单图纸阅读等技能的模块。2 小时	1. 掌握参加绘制本工种质量问题的图表，编写活动成果报告等 QC 小组活动的技能
			2. 掌握使用中文 Windows98 查看、创建和管理文件、文件夹以及管理磁盘的技能
			3. 掌握阅读与编写常见工作，学习简报，完成大、小会议记录以及阅读新闻消息与通讯的技能
			4. 掌握识读本工种主要设备英文铭牌和简单图纸的技能

3）课程模块组合表。

表 6-24　　　　　　　　**J1 基本技能类型模块的课程模块组合表**

代码	课程模块名称	课程模块定义与整合培训时间	培 训 目 的
J1.1	电气识图与绘图计算	培训识读电气图及计算技能的模块。4 小时	1. 掌握识读设备原理图的技能
			2. 熟练的掌握电动机和导线电缆计算的技能
			3. 汇报施工情况和编写施工
J1.2	测试与数量转换	培训测量导线和各种管材的直径、计量转换，万能表的使用，识别二极管和三极管的极性技能的模块。3 小时	1. 掌握运用相应测量工具测量导线和各种管材的直径的技能
			2. 识别和用万能表测量二极管和三极管的极性的技能
			3. 掌握万能表的使用

表 6 – 25　　　　　　**J2 专门技能类型模块的课程模块组合表**

代码	课程模块名称	课程模块定义与整合培训时间	培 训 目 的
J2.1	设备的选择与电机、电气运行	培训内线设备的选择与电机、电气运行分析的技能的模块。7 小时	1. 掌握计算用电设备的电流和根据计算结果选择导线的规格
			2. 掌握接触器互锁可逆行运行控制电路分析的技能
			3. 掌握室内布线施工常识的技能
			4. 能熟练对电动机的正常运行状态分析的技能
J2.2	电气操作	培训主要设备操作和排除常见电气故障技能的模块。4 小时	1. 掌握电动机星型 – 三角型启动控制电路的原理和相关调试的技能
			2. 掌握低压线路的停、送电作业的操作过程和注意事项的技能
			3. 掌握排除常见简单照明线路的电气故障的技能
			4. 掌握排除简单低压馈电屏的电气故障的技能

4）单元模块组合表。

表 6 – 26　　　　**J1.1 电气识图与绘图计算课程模块的单元模块组合表**

代码	单元模块名称	单元模块定义与整合培训时间	培 训 目 的
J1.1.1	设备相关接线原理图、控制回路的工作原理图	培训看懂低压配电屏的接线原理图、安装图、电动机控制回路原理图技能的模块。6 小时	1. 掌握看懂配电所低压配电屏的接线原理图的技能
			2. 掌握看懂配电所低压配电屏的安装图的技能
			3. 掌握看懂电动机控制回路的工作原理图的技能
J1.1.2	电动机和导线电缆的计算	培训电动机和导线电缆的计算技能的模块。1 小时	1. 熟练的掌握计算单台电动机保护用熔片的电流的技能
			2. 掌握计算并选择导线和电缆的截面积的技能
J1.1.3	汇报施工情况和编写施工记录	培训能用准确、简明、易懂的专业术语汇报施工情况和编写施工记录 1 小时	1. 掌握能用准确、简明、易懂的专业术语汇报施工情况的技能
			2. 掌握能用准确、简明、易懂的专业术语编写施工记录的技能

283

代码	单元模块名称	单元模块定义与整合培训时间	培训目的
J1.2.1	测量导线和管材的直径	培训测量导线和各种管材的直径技能的模块。1 小时	1. 掌握测量导线的直径的技能
			2. 掌握测量管材直径的技能
J1.2.2	计量转换	培训长度、质量、时间及力学、电磁学转换技能的模块。1 小时	1. 熟练的进行长度、质量、时间的计量换算的转换的技能
			2. 熟练的进行力学、电磁学计量单位换算
J1.2.3	万能表的使用	培训万能表的使用技能的模块。1 小时	1. 熟练使用指针式万能表测量电流、电压、电阻的技能
			2. 熟练使用数字式万能表测量电流、电压、电阻的技能
J1.2.4	识别二极管和三极管的极性	培训识别二极管和三极管的极性技能的模块。2 小时	1. 能识别二极管的极性的技能
			2. 能识别三极管的极性的技能

5）课题模块组合表。

表 6－28　　　　　　J1.1.1 识读设备原理图单元模块的课题模块组合表

代码	课题模块名称	课题模块定义与整合培训时间	培训目标
J1.1.1.1	识读低压配电屏接线原理图	培训识读低压配电屏接线原理图技能的模块。2 小时	识读 PGL 型配电屏接线原理图
J1.1.1.2	识读低压配电屏安装图	培训识读低压配电屏安装图技能的模块。4 小时	1. 识读低压配电屏屏面布置图
			2. 识读低压配电屏屏后配线图
			3. 识读低压配电屏固定安装图
J1.1.1.3	识读电动机控制回路原理图	培训识读电动机控制回路原理图技能的模块。6 小时	1. 识读电动机直接启动控制接线原理图
			2. 识读电动机降压启动控制接线原理图
			3. 识读电动机自耦启动控制接线原理图
			4. 识读电动机电磁抱闸制动控制接线原理图
			5. 识读电动机能耗制动控制接线原理图

......

表 6 – 29　　　**J1.2.3 万用表使用单元模块的课题模块组合表**

代码	课题模块名称	课题模块定义与整合培训时间	培训目标
J1.2.3.1	指针式万能表测量电流电压电阻	培训使用指针式万能表测量电流电压电阻技能的模块。1 小时	1. 熟练的使用指针式万用表测量电流
			2. 熟练的使用指针式万用表测量电压
			3. 熟练的使用指针式万用表测量电阻
J1.2.3.2	数字式万能表测量电流电压电阻	培训使用数字式万能表测量电流电压电阻技能的模块。1 小时	1. 熟练的使用数字式万用表测量电流
			2. 熟练的使用数字式万用表测量电压
			3. 熟练的使用数字针式万用表测量电阻

……

表 6 – 30　　　**J2.1.1 设备的选择单元模块的课题模块组合表**

代码	课题模块名称	课题模块定义与整合培训时间	培训目标
J2.1.1.1	照明设备的选择	培训照明设备的选择技能的模块。3 小时	1. 熟练的进行照明灯具的选择
			2. 熟练的进行照明计量、配电箱的选择
J2.1.1.2	动力设备的选择	培训选择动力设备的技能的模块。6 小时	1. 熟练的进行低压电器的选择
			2. 熟练的进行控制和保护电器的选择
			3. 熟练的进行电动机及启动设备的选择
J2.1.1.3	导线的选择	培训选择导线技能的模块。1 小时	1. 能够按载流量选择
			2. 能够按机械强度选择
			3. 能够按线路允许电压损失选择

表 6 – 31　　　**J2.1.2 电机、电气运行分析单元模块的课题模块组合表**

代码	课题模块名称	课题模块定义与整合培训时间	培训目标
J2.1.2.1	接触器互锁可逆行运行控制电路分析	培训接触器互锁可逆行运行控制电路分析技能的模块。4 小时	1. 熟练的画出交流接触器互锁可逆行运行控制电路
			2. 能够分析接触器互锁可逆行运行控制原理及线路控制动作过程

285

代码	课题模块名称	课题模块定义与整合培训时间	培训目标
J2.1.2.2	室内布线施工常识	培训室内布线施工常识技能的模块。15小时	1. 掌握瓷夹板配线操作 2. 掌握绝缘子配线操作 3. 掌握槽板配线操作 4. 掌握护套线配线操作 5. 掌握穿管配线操作护套线
J2.1.2.3	电动机的正常运行状态分析	培训电动机的正常运行状态分析技能的模块。2小时	1. 能够进行电动机温升的监视 2. 能够进行电动机电流的监视 3. 能够进行电动机电刷与传动装置的检查 4. 能够进行电动机运行时振动及声音的监视

（4）基本技能与专门技能的项目模块组合表格式。

J1.1.1.1　识读低压配电屏接线原理图课题模块的项目模块表组合

表6-32　J1.1.1.1—01 识读 PGL 型配电屏接线原理图项目模块表

定义	培训识读 PGL 型配电屏接线原理图的模块	
培训目标	1	掌握并绘出 PGL 型配电屏接线原理图
	2	能够分析 PGL 型配电屏接线原理
培训场所与设施	1	生产现场及班组办公室或教室
	2	桌、椅
培训参考教材与指导书	1	《内线安装工》，孙成宝主编，中国水利水电出版社，1996 年
	2	《内线安装工（初级工）》，何宗义主编，中国电力出版社，1999 年
培训方式与时间建议	集中或师徒合同式现场操作培训。2 小时	

表6-33　J1.1.1.1—02 识读 GGD 型配电屏接线原理图项目模块表

定义	培训识读 GGD 型配电屏接线原理图的模块	
培训目标	1	掌握并绘出 GGD 型配电屏接线原理图
	2	能够分析 GGD 型配电屏接线原理
培训场所与设施	1	生产现场及班组办公室或教室
	2	桌、椅

定　义	培训识读 GGD 型配电屏接线原理图的模块	
培训参考教材 与指导书	1	《内线安装工》，孙成宝主编，中国水利水电出版社，1996 年
	2	《内线安装工（初级工）》，何宗义主编，中国电力出版社，1999 年
培训方式与 时间建议	集中或师徒合同式现场操作培训。2 小时	

J1.1.1.2　识读低压配电屏安装图课题模块的项目模块表组合

表 6－34　　J1.1.1.2—01 识读低压配电屏屏面布置图项目模块表

定　义	培训识读配电屏屏面布置图的模块	
培训目标	1	掌握并绘出 PGL 型、GGD 型配电屏屏面布置图
培训场所与设施	1	生产现场及班组办公室或教室
	2	桌、椅
培训参考教材 与指导书	1	《内线安装工》，孙成宝主编，中国水利水电出版社，1996 年
	2	《内线安装工（初级工）》，何宗义主编，中国电力出版社，1999 年
培训方式 与时间建议	集中或师徒合同式现场操作培训。3 小时	

表 6－35　　J1.1.1.2—02 识读低压配电屏屏后配线图项目模块表

定　义	培训识读配电屏屏后配线图的模块	
培训目标	1	掌握并绘出 GGD 型配电屏屏后配线图
培训场所与设施	1	生产现场及班组办公室或教室
	2	桌、椅
培训参考教材 与指导书	1	《内线安装工》，孙成宝主编，中国水利水电出版社，1996 年
	2	《内线安装工（初级工）》，何宗义主编，中国电力出版社，1999 年
培训方式与 时间建议	集中或师徒合同式现场操作培训。3 小时	

表 6－36　　J1.1.1.2—03 识读低压配电屏固定安装图项目模块表

定　义	培训识读配电屏固定安装图的模块	
培训目标	1	掌握并绘出 GGD 型配电屏固定安装图图
培训场所与设施	1	生产现场及班组办公室或教室
	2	桌、椅

定 义		培训识读配电屏固定安装图的模块
培训参考教材 与指导书	1	《内线安装工》，孙成宝主编，中国水利水电出版社，1996 年
	2	《内线安装工（初级工）》，何宗义主编，中国电力出版社，1999 年
培训方式与 时间建议		集中或师徒合同式现场操作培训。2 小时

......

J1.2.3.1　数字式万用表测量电流电压电阻技能课题模块的项目模块表组合

表 6－37　　　　　　　　**J1.2.3.1—01 测量电流项目模块表**

定 义		培训使用数字式万用表测量电流项目模块
培训目标	1	掌握数字式万用表的使用方法
	2	能够正确使数字式万用表测量电流
培训场所与设施	1	生产现场或模拟生产现场
	2	桌、椅子
培训参考教材 与指导书	1	《农电工实用技术》，田洪保主编，当代中国出版社，2000 年
	2	《乡镇供电所电工考核培训参考教材》，李振生主编，中国电力出版社，1999 年
培训方式与 时间建议		集中或师徒合同式现场操作培训。1 小时

表 6－38　　　　　　　　**J1.2.3.1—02 测量电压项目模块表**

定 义		培训使用数字式万用表测量电压项目模块
培训目标	1	掌握数字式万用表的结构
	2	能够正确使用数字式万用表测量电压
培训场所与设施	1	生产现场或模拟生产现场
	2	桌、椅子
培训参考教材 与指导书	1	《农电工实用技术》，田洪保主编，当代中国出版社，2000 年
	2	《乡镇供电所电工考核培训参考教材》，李振生主编，中国电力出版社，1999 年
培训方式与 时间建议		集中或师徒合同式现场操作培训。1 小时

表 6 – 39　　　　　**J1. 2. 3. 1—03 测量电阻项目模块表**

定　义		培训使用数字式万用表测量电阻项目模块
培训目标	1	掌握数字式万用表的使用规范
	2	能够正确使用数字式万用表测量电阻
培训场所与设施	1	生产现场或模拟生产现场
	2	桌、椅子
培训参考教材与指导书	1	《农电工实用技术》，田洪保主编，当代中国出版社，2000 年
	2	《乡镇供电所电工考核培训参考教材》，李振生主编，中国电力出版社，1999 年
培训方式与时间建议		集中或师徒合同式现场操作培训。1 小时

2. 1. 1. 1　照明设备选择技能课题模块的项目模块表组合

表 6 – 40　　　　　**J2. 1. 1. 1—01 计算照明灯具的选择项目模块表**

定　义		培训选择照明灯具技能的模块
培训目标	1	能够正确计算照明灯具的照度、照明功率
	2	根据计算情况正确的选择照明灯具
培训场所与设施	1	生产现场或模拟生产现场
	2	桌、椅子
培训参考教材与指导书	1	《内线安装工》，孙成宝主编，中国水利水电出版社，1996 年
培训方式与时间建议		集中或师徒合同式现场操作培训。2 小时

表 6 – 41　　　　**J2. 1. 1. 1—02 照明计量、配电箱的选择项目模块表**

定　义		培训选择照明计量、配电箱技能的模块
培训目标	1	掌握 PXT（R）型、XM – 85 型照明配电箱的尺寸、一次线路方案及技术数据
	2	掌握 XXC10 型、XXCL – 04 型照明配电箱的尺寸、一次线路方案及技术数据
培训场所与设施	1	生产现场或模拟生产现场
	2	桌、椅子
培训参考教材与指导书	1	《照明设计手册》，北京照明学会照明设计专业委员会主编，中国电力出版社，1998 年
培训方式与时间建议		集中或师徒合同式现场操作培训。4 小时

……

2.1.1.3 导线的选择技能课题模块的项目模块表组合

表 6 – 42　　　　J2.1.1.3—01 按发热条件选择导线项目模块表

定　义		培训按发热条件选择导线技能的模块
培训目标	1	能够正确按发热条件选择导线
培训场所与设施	1	生产现场或模拟生产现场
	2	桌、椅子
培训参考教材与指导书	1	《乡镇供电所电工考核培训参考教材》，李振生主编，中国电力出版社，1999 年
培训方式与时间建议		集中或师徒合同式现场操作培训。0.5 小时

表 6 – 43　　　　J2.1.1.3—02 按经济电流密度选择导线项目模块表

定　义		培训按经济电流密度选择导线技能的模块
培训目标	1	能够正确按经济电流密度选择导线
培训场所与设施	1	生产现场或模拟生产现场
	2	桌、椅子
培训参考教材与指导书	1	《乡镇供电所电工考核培训参考教材》，李振生主编，中国电力出版社，1999 年
培训方式与时间建议		集中或师徒合同式现场操作培训。0.5 小时

表 6 – 44　　　J2.1.1.3—03 按线路允许电压损失选择导线项目模块表

定　义		培训按线路允许电压损失选择导线技能的模块
培训目标	1	能够正确按线路允许电压损失选择导线
培训场所与设施	1	生产现场或模拟生产现场
	2	桌、椅子
培训参考教材与指导书	1	《乡镇供电所电工考核培训参考教材》，李振生主编，中国电力出版社，1999 年
培训方式与时间建议		集中或师徒合同式现场操作培训。0.5 小时

……

J2.1.2.2　室内布线技能课题模块的项目模块表组合

表 6 - 45　　　　　J2. 1. 2. 2—01 瓷夹板配线操作的项目模块

定　义		培训瓷夹板配线操作技能的模块
培训目标	1	掌握瓷夹板配线的工艺标准及施工验收规范
	2	能按照其工艺质量要求正确的进行瓷夹板配线
	3	正确的使用安装工具
培训场所与设施	1	生产现场或基地模拟生产现场
	2	桌、椅子、安装工具
培训参考教材与指导书	1	《内线安装工》，孙成宝主编，中国水利水电出版社，1996 年
	2	《乡镇供电所电工考核培训参考教材》，李振生主编，中国电力出版社，1999 年
	3	《电气安装工程 1kV 及以下配线工程施工及验收规范》（GB 50258—1996），中国计划出版社，1999 年
培训方式与时间建议		集中或师徒合同式现场操作培训。6 小时

表 6 - 46　　　　　J2. 1. 2. 2—02 绝缘子配线操作的项目模块

定　义		培训绝缘子配线操作技能的模块
培训目标	1	掌握绝缘子配线的工艺标准及施工验收规范
	2	能按照其工艺质量要求正确的进行绝缘子配线
	3	正确的使用安装工具
培训场所与设施	1	生产现场或基地模拟生产现场
	2	桌、椅子、安装工具
培训参考教材与指导书	1	《内线安装工》，孙成宝主编，中国水利水电出版社，1996 年
	2	《乡镇供电所电工考核培训参考教材》，李振生主编，中国电力出版社，1999 年
	3	《电气安装工程 1kV 及以下配线工程施工及验收规范》（GB 50258—1996），中国计划出版社，1999 年
培训方式与时间建议		集中或师徒合同式现场操作培训。6 小时

表 6 – 47　　　　　　J2. 1. 2. 2—03 槽板配线操作的项目模块

定　义		培训槽板配线操作技能的模块
培训目标	1	掌握槽板配线的工艺标准及施工验收规范
	2	能按照其工艺质量要求正确的进行槽板配线
	3	正确的使用安装工具
培训场所与设施	1	生产现场或基地模拟生产现场
	2	桌、椅子、安装工具
培训参考教材 与指导书	1	《内线安装工》，孙成宝主编，中国水利水电出版社，1996 年
	2	《乡镇供电所电工考核培训参考教材》，李振生主编，中国电力出版社，1999 年
	3	《电气安装工程 1kV 及以下配线工程施工及验收规范》（GB 50258—1996），中国计划出版社，1999 年
培训方式与 时间建议		集中或师徒合同式现场操作培训。6 小时

表 6 – 48　　　　　　J2. 1. 2. 2—04 护套线操作的项目模块

定　义		培训护套线配线操作技能的模块
培训目标	1	掌握护套线配线的工艺标准及施工验收规范
	2	能按照其工艺质量要求正确的进行护套线配线
	3	正确的使用安装工具程序、方法、事项
培训场所与设施	1	生产现场或基地模拟生产现场
	2	桌、椅子、安装工具
培训参考教材 与指导书	1	《内线安装工》，孙成宝主编，中国水利水电出版社，1996 年
	2	《乡镇供电所电工考核培训参考教材》，李振生主编，中国电力出版社，1999 年
	3	《电气安装工程 1kV 及以下配线工程施工及验收规范》（GB 50258—1996），中国计划出版社，1999 年
培训方式与 时间建议		集中或师徒合同式现场操作培训。6 小时

定　义		培训线管配线操作技能的模块
培训目标	1	掌握线管配线的工艺标准及施工验收规范
	2	能按照其工艺质量要求正确的进行线管配线操作
	3	正确的使用安装工具
培训场所与设施	1	生产现场或基地模拟生产现场
	2	桌、椅子、安装工具
培训参考教材与指导书	1	《内线安装工》，孙成宝主编，中国水利水电出版社，1996 年
	2	《乡镇供电所电工考核培训参考教材》，李振生主编，中国电力出版社，1999 年
	3	《电气安装工程 1kV 及以下配线工程施工及验收规范》（GB 50258—1996），中国计划出版社，1999 年
培训方式与时间建议		集中或师徒合同式现场操作培训。6 小时

......

三、模块化培训成绩登录表组合

1. 模块化培训成绩登录表组合的基本组成和要求

各篇的成绩登录表簇均由两组表格式的成绩单和一张总成绩单组成。一组是知识培训考评成绩登录表 8 个，由知识的课题、单元、课程、类型四层次的模块培训考评考核成绩登录表（见表 6 - 50 ~ 表 6 - 53）组成；另一组是技能培训考评成绩登录表 12 个，由技能的项目、课题、单元、课程、类型五个层次的模块培训考评考核成绩登录表（见表 6 - 54 ~ 表 6 - 58）组成。最后还有一个反映总体成绩的总表，即本工种本等级要求模块培训考评考核登录表（见表 6 - 59）。

成绩登录表簇主要是准备记录各种大大小小模块培训方式、时间、地点、成绩、考评人员等考评信息的表格。记录正确完整的登录表，可以客观反映学员个人在本工种本等级职业能力培训的过程和结果。

2. 模块化培训成绩登录表簇的基本格式

（1）初级工知识要求培训考评成绩登录表。

表 6 – 50 　　　　　　知识的课题模块培训考评成绩登录表

序号	课题模块代码与名称	考试考核					备注
		方式	地点	日期	成绩	主考	
1	Z1.1.1.1　主电路						
2	Z1.1.1.2　控制电路						
3	Z1.1.1.3　动力控制电气原理图						
4	Z1.1.1.4　电气安装接线图						
5	Z1.1.2.1　配电所电气系统图						
6	Z1.1.2.2　动力供电系统图						
7	Z1.1.2.3　动力供电平面图						
8	Z1.1.2.4　照明配电气图						
9	Z1.1.3.1　低压电气常用图形符号						
10	Z1.1.3.2　电气图文字代号						
11	Z1.1.3.3　低压馈电屏（箱）接线图						
12	Z1.1.3.4　低压馈电屏（箱）原理图						
13	Z1.2.1.1　直流电路						
14	Z1.2.1.2　单相交流电路						
15	Z1.2.1.3　三相交流电路						
16	Z1.2.2.1　欧姆定律						
17	Z1.2.2.2　基尔霍夫定律						
18	Z1.2.2.3　戴维南定理						
19	Z1.2.3.1　串联电路						
……	……	……	……	……	……	……	……

表 6 – 51 　　　　　知识的单元模块培训考试考核成绩登录表

序号	单元模块代码与名称	考试考核					备注
		方式	地点	日期	成绩	主考	
1	Z1.1.1　电气图的分类与制图原则						
2	Z1.1.2　动力和照明识图						
3	Z1.1.3　低压馈电屏（箱）识图						
4	Z1.2.1　电路基本概念						

294

序号	单元模块代码与名称	考试考核					备注
		方式	地点	日期	成绩	主考	
5	Z1.2.2 基本定律						
6	Z1.2.3 电路分析及计算						
7	Z1.3.1 半导体器件的种类、基本结构						
8	Z1.3.2 整流电路						
9	Z1.3.3 放大电路						
10	Z1.4.1 变压器基本知识						
11	Z1.4.2 单相变压器						
12	Z1.4.3 三相变压器						
13	Z1.4.4 低压电动机						
……	……	……	……	……	……	……	……

表 6－52　　　　　知识的课程模块培训考试考核成绩登录表

序号	课程模块代码与名称	考试考核					备注
		方式	地点	日期	成绩	主考	
1	Z1.1 识图						
2	Z1.2 电工基础						
3	Z1.3 电子技术						
4	Z1.4 电机知识						
……	……	……	……	……	……	……	……

表 6－53　　　　　知识类型模块培训考试考核成绩登录表

序号	类型模块代码与名称	考试考核					备注
		方式	地点	日期	成绩	主考	
1	Z1 基础知识						
2	Z2 专业知识						
3	Z3 相关知识						
4	Z4 公共知识						

（2）初级工技能要求培训考评成绩登录表。

表 6 - 54　　　基本与专门技能的项目模块培训考试考核成绩登录表

序号	课题模块 代码名称	项目模块 代码名称	考试考核					备注
			方式	地点	日期	成绩	主考	
1	J1.1.1.1　低压配电屏接线原理图	01　PGL 型配电屏接线原理图						
2		02　GGD 型配电屏接线原理图						
3	J1.1.1.2　低压配电屏安装图	01　低压配电屏屏面布置图						
4		02　低压配电屏屏后配线图						
5		03　低压配电屏固定安装图						
……	……	……	……	……	……	……	……	……

表 6 - 55　　　技能的课题模块培训考试考核成绩登录表

序号	课题模块代码与名称	考试考核					备注
		方式	地点	日期	成绩	主考	
1	J1.1.1.1　低压配电屏接线原理图						
2	J1.1.1.2　低压配电屏安装图						
3	J1.1.1.3　电动机控制回路原理图						
4	J1.1.2.1　单台电动机保护用熔片的电流的计算						
5	J1.1.2.2　导线和电缆的截面积的计算与选择						
6	J1.1.3.1　汇报施工情况						
……	……	……	……	……	……	……	……

表 6 - 56　　　技能的单元模块培训考试考核成绩登录表

序号	单元模块代码与名称	考试考核					备注
		方式	地点	日期	成绩	主考	
1	J1.1.1　设备原理图						
2	J1.1.2　电动机和导线电缆的计算						

序号	单元模块代码与名称	考试考核					备注
		方式	地点	日期	成绩	主考	
3	J1.1.3 汇报施工情况和编写施工记录						
4	J1.2.1 测量导线和管材的直径						
5	J1.2.2 计量转换						
6	J1.2.3 万用表的使用						
……	……	……	……	……	……	……	……

表 6-57　　　　　技能的课程模块培训考试考核成绩登录表

序号	课程模块代码与名称	考试考核					备注
		方式	地点	日期	成绩	主考	
1	J1.1 电气识图与绘图计算						
2	J1.2 测试与数量转换						
……	……	……	……	……	……	……	……

表 6-58　　　　　技能的类型模块培训考试考核成绩登录表

序号	类型模块代码与名称	考试考核					备注
		方式	地点	日期	成绩	主考	
.1	J1 基本技能						
2	J2 专门技能						
3	J3 相关技能						
4	J4 公用技能						

（3）初级工职业能力培训考试考核成绩登录表。

表 6-59　　　　初级工职业能力的要求模块培训考试考核成绩登录表

序号	要求模块代码与名称	考试考核					总评成绩
		方式	地点	日期	成绩	主考	
1	Z 知识要求						
2	J 技能要求						
评语							

第三节 《职业能力培训手册》
在班组教育培训中的应用

班组教育培训中使用《手册》，应该明确使用的目的、掌握基本的方法和程序、重视几点注意事项。

一、明确《手册》的使用目的

明确使用目的，就是要搞清楚谁使用《手册》、为什么使用《手册》的问题。一般来说，班组长使用的主要目的是，用于编制本班组的切实可行的长、短期常规的或者特殊的实施性总培训计划，确定师资、以及指导控制、检查督促、考核评价计划的实施过程与结果等工作。培训教师使用的主要目的是根据《手册》选择模块，制订课程授课计划、选择教材和技能实训场地、编写讲义、备课写教案、拟试卷、建试题库等工作。而班组成员个人使用《手册》的主要目的是根据当年班组的实施性总培训计划，结合生产的需要和自身实际编制个人学习计划，明确学什么、怎么学、学到什么程度、学多少课时等培训学习中的具体问题，同时可以用《手册》自我检查评价学习的进度和效果。由此可知，不同的人、有着不同的使用目的。以不同的目的使用《手册》就会有不尽相同的方法，因此，只有明确使用的目的，才能正确的使用《手册》。

二、使用《手册》的基本方法和步骤

1. 整体研究、突出重点法

在班组教育培训中，由于使用《手册》的目的、范围的不同，其重点也不尽相同。对班组长言，使用所辖工种的《手册》是用于教育培训管理，是作为班组教育培训的具体指导依据和评价标准使用。因此，班组长只有全面熟悉《手册》，明确本班组使用的重点，才能把握班组教育培训的具体方向，规范教育培训过程，保证教育培训质量。也就是说，班组长必须首先熟悉所辖工种《手册》的知识、技能要求模块培训考评安排一览表、培训模块组合分析表，从整体上把握住《手册》的知识、技能体系。同时要了解各级模块组合表、项目模块表以及各级模块的培训考评考核成绩登录表。知道各表的作用、内容以及表与表相互之间的关系。然后结合班组实际，在分析表上分清哪些模块本班组有能力进行培训（包括可以通过自学完成的模块），哪些模块必须通过领导协调聘请其他班组或专门的培训机构实施培训。然后，对本班组实施培训难度大的

模块培训，要及时向领导申请支持与帮助。重点是研究本班组可以培训模块的目标、内容、教材、方法、时间等问题，为合理科学安排、实施和评价这些模块的培训教学活动提供依据和指导。

对教师来说，主要工作是高质量地完成所负责的模块培训教学与考评考核任务，积极参加和实施有关教材、题库、师资、培训场地的建设，以及培训教育研究等建设的具体工作。因此，应该在所辖工种《手册》的知识、技能要求模块培训考评安排一览表、培训模块组合分析表上，确认应该负责的模块培训教学与考评考核任务，从整体上把握住所承担任务在《手册》知识、技能体系中占有模块的多少、重要程度等问题；同时，要熟知所传授的各级模块组合分析表和项目模块表，为编写科学合理、符合受训者实际的课程培训计划和教案提供依据和指导。

对学员而言，主要是通过模块分析表和各层组合表明确本工种本等级职业能力的具体要求，以及获得这些能力的培训途径。所以，学员也应该熟知《手册》的知识、技能要求模块培训考评安排一览表、培训模块组合分析表，从整体上把握住《手册》的知识、技能体系。同时要了解各级模块组合表、项目模块表以及各级模块的培训考评考核成绩登录表。知道各表的作用、内容以及表与表相互之间的关系。在模块分析表上，分析自已的熟练或困难项、已知或未知项等，为合理科学安排个人模块培训学习活动提供依据和指导。

2. 逐级深化、各个击破法

抓住使用《手册》的重点后，就要根据重点确定的模块逐级逐个地进行分析研究它们的内容、目标、时间等要求，并充分利用模块具有内容少且相对独立，培训时间短、易得成就感以及可以根据科学技术的发展增删模块的特点，编制班组的各种培训计划。也就是说，应该利用上下级模块对培训内容和要求的详略不同、以及模块的可拆可分，可添可删的特点，在分析考虑企业、部门、班组、个人的发展和生产经营需要的基础上，结合自身实际情况在《手册》的分析表、组合表、项目模块表中，选择相应模块编制出能满足各种需要的班组培训计划框架。然后再利用《手册》模块体系完整、内容层次清楚、各模块相对独立的特点，解答编制计划中关于为什么培训、培训什么、如何培训、用多少时间培训等问题。还可以根据模块的小而全的特点，利用零碎的业余时间科学安排培训活动，安排自助式培训学习，从而编出一个一个操作方便、具体实用的班组培训计划。认真执行这些计划，可以满意地完成班组的各项培训任务。同时，学员也可以在有关教师指导下，一个一个模块地击破自已知识技能的弱区和盲区，并逐步形成和提高借助《手册》进行自助式学习的能力，从而加速完成全部模块的学习任务。

3. 逐级整合、综合能力法

在使用《手册》编制和实施培训计划、检查和评价培训教学活动时，还必须采用逐级整合、综合能力法，保证培训的实际效果。这种方法是通过研究大模块对其下属模块内容和目标的整合，研究不同课程模块之间、专业、基础和相关模块之间以及知识与技能之间的内容和目标的综合问题，以此提高班组教育培训内容的相对系统性和教育培训目标的职业统一性。具体地说，就是在使用《手册》时，除了安排和实施一个一个模块地击破式培训外，还应该安排和实施好上级模块要求的整合与综合培训内容、培训时间及培训方法，要采用全面复习、综合练习、设置不同层次复杂问题等手段将模块的内容和目标整合一体，从而突出现代职业能力的培训。

4. 使用《手册》的基本步骤

正确使用《手册》还必须按照一定的步骤进行教育培训管理。原则上讲就是要根据使用者的目的在通用的 PDCA（计划、实施、检查、总结与处理）循环管理程序中，学会恰当、适时地选用一览表、分析表、各级组合表及项目表来进行班组教育培训的管理。具体的步骤如下：

班组长使用的基本步骤是：编制本班组的总教育培训计划和单项教育培训计划→按统计数发放《手册》→指导检查教师和学员编制课程培训计划、教案、个人学习计划→选编教材、选定训练场所，聘请教师等工作→编排班组模块培训进程表→分别按计划、进程表和《手册》有关内容完成培训工作，并督促、指导、检查培训教学情况。定期或不定期组织考试或考核工作。认真填写或检查已填写的成绩登录表的真实、正确、规范程度，根据计划和《手册》有关内容认真总结本期培训工作，找出经验和存在问题，以便下期培训借鉴和改进。

教师使用步骤是：根据《手册》有关模块的培训要求建议选用教材，以及结合规定教材，编制课程授课计划，上报班组长批准后执行→根据《手册》有关规定和课程授课计划，备好知识课培训教案和结合规定现场设计好技能训练教案→按进程表完成培训任务。完成安排的考评任务，填写有关的成绩考评登录表→根据计划和《手册》有关内容认真总结本期培训教学工作，找出经验和存在问题，以便下期培训借鉴和改进。

受训者使用的基本步骤是：根据班组实施性教育培训计划和《手册》有关模块，结合本人工作和实际水平制定个人学习计划→准备教材、规程等培训资料和学习用品，领取培训进程表→按进程表和个人计划，用自学、参加短训班、听讲座、小组讨论、培训师答疑辅导等方式，从课题模块开始一个一个地学习知识；同时以参加模拟现场训练班、在工作现场中从看、听、问做起拜师学艺、在完成工作任务中通过技能模块的培训和考评等方式，从项目模块开始一个一个地训练技能→按进程表完成一个小模块后，及时申请参加一次班组级考试，并准备参加上级的抽考和调考，努力完成学习计划→认真总结经验，找出存在问题，以便下阶段培训借鉴和改进。

三、使用中的几个注意点

（1）制定计划时，应该注意互相对应的知识与技能模块之间进行培训和训练的配合。在实施中，还要努力探索如何有效地解决上级模块整合所属全部下级模块培训内容的问题，创新地使用《手册》。

（2）编制班组总教育培训计划时，注意在计划中应该编有足够多的、与企业生产和经营目标密切结合的培训模块；要使用《手册》及时制定一些特殊教育培训计划，为企业急需的技能人才教育培训添加补充模块等；还要根据职工个人特点和发展意向，指导、支持职工使用《手册》编制和实现有个性化的学习计划，突出教育培训为企业生产经营服务，为企业职工服务的教育培训理念。

（3）注意《手册》使用过程中，强化相关班组之间的合作，尽可能多地完成《手册》中模块的培训。要通过互派教师讲课、演示、相互问答等各种各样的双赢合作模式，加强教育培训信息和教育培训资源的共享，强化《手册》科学、先进、实用、高效、可操作的特点，进一步促进班组教育培训管理规范化、模式多样化，提高教育培训质量，增大教育培训效益。

（4）在开展班组教育培训前，班长应到企业教育培训管理部门领取本班组所辖工种的《手册》，向参加培训的人员发放所属工种的《手册》，做到人手一本；并用6小时左右的时间，对班组成员开展如何使用《手册》的培训；然后，按前面所述编写各自的教育培训计划。班组长还要注意在教育培训过程中，及时、认真、客观地填写成绩登录表，做到一式两份，其中一份由班组长保留，以备考核和上报。

（5）注意《手册》使用中收集各种信息资料，以便对班组教育培训模式、教育培训内容、教育培训质量等工作进行研究。在适当的时候，积极参与《手册》配套的各种教材、题库和微机化成绩登录系统、新模块创建等项目的开发，不断的实现班组教育培训管理的创新、教育培训内容和模式的创新。

（6）注意使用《手册》进行教育培训时，应该特别强调《手册》培训模块中关于安全意识和能力的培养，尤其是在生产现场培训时，更应高度重视。

301

（7）建立完善《手册》推行制度，规模化、制度化使用《手册》。

《手册》使用涉及的面广人多，与企业生产经营密切相关，通常都制定配套的《手册》推行制度，完善有效的《手册》使用激励机制，依法鼓励正确使用《手册》，营造学知识、练技能、提高素质的良好氛围，规范化、制度化地使用《手册》，防止好经歪念、走过场的现象出现。因此，班组教育培训中使用《手册》时，必须严格遵守推行制度的有关规定。

本章重点提示

1. 《手册》的基本格式和组成

每本《手册》主要分为初级工篇、中级工篇、高级工篇，每篇又由知识要求、技能要求和成绩登录表簇三部分组成。

（1）通用部分。各工种《手册》都具有编审委员会和编审人员名单、序言、使用说明、持册人概况等部分。

（2）各篇的知识要求部分。均有知识要求培训考评安排一览表1个、知识培训模块的组合分析表1个、组合表约100个。其中组合表由职业能力要求模块的知识类型、课程、单元、课题等模块组合表组成，它们的格式均为表格式。

（3）各篇的技能要求部分。均有技能要求培训考评安排一览表1个、技能培训模块的组合分析表2个、组合表约300个。其中组合表包括由职业能力要求模块的技能类型、课程、单元、课题模块组合表以及项目模块表组成，它们的格式均为表格式。

（4）各篇的成绩登录表簇。均有两组表格式的成绩单。一组是知识培训考评成绩登录表，由知识的课题、单元、课程、类型四层次的模块培训考评考核成绩登录表组成；另一组是技能培训考评成绩登录表，由技能的项目、课题、单元、课程、类型五个层次的模块培训考评考核成绩登录表组成。最后还有一个本工种本等级职业能力要求模块培训考评考核登录表。它们的格式均为表格式。

2. 《手册》的主要内容

（1）知识要求部分。主要从阐述本工种职业能力所要求了解、理解、掌握的必须够用的知识开始，将其逐层模块化。要求按照一个上级模块必须涵盖两个及以上的下级模块、上下级模块不可同名，上级模块能整合所属全部下级模块的知识要求，下级模块能十分明确地承担从上级模块分解出的具体培训任务等规定，编出知识要求模块、类型模块、课程模块、单元模块、课题模块组成的模块表体系。其中，模块组合分析表阐明这个体系中各个组合模块或项目模块的名称及其与上下左右模块之间的关系；而在各组合表中进一步定义模块名称、叙述培训目标，从而细化和界定知识培训的深度和广度，并在最小模块中增添两个栏目用以说明模块的培训方式、时间和使用的教材。

（2）技能要求部分。主要从阐述本工种职业能力所要求的模仿、熟练、掌握的必备技能开始，将其逐层模块化。要求按照与知识要求类似的规定和顺序，编出模块组合分析表说明模块之间的关系，编出各层次组合表以及基本和专门技能中的项目模块表，以分层细化、界定技能培训的深广度，并且在最小模块中还添加说明模块的培训方式、时间和使用教材以及基本、专门技能培训的设备与场地等内容。

- 编写《手册》的目的

科学解决计划经济下职工教育培训存在的普遍问题，构筑适应社会主义市场经济的教育培训新体系、新模式，加快技能型人才队伍建设，更好地为企业健康全面持续地发展服务。

- 编写《手册》的意义

提高电力班组教育培训的规范性和系统性，为建立创新学习型企业，为企业人力资源开发，加大改革力度，加快发展步伐作出贡献。

3.《手册》的特点

具有科学性、系统性、实用性、可操作性、先进性和特色性。

4.《手册》的使用目的

《手册》的使用目的是搞清楚谁使用《手册》、为什么使用《手册》的问题。一般来说，班组长使用的主要目的是，用于编制本班组的切实可行的长、短期常规的或者特殊的实施性总培训计划，确定师资、以及指导控制、检查督促、考核评价计划的实施过程与结果等工作。

5. 使用《手册》的基本方法

（1）整体研究、突出重点法。全面熟悉《手册》，整体上把握住《手册》的知识、技能体系。熟知各表的作用、内容以及表与表相互之间的关系。然后结合实际，在分析表上分清本班组有能力和必须通过领导协调解决的培训模块，重点安排和指导本班组可以进行的模块培训活动。

（2）逐级深化、各个击破法。即根据重点确定的模块逐级逐个地进行分析研究它们的内容、目标、时间等要求，并充分利用模块具有内容少且相对独立，培训时间短、易得成就感以及可以根据需要与科学技术的发展拆分增删模块的特点，编制班组的各种培训计划，并且在有关教师指导下，一个一个模块地击破自已知识技能的弱区和盲区，并逐步形成根据模块培训目标和要求可以进行自助式学习的能力，从而加速完成本工种本等级全部模块的学习任务。

（3）逐级整合、综合能力法。即在使用《手册》时，除了安排和实施一个一个模块地击破式培训外，还应该安排和实施好上级模块要求的整合与综合内容的培训时间与方法，要采用全面复习、综合练习、设置复杂问题等手段将模块的内容和目标整合一体，从而突出现代职业能力培训的新特点。

6. 使用《手册》的基本步骤

即根据使用者的目的在通用的 PDCA 循环管理程序中，学会恰当、适时地选用一览表、分析表、各级组合表及项目表中有关内容来进行班组教育培训或管理。具体的步骤如下：

班组长使用的基本步骤是：编制计划→发放《手册》→师资、有关文件准备和学员动员→教育培训物质准备→实施、督促、指导、检查→认真总结。

7. 使用《手册》的注意点

（1）应该注意互相对应的知识与技能模块之间的配合和整合。

（2）注意突出教育培训为企业生产经营服务，为企业职工服务的教育培训理念。

（3）注意《手册》使用过程中强调班组内外的双赢合作模式，加强教育培训信息和资源的共享，强化《手册》特点，提倡规范化下的多模式培训。

（4）在开展班组教育培训前，对班组成员开展如何使用《手册》的培训。然后，按前面所述编修各自的培训计划。并及时、认真、客观地填写成绩登记表，做到一式两份，其中一份由班组长保留，以备考核和上报。

（5）注意《手册》使用中收集各种信息资料，以便继续进行研究、参与《手册》有关项目的开发，不断的实现管理、内容和模式的创新。

（6）注意强调《手册》培训模块中关于安全意识和自学能力的培养，尤其是在生产现场培训时，更应高度重视。

（7）建立完善《手册》推行制度和激励机制，规范化、制度化使用《手册》。

想 想 做 做

1. 何谓《职业能力培训手册》？编写它的目的和意义是什么？

2. 《职业能力培训手册》的编写依据什么理论？它有哪些优点和不足？

3. 《职业能力培训手册》由哪些主要部分组成？每一部分包括哪些表格？

这些表格的主要作用是什么？

4.《职业能力培训手册》组合表中，对知识和技能逐层分解时的规定和顺序是什么？

5.《职业能力培训手册》具有哪些主要特点？

6. 班组长、班组教育培训教师、受训者使用《职业能力培训手册》的目的有什么不同？

7. 使用《职业能力培训手册》的基本方法有哪些？你如何使用这些方法编制一份班组培训计划？

8. 结合自己的工作叙述使用《职业能力培训手册》的基本程序。

9. 使用《职业能力培训手册》的注意事项是什么？你认为哪些最重要？还应该注意哪些问题？

10. 根据《职业能力培训手册》制订初级内线安装工识图知识技能培训计划。

参 考 文 献

[1] 国家电力公司发输电运营部编. 电力生产安全监督培训教材. 北京：中国电力出版社，2003.

[2] 华东电力管理局编. 发供电企业班组安全管理培训教材. 北京：中国电力出版社，1997.

[3] 河南省电力公司、河南省电机工程学会安全专委会编. 电力企业班组长及工作负责人安全培训教材. 北京：中国电力出版社，2004.

[4] 西北电网有限公司、西安建筑科技大学杨振宏主编. 电网系统安全生产管理与实务. 北京：中国电力出版社，2005.

[5] 《电力企业班组管理》编委会编. 电力企业班组管理. 北京：中国水利水电出版社，2001.

[6] 劳动和社会保障部、中国职工教育和职业培训协会编. 企业班组长培训教程（基础篇与实训篇）. 北京：海洋出版社，2005.

[7] 全国注册安全工程师执业资格考试辅导教材编审委员会组织编写. 安全生产管理知识. 北京：中国大百科全书出版社，2006.

[8] 杨杰编著. 组织培训. 北京：中国纺织出版社，2003.

[9] 山东电力集团公司组编. 电力行业职业能力培训手册 变电检修工. 北京：中国电力出版社，2005.

[10] 中国电力企业联合会会员部编著. 现代电力企业班组管理. 北京：中国电力出版社，2004.

[11] 彭冬芝、郑霞忠编著. 现代企业安全管理. 北京：中国电力出版社，2004.

[12] 崔国璋编著. 安全管理. 北京：中国电力出版社，2004.

[13] 雨平、凤鸣编著. 安全生产黄金法则. 北京：中国电力出版社，2005.

[14] 田雨平编著. 电力企业安全风险评估管理知识问答. 北京：中国电力出版社，2007.

[15] 陈积民主编. 电力安全生产. 北京：中国电力出版社，1999.

[16] 牟军主编. 企业培训师（上册）. 北京：中国劳动社会保障出版社，2004.

电力企业学习型班组长培训系列教材